Sozialgeschichte der Aufklärung
in Frankreich
Teil I

Ancien Régime
Aufklärung und Revolution

Herausgegeben von
Rolf Reichardt und
Eberhard Schmitt

Band 4

R. Oldenbourg Verlag München Wien 1981

Sozialgeschichte der Aufklärung in Frankreich

12 Originalbeiträge

Herausgegeben von
Hans Ulrich Gumbrecht,
Rolf Reichardt und Thomas Schleich

Teil I:
Synthese und Theorie.
Trägerschichten

R. Oldenbourg Verlag München Wien 1981

CIP-Kurztitelaufnahme der Deutschen Bibliothek

Sozialgeschichte der Aufklärung in Frankreich :
12 Orig.-Beitr. / hrsg. von Hans Ulrich Gumbrecht ... – München ; Wien : Oldenbourg
    (Ancien régime, Aufklärung und Revolution Bd. 4)

NE: Gumbrecht, Hans Ulrich [Hrsg.]; GT

Teil 1. Synthese und Theorie. Trägerschichten. – 1981.
   ISBN 3-486-49521-6
   ISBN 3-486-50911-X

© 1981 R.Oldenbourg Verlag GmbH, München

Das Werk ist urheberrechtlich geschützt. Die dadurch begründeten Rechte, insbesondere die der Übersetzung, des Nachdrucks, der Funksendung, der Wiedergabe auf photomechanischem oder ähnlichem Wege sowie der Speicherung und Auswertung in Datenverarbeitungsanlagen, bleiben, auch bei nur auszugsweiser Verwertung, vorbehalten. Werden mit schriftlicher Einwilligung des Verlages einzelne Vervielfältigungsstücke für gewerbliche Zwecke hergestellt, ist an den Verlag die nach § 54 Abs. 2 Urh.G. zu zahlende Vergütung zu entrichten, über deren Höhe der Verlag Auskunft gibt.

Druck: Tutte Druckerei GmbH, Salzweg-Passau
Bindung: R. Oldenbourg Graphische Betriebe GmbH, München
ISBN 3-486-50911-X geb.
ISBN 3-486-49521-6 brosch.

Inhaltsübersicht

Teil I
Einleitung

Für eine Sozialgeschichte der französischen Aufklärung/Hans Ulrich Gumbrecht, Rolf Reichardt, Thomas Schleich

Trägerschichten

Formen und Prozesse kultureller Vermittlung im Frankreich der Aufklärung/ Hans-Jürgen Lüsebrink

Die „Sociétés de pensée" und die aufgeklärten Eliten des 18. Jahrhunderts in Frankreich/Daniel Roche

Staat, Gesellschaft und Reform der Lehrpläne in Frankreich im 18. Jahrhundert/ Dominique Julia

Teil II
Medien

Journale und Journalisten im Zeitalter der Aufklärung/Jean Sgard

Neue Aspekte zur Geschichte der **Encyclopédie**/Robert Darnton

Das französische Theater des 18. Jahrhunderts als Medium der Aufklärung/Hans Ulrich Gumbrecht

Der Roman als Medium der Aufklärung/Rolf Geißler

Wirkungen

Alphabetisierung und Leseverhalten der Unterschichten in Frankreich im 18. Jahrhundert/Jean Quéniart

Die Verbreitung und Rezeption der Aufklärung in der französischen Gesellschaft am Beispiel Mably/Thomas Schleich

Kulturelle Ebenen und Verbreitung der Aufklärung im Frankreich des 18. Jahrhunderts: die **cahiers de doléances** von 1789/Roger Chartier

Vom Vendémiaire zum Fructidor des Jahres II: die andere Entchristianisierung/ Michel Vovelle

Vorwort

Als Anfang 1978 der Plan entstand, einen Sammelband zur Sozialgeschichte der französischen Aufklärung zu veröffentlichen, wie er bislang nicht vorlag, war zunächst an die Übernahme bereits gedruckter Aufsätze gedacht. Bald zeigte sich jedoch, daß auf diesem Wege weder eine thematische Abrundung im Sinne der angestrebten sozialgeschichtlichen Konzeption erreichbar war noch sich der aktuelle Forschungsstand angemessen repräsentieren ließ. Die Herausgeber entschlossen sich daher zu einem Band mit Originalbeiträgen. Auch wenn aufgrund der Forschungssituation nicht alle relevanten Themenbereiche durch einen Beitrag erschlossen werden konnten und auf eine Bibliographie aus Raumgründen verzichtet werden mußte, können von den hier vereinigten umfassend angelegten, paradigmatischen Studien, die von einer gemeinsamen Grundkonzeption getragen werden, wichtige Impulse für die Lehre wie für weitere Untersuchungen ausgehen. Der internationale Einzugsbereich des vorliegenden Bandes zeigt, daß die heutige Aufklärungsforschung nicht weniger kosmopolitisch ist, als es die Aufklärung selber war.

Die Herausgeber danken besonders den Mitarbeitern, die in seltener Offenheit und Kooperationsbereitschaft auf die jeweils detaillierten Vorschläge und Fragestellungen der Herausgeber eingegangen sind und sich auf einen engen Terminplan verpflichten ließen. Robert Darnton und Michel Vovelle konnten wegen anderweitiger, unaufschiebbarer Verpflichtungen zwar keine völlig neuen Beiträge liefern, haben aber bereits vorliegende Aufsätze so stark überarbeitet, daß auch sie wesentlich Neues bringen. Die Herausgeber schulden ferner Dank Jürgen Niemeyer für die Beseitigung organisatorischer Probleme, Winfried Malzer für die Anfertigung von Zeichnungen zu den Beiträgen Nr. 1, 2, 5, 6 und 10 und Jürgen Müller für Unterstützung bei der Korrektur der Druckfahnen. Nicht zuletzt danken sie dem R. Oldenbourg Verlag für sein verlegerisches Vertrauen in das Vorhaben.

Im Oktober 1980   Die Herausgeber

Inhalt

Vorwort VII
Abkürzungen XI

Einleitung

Für eine Sozialgeschichte der französischen Aufklärung / Hans Ulrich Gumbrecht, Rolf Reichardt, Thomas Schleich 3

I. Grundzüge einer Synthese und Perspektive der Forschung 4
   1. Phasen und innerer Zusammenhang des Bildungs- und Aufklärungsprozesses: Wirkungen der ‚Lumières' 4
   2. Aufgeklärte Eliten, Mittler und Reichweite der ‚Lumières' 11
   3. Medien und Organisationsformen 18

II. Erscheinungsformen der ‚Sozialgeschichte' – Ziele und Methoden 25
   1. Sozialgeschichte als Sektorwissenschaft 26
   2. Sozialgeschichte als Integrationswissenschaft 28
   3. Sozialgeschichte als Geschichte historischer Gefühls- und Bewußtseinslagen 34

III. Sozialgeschichte als Geschichte der Verteilung und Evolution gesellschaftlicher Wissensvorräte 37
   1. Soziologische Theoreme und sozialgeschichtliche Folgen 38
   2. Quellentypen und Methoden 44
   3. Die Aufklärung des 18. Jahrhunderts in Frankreich als Prozeß der Wissensvermittlung und Wissenstransformation 48

Trägerschichten

Formen und Prozesse kultureller Vermittlung im Frankreich der Aufklärung / Hans-Jürgen Lüsebrink 55

I. Institutionen und Träger 55
II. Medien und Kommunikationssituationen 64
III. Zu einer Konzeption der Aufklärungsvermittlung 74

Die „Sociétés de pensée" und die aufgeklärten Eliten des 18. Jahrhunderts in Frankreich / Daniel Roche 77

I. Verlauf und Formen der aufklärerischen Assoziationsbewegung 78
   1. Gründung und Verbreitung der Akademien 79
   2. Entstehung und Funktion der literarischen Gesellschaften und Lesekabinette 84
   3. Aufschwung und Ausdehnung der Logen 87
II. Die Sozialstruktur der aufklärerischen Gesellschaft 91
   1. Zahl und Auswahl der Mitglieder 91
   2. Zusammensetzung und Mentalität der Pariser Akademien 93
   3. Zusammensetzung und Mentalität der Provinzialakademien 95
   4. Zusammensetzung und Mentalität der Freimaurerlogen 101
III. Die Kultur der aufklärerischen Sozietäten 106
   1. Grundwerte und Zielvorstellungen der Akademien 106
   2. Ideale und Optionen der Freimaurerlogen 108
   3. Die Kultur der Sozietäten 111
IV. Zusammenfassung: Konkurrierende Profile der Gebildeten-Sozietäten .. 114

Staat, Gesellschaft und Reform der Lehrpläne in Frankreich im 18. Jahrhundert / Dominique Julia 117

I. Die Wünsche der Universitäten oder die Macht einer Tradition 119
II. Die Parlamente und die Studienreform 123
   1. Die Grundvorstellungen der Obergerichte 123
   2. Die Beschwerden der mittleren provinzialen Gerichte 123
III. Die Collèges in der Vorstellung der Städte 135
IV. Reformansätze und Konflikte in der Schulpraxis 139
   1. Die Militärschulen 139
   2. Die Schule von Sorèze 142
   3. Zwei exemplarische Fehlschläge: Embrun und Langres 148
V. Vorläufige Bilanz 158

Die Autoren 161
Register 165

Abkürzungen

A.D.	Archives départementales
AESC	*Annales: Économies, Sociétés, Civilisations*
AHR	*The American Historical Review*
AHRF	*Annales historiques de la Révolution française*
ASG	*Archiv für Sozialgeschichte*
B.M.	Bibliothèque municipale
B.N.	Bibliothèque Nationale, Paris (Bibliothek u. Verlag)
CDU	Centre de Documentation Universitaire
CNRS	Centre national de la Recherche scientifique
EHESS	Ecole des Hautes Études en Sciences Sociales
FHSt	*French Historical Studies*
GG	*Geschichte und Gesellschaft*
GWU	*Geschichte in Wissenschaft und Unterricht*
HZ	*Historische Zeitschrift*
IASL	*Internationales Archiv für Sozialgeschichte der deutschen Literatur*
JMG	*Journal of Modern History*
L.	Livres
NPL	*Neue politische Literatur*
PP	*Past and Present*
PUF	Presses Universitaires de France
PUG	Presses Universitaires de Grenoble
pil	Presses de l'Université de Lille III
PUL	Presses Universitaires de Lyon
RF	*Romanische Forschungen*
RFHL	*Revue française d'Histoire du livre*
RH	*Revue historique*
RHES	*Revue d'histoire économique et sociale*
RHLF	*Revue d'histoire littéraire de la France*
RHMC	*Revue d'histoire moderne et contemporaine*
RZL	*Romanistische Zeitschrift für Literaturgeschichte*
SEDES	Société d'Éditeurs d'Enseignement Supérieur
SEVPEN	Services d'Édition et de Vente des Productions de l'Éducation Nationale
SVEC	*Studies on Voltaire and the Eighteenth Century*
UGE	Union Générale d'Édition
ZHF	*Zeitschrift für Historische Forschung*

N.B.: Die Fußnoten nennen bei Monographien, die in Paris erschienen sind, i. d. R. statt des Erscheinungsortes den Verlag.

Einleitung

Hans Ulrich Gumbrecht/Rolf Reichardt/Thomas Schleich

Für eine Sozialgeschichte der Französischen Aufklärung*

‚Sozialgeschichte der Aufklärung' – ist das nicht bloß eine modische Drapierung der überkommenen Geistesgeschichte? Dies ließe sich nicht ganz verneinen, hätte der vorliegende Band die Absicht, einmal mehr die potentiell „revolutionären' Gesellschaftstheorien im gewohnheitsrechtlich etablierten Schriftenkanon der französischen Aufklärung zu untersuchen[1], die daraus mehr oder weniger intuitiv erarbeiteten Ideenfiliationen und -strömungen nachträglich den Daten der Wirtschafts- und Sozialgeschichte zuzuordnen[2] und sie je nachdem als ‚progressiv' herauszustellen oder als klassengebunden zu ‚entlarven'[3]. Denn weder der gesellschaftsbezogene Inhalt noch die sozioökonomischen Rahmenbedingungen solcher ideengeschichtlicher Konstrukte beweisen schon deren soziale Relevanz, d. h. die gesellschaftliche Dimension der *Lumières* selbst. Dagegen plädiert der vorliegende Band konsequenter als ähnliche neuere Ansätze[4] für eine ‚Sozialgeschichte der Aufklärung' als epocheprägender, *kollektiver Bewußtseinsprozeß in maßgebenden Gruppen der Gesellschaft* des Ancien Régime, indem er die bisher weitgehend unverbundenen Forschungsrichtungen der *neuen empirischen Mentalitätshistorie* in eine *Theorie der Sozialgeschichte als Geschichte der Verteilung und Transformation sozialen Wissens* einordnet. Doch bevor diese Theorie vorgestellt und unter anderen aktuellen Modellen von Sozialgeschichte lokalisiert wird, sei zunächst angedeutet, was der hier vorgeschlagene Weg im Ergebnis zu leisten vermag.

---

* Dieser Beitrag wurde von den Herausgebern gemeinsam konzipiert und redigiert, doch geht Teil I hauptsächlich zurück auf R. REICHARDT, Teil II auf T. SCHLEICH und Teil III auf H. U. GUMBRECHT.
[1] BERNHARD GROETHUYSEN: Philosophie der Französischen Revolution (französ. posthum 1956), mit einem Nachw. von Eberhard Schmitt, Berlin/Neuwied, Luchterhand 1971; MAURICE LEROY: Histoire des idées sociales en France de Montesquieu à Robespierre, Gallimard 1946.
[2] Vgl. etwa PETER GAY: The Social History of Ideas: Ernst Cassirer and after, in: The Critical Spirit. Essays in Honor of Herbert Marcuse, ed. by Kurt H. Wolff and Barrington Moore, Boston 1967, 106–120; ANTON VANTUCH: Geschichte und Literaturgeschichte: Das bürgerliche Bewußtsein im französischen 18. Jh., in: Sitzungsberichte der Akademie der Wissenschaften der DDR, Gesellschaftswissenschaften 5G (1978), 170–176.
[3] Etwa VJAČESLAV P. WOLGIN: Die Gesellschaftstheorien der französischen Aufklärung (russ. 1958), übers. u. bearb. v. Brigitta u. Winfried Schröder, Berlin, Akademie-Verl. 1965; A. HARTIG/G. SCHNEIDER/M. MITZEL: Großbürgerliche Aufklärung als Klassenversöhnung: Voltaire, Berlin, Oberbaumverl. 1972.
[4] JOÃO AUGUSTO DA SILVA: Lumières et société. Essai sur la sociologie des Lumières en France, 1750–1771. Thèse de 3ᵉ cycle, Univ. de Strasbourg 1970, 353 S. (MS); Französische Aufklärung: Bürgerliche Emanzipation, Literatur und Bewußtseinsbildung. Kollektivarbeit, Leitung W. SCHRÖDER, Leipzig, Reclam 1974 (Neudr. 1979).

I. Grundzüge einer Synthese und Perspektiven der Forschung

Wie lassen sich die hier vorgelegten repräsentativen Beiträge mit der übrigen sozialhistorisch orientierten Aufklärungsforschung zu einem Gesamtbild der *Lumières* verbinden? In der Fortführung eines früheren Versuchs[5] ist in diesem Rahmen nur eine skizzenhafte Antwort möglich, die Teilgebiete und -erkenntnisse auch in relevanten Randgebieten vernachlässigen muß. Aufgrund vielfältiger, zum Teil durchaus widersprüchlicher Forschungsergebnisse und wegen der sich aus unserer Neuperspektivierung des *Siècle des Lumières* notwendig ergebenden offenen Fragen sei anstelle eines umfassenden Literaturberichts eine auf drei grundlegende Aspekte zugeschnittene Synthese der Forschung versucht, die sich an den Grundkategorien dieses Sammelbandes – Trägerschichten, Medien und Wirkungen – ausrichtet. Faßt man ‚Aufklärung' als einen kollektiven Bewußtseinsprozeß von gesellschaftlich relevanten Ausmaßen, so ist nach den gemeinsamen Grundzügen, Anliegen und Zielsetzungen, nach ihren Auswirkungen und Nebeneffekten, nach der Institutionalisierung ihrer Ergebnisse, nach der Initiierung neuer sozialer Handlungsformen zu fragen (1). In einem zweiten Schritt hat man die soziale Reichweite dieser zeittypischen Strömung auszuloten und die Mobilisierungsfolgen abzuschätzen, die sozialen Trägerschichten, die kulturellen Mittler, die Agenten und engagierten Förderer des Prozesses, die Frontstellungen und Nahtstellen innerhalb der kulturellen Eliten sind zu eruieren (2). Abschließend sollen die gesellschaftlichen Vollzugsformen der Bewegung, die zur Produktion und Verbreitung des neuen Wissens entstandenen Institutionen, Organisation und Medien umrissen werden, über die das Wissensangebot der Aufklärung ein Publikum erreichte und rezipiert werden konnte (3).

1. Phasen und innerer Zusammenhang des Bildungs- und Aufklärungsprozesses: Wirkungen der ‚Lumières'

Wer die einschlägigen Gesamtdarstellungen nach dem Verlauf der französischen Aufklärung befragt, muß feststellen, daß weder ihre Periodisierungen nach literarischen Stilen wie ‚Pseudoklassizismus – Akademismus – Rokoko'[6] oder nach ‚großen' *philosophes* wie Bayle – Montesquieu – Holbach[7] noch ihre Gliederungen nach generationsgebundenen Ideenströmungen[8] noch auch ihre sehr umsichtige, letztlich

---

[5] Vgl. als einen Ausgangspunkt des vorliegenden Bandes R. REICHARDT: Zu einer Sozialgeschichte der französischen Aufklärung, in: Francia 5 (1977), 231–249.
[6] So ROGER LAUFER: Style rococo, style des Lumières, Corti 1963; dazu und zu ähnlichen Versuchen CLIFTON CHERPACK: The Literary Periodization of Eighteenth-Century France, in: PMLA 84 (1969), 321–328; berechtigte Kritik bei WERNER BAHNER: Zur Einordnung der ‚Aufklärung' in die literarische Periodisierung, in: Sitzungsberichte des Plenums und der Klassen der Akad. d. Wiss. der DDR 1 (1973), S. 25–39.
[7] IRA O. WADE: The Structure and Form of the French Enlightenment, vol. 1–2, Princeton Univ. Press 1977; s. a. LIONEL GOSSMAN: French Society and Culture. Background for 18th-Century Literature, Englewood Cliffs 1972, 68–111.
[8] LOUIS GOTTSCHALK: Three Generations. A Plausible Interpretation of the French *Philosophes?*, in: Irrationalism in the Eighteenth Century, ed.by Harold E. Pagliaro, Cleveland 1972, 3–12.

aber impressionistisch bleibende Zusammenschau geistesgeschichtlicher und politisch-sozialer Veränderungen[9] den Prozeßcharakter der kollektiven Bewußtseinsbildung und -transformation im 18. Jahrhundert wirklich sichtbar machen. Versteht man die Aufklärung nicht nur als kritisch rationale Geistesbewegung, sondern auch als grundlegenden Akkulturations- und Bildungsvorgang, gewinnt man einen problemorientierten Zugang zu den verschiedenen Faktoren, deren Ineinandergreifen und Zusammenwirken erst die Aufklärung ausmachen. Wenn nicht ohne Recht bezweifelt worden ist, daß allein schon die – als Element des Zeitbewußtseins zweifellos wichtige – Überzeugung der Aufklärer, in einem *siècle philosophique*[10] zu leben, und die nachträgliche Aufwertung der *Lumières* zum Wegbereiter der Französischen Revolution eine Disziplin ‚Aufklärungsforschung' rechtfertigen[11], so belegt ein Schaubild, das die empirisch-statistisch gesicherten Befunde der ‚Histoire sérielle au troisième niveau' (s. u.) zusammenzufassen sucht, daß sich im 18. Jh. tatsächlich zahlreiche sozio-kulturelle Veränderungen vollzogen haben:

---

[9] DANIEL MORNET: Les origines intellectuelles de la Révolution française, 1715–1787 (1933), 6ᵉ éd., Colin 1967; P. GAY: The Enlightenment. An Interpretation, New York/London 1966–1969; GEORGES GUSDORF: Les principes de la pensée du Siècle des Lumières, Payot 1971; BRIGITTE BURMEISTER/ECKART RICHTER: Die französische Aufklärung – historische Bedingungen und Hauptetappen ihrer Entwicklung, in: Französische Aufklärung [s. Anm. 4], 8–59, 805–814; W. BAHNER: Übergreifende und spezifische Aspekte der Aufklärung in den romanischen Ländern, in W. B.: Formen, Ideen, Prozesse in den Literaturen der romanischen Völker, Bd. 2, Berlin, Akademie-Verl. 1977, 9–83 u. 255–264, hier S. 29–55; ALBERT SOBOUL, in A. Soboul/Guy Lemarchand/Michèle Fogel: Le Siècle des Lumières, t. 1, PUF 1977, 355–639.

[10] WERNER KRAUSS: Zur Periodisierung der Aufklärung, in: Grundpositionen der französischen Aufklärung, Berlin, Rütten & Loening 1955, S. VII–XVI; ROLAND MORTIER: *Lumière* et *Lumières*. Histoire d'une idée et d'une idée au XVIIᵉ et au XVIIIᵉ siècle, in R. M.: Clartés et ombres du Siècle des Lumières, Genf, Droz 1969, 13–59.

[11] JEAN-MARIE GOULEMOT: Propositions pour une réflexion sur l'épistémologie des recherches dix-huitiémistes, in: Dix-huitième Siècle 5 (1973), 67–80; ders.: De la polémique sur la Révolution et les Lumières et des dix-huitièmistes, in: ebd. 6 (1974), 235–242.

Belege zum Schaubild auf Seite 6:
1. J. Quéniart, Culture et société urbaines dans la France de l'Ouest au XVIIIe siècle, Klinksieck 1979, 27–146, 524–37
2. H.-J. Martin, La Librairie française en 1777–1778, in: Dix-huitième siècle 11 (1979), 87–112, besonders die Kurven S. 92; s. a. die Kurve des Dépôt légal (Pflichtexemplare für die Königliche Bibliothek) bei R. Estivals, La Statistique bibliographique de la France sous la Monarchie au XVIIIe siècle, Mouton 1965, 340, 393, 399
3. Estivals, Statistique, 247–48
4. Estivals, Statistique, 239–245
5. J. Sgards Beitrag zum vorliegenden Werk
6. Quéniart, Culture s. Nr. 1, 147–336 und die Graphiken 548–65; s. a. Quéniarts Beitrag zum vorliegenden Werk.
7. D. Roche im vorliegenden Band, Karten 1–3.
8. Roche, ebenda, die Karten 5–10
9. M. Vovelle, Piété baroque et déchristianisation en Provence au XVIIIe siècle, Plon 1973, Schaubild 16, S. 124
10. T. Tackett, L'histoire sociale du clergé diocésain dans la France du XVIIIe siècle, in: RHMC 27 (1979), 198–234, bes. S. 204

Schaubild:
Synopse der Entwicklungen von Bildungs- und Aufklärungsfaktoren im 18. Jh.

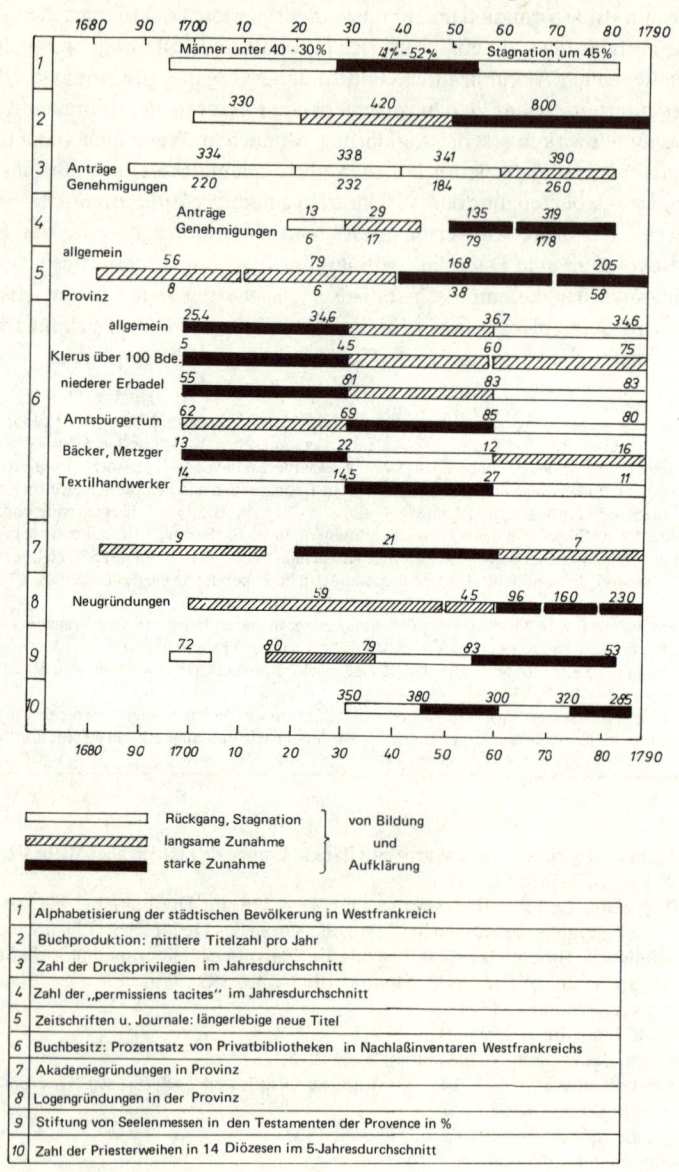

1	Alphabetisierung der städtischen Bevölkerung in Westfrankreich
2	Buchproduktion: mittlere Titelzahl pro Jahr
3	Zahl der Druckprivilegien im Jahresdurchschnitt
4	Zahl der „permissiens tacites" im Jahresdurchschnitt
5	Zeitschriften u. Journale: längerlebige neue Titel
6	Buchbesitz: Prozentsatz von Privatbibliotheken in Nachlaßinventaren Westfrankreichs
7	Akademiegründungen in Provinz
8	Logengründungen in der Provinz
9	Stiftung von Seelenmessen in den Testamenten der Provence in %
10	Zahl der Priesterweihen in 14 Diözesen im 5-Jahresdurchschnitt

Legende:
- ☐ Rückgang, Stagnation
- ▨ langsame Zunahme
- ■ starke Zunahme

von Bildung und Aufklärung

(Belege zum Schaubild auf Seite 5)

Diese verschiedenen Entwicklungen lassen sich durchaus auf den gemeinsamen Nenner ‚Aufklärung' zurückführen, nur verlief der Gesamtprozeß ‚Aufklärung' nicht unilinear, nicht gleichmäßig fortschreitend und hatte zum großen Teil einen durchaus anderen, vielschichtigeren Charakter, als bislang gelehrt wird:

a) Die Generation des Zeitraums 1697/98–1715/30 erlebte zwar einen Bildungsschub bei Klerus, niederem Erbadel (chevaliers, écuyers) und den Spitzen des Lebensmittelhandwerks, aber gleichzeitig ging die Alphabetisierung des männlichen Teils der städtischen Grundschichten zurück; die Buchproduktion stagnierte ebenso wie die erst schwach entwickelte Presse. Eine der ‚Krise des Absolutismus' synchrone Bewußtseinskrise[12] ist sozialhistorisch kaum zu verifizieren und scheint die Angelegenheit einiger Freigeister aus den Oberschichten gewesen zu sein. Sowohl der hohe Anteil religiöser Literatur in den Privatbibliotheken (44%) als auch die steigende Kurve des Priesternachwuchses[13] sowie die unvermindert starke bis zunehmende ostentative Frömmigkeit in allen sozialen Gruppen, wofür die testamentarischen Stiftungen von Seelenmessen nur ein besonders taugliches Indiz unter vielen sind[14], deuten vielmehr darauf hin, daß die katholische Reform um 1720/40 ihre größte Breitenwirkung erreichte[15].

Überhaupt sollte man die Stärke religiöser Kräfte im ‚anti-metaphysischen' Zeitalter nicht länger unterschätzen. Breitete sich doch z.B. von der Pariser Gemeinde Saint-Médard ab 1727 ein populärer sektenartiger Wunderkult aus[16], der im irrationalen Mesmerismus der 1780er Jahre eine in vielem vergleichbare Fortsetzung fand[17]. Noch das Verbot des Jesuitenordens im Jahr 1762 war nicht, wie man lange

---

[12] BURMEISTER/RICHTER [s. Anm. 9], 28 ff.; s.a. PAUL HAZARD: Die Krise des europäischen Geistes 1680–1715 (französ. 1935), 5. Aufl., Hamburg, Hoffmann & Campe 1964.
[13] Abschnitt 10 des Schaubilds (s. o.) wird zusätzlich gestützt durch LOUIS PEROUAS: Le nombre des vocations sacerdotales est-il un critère valable en sociologie religieuse?, in: Actes du Congrès national des Sociétés savantes, Section d'histoire moderne et contemporaine 87 (1963), 35–40; J. QUÉNIART: Les Hommes, l'Eglise et Dieu dans la France du XVIIIe siécle, Hachette 1978, 298–306; G. MINOIS: Les vocations sacerdotales dans le diocèse de Tréguier au XVIIIe siècle, in: Annales de Bretagne et des pays de l'Quest 86 (1979), 45–57.
[14] M. VOVELLE hat seine Analysen in mehreren Arbeiten fortgeführt: Etude quantitative de la déchristianisation au 18e siècle: débat ouvert, tabou ou dépassé?. in: Dix-huitième Siècle 5 (1973), 163–172; Mourir autrefois, Gallimard 1974; Les attitudes devant la mort, in: AESC 31 (1976), 120–132. Dies an der Provence entwickelte Modell wird zunehmend für andere Regionen bestätigt; vgl. PIERRE CHAUNU: Mourir à Paris, XVIe - XVIIe - XVIIIe siècles, in: AESC 31 (1976), 51–75; ders.: La mort à Paris: XVIe, XVIIe, XVIIIe siècles, Fayard 1978: MAURICE GRESSET: Testaments et piété à Besançon au dernier siècle de l'Ancien Régime, in: Actes du Congrès national des sociétés savantes, Sect. d'histoire moderne et contemporaine 99, t.2 (1974/76), 199–213; ders.: Gens de justice à Besançon, 1674–1789, t.2, BN 1978, 547–554; BERNARD VOGLER: Orthodoxie et piétisme dans les testaments strasbourgeois, in: Bulletin de la Société d'histoire du protestanisme français 122 (1976), 574–591; M. MAGER/P. PIERRON/B. SPOR: Les testaments strasbourgeois au XVIIIe siècle, prés. par B. Vogler, Strasbourg 1978.
[15] So J. QUÉNIART: Les Hommes, l'Eglise et Dieu [s. Anm. 13], 48, 142, 203.
[16] B. ROBERT KREISER: Beyond Port Royal. Popular Jansenism in Eighteenth-Century France, in: The Wolf and the Lamb. Popular Culture in France, ed. by Jacques Beauroy u. a., Saratoga 1977, 65–91; ders.: Miracles, Convulsions, and Ecclesiastical Politics in Early Eighteenth-Century Paris, Princeton Univ. Press 1978.
[17] R. DARNTON: Mesmerism and the End of the Enlightenment in France, London, Harvard Univ. Press 1968.

meinte, ein Erfolg der *philosophes*, die dieses Ereignis als ihren Erfolg verbuchten, sondern ging hauptsächlich auf theologische Auseinandersetzungen zwischen orthodoxem Katholizismus und mit den Parlamenten verbündetem Jansenismus[18] zurück; noch im späten Ancien Régime bestanden die meisten Bibliotheken von Handwerksmeistern zu zwei Dritteln aus religiöser Erbauungsliteratur. Viele Schriften der Aufklärer blieben vom Diskurs der Bibel geprägt[19]. Und insgesamt erschienen im 18. Jahrhundert wahrscheinlich mehr Bücher für als gegen das Christentum, betrachtet man die besonders zwischen 1765 und 1772 anschwellende Titelzahl neuer apologetischer Druckschriften[20]:

1680–1709	1710–39	1740–69	1770–99
124	191	370	267

b) In der Phase von etwa 1730 bis 1760 zeigte sich jedoch, daß gerade der Erfolg der katholischen Reform über den Grundschulunterricht zum Zweck der geistlichen Lektüre[21] wesentlich zur Veränderung der kollektiven Einstellungen und des sozialen Wissens beitrug. Für den kleinen Mann bedeutete die Alphabetisierung den fundamentalen Übertritt von einer traditionsgebundenen, stark ländlichen Oralkultur zur ‚modernen' städtischen Schriftkultur, deren Kind die Aufklärung war[22]. Auf dem Lande zwischen 1696/90 und 1786/90 global von 30% auf 37% gesteigert (Frauen von 14 auf 27%, Männer von 29 auf 47%), in den mittleren und großen Städten während des zweiten Drittels des Jahrhunderts um über 10 Prozentpunkte auf mindestens die Hälfte der Grundschichten (besonders des Kleinbürgertums) getrieben[23], zog die Alphabetisierung zunehmende Buchlektüre nach sich, die nicht auf Katechismen, Bibelauszüge und Heiligenviten beschränkt blieb. Denn gleichzeitig mit dem Wachsen der Grundbildung beschleunigte sich die Buch- und Zeitschriftenproduktion, begannen die stillschweigenden Druckgenehmigungen für nicht ganz systemkonforme Schriften zuzunehmen, wandten sich Beamten-, Arzt- und Lehrersöhne vom Priesterberuf ab, verbreitete sich ausgehend vom Beispiel der Notabeln eine Abkehr von traditionellen Formen der Frömmigkeit; in Paris ab 1720, anderswo ein bis zwei Jahrzehnte später[24].

Die 1750er Jahre bilden vor allem insofern eine gewisse Wende, als die damals von Kirche, Parlamenten und teilweise auch von der Regierung getragene ‚antiphi-

---

[18] DALE VAN KLEY: The Jansenists and the Expulsion of the Jesuits from France, 1757–1765, London, Yale Univ. Press 1975.

[19] WALTER MOSER: Pour et contre la Bible: croire et savoir au XVIIIe siècle, in: SVEC 154 (1976), 1509–1528.

[20] ALBERT MONOD: De Pascal à Chateaubriand. Les défenseurs français du christianisme de 1670 à 1802, Alcan 1916, S. 531 ff. die chronologische Bibliographie.

[21] D. JULIA im vorliegenden Band; ferner R. CHARTIER/D. JULIA/M.-M. COMPÈRE: L'Education en France du XVIe au XVIIIe siècle, SEDES 1976; sowie die masch.-schriftl. vervielfält. Fassung der thèse von J. QUÉNIART: Culture et société urbaines ..., Champion 1977, Bd. 1, S. 278–535.

[22] FRANÇOIS FURET/JACQUES OZOUF: Lire et écrire. L'alphabétisation des Français de Calvin à Jules Ferry, Bd. 1, Minuit 1977, bes. S. 349–369; ROBERT MUCHEMBLED: Culture populaire et culture des élites dans la France moderne, XVe–XVIIIe siècles, Flammarion 1978.

[23] QUÉNIARTS Befund (s. Anm. zum Schaubild, 6) wird u. a. bestätigt durch MAURICE GARDEN: Lyon et les Lyonnais au XVIIIe siècle, Les Belles Lettres 1970, 350–353.

[24] Vgl. oben Anm. 13 und 14.

losophische' Kampagne gegen die *Encyclopédie* und andere aufklärerische Schriften (Bücherverbote, Festnahmen usw.) der Aufklärung erst recht eigentlich ihren Namen gaben. Erst in der Auseinandersetzung mit ihren Gegnern wurden sich die *philosophes* vollends ihrer Zusammengehörigkeit bewußt, formierte und verdichtete sich die Aufklärung an der Spitze zu einer ‚Bewegung'[25]. Andererseits machte sich der Katholizismus bei diesem Kampf, aber auch in Propagandaschriften und im kirchlichen Alltag, selber so viele aufklärerische Denkweisen und Kategorien zu eigen (Experiment, Fortschritt, Vernunft, Toleranz), daß man von einer wechselseitigen Durchdringung von *Lumières* und Anti-Aufklärung sprechen kann[26].

Daß Radikalität und Subversität der Aufklärungsphase von rund 1730 bis 1760 nicht überschätzt werden sollte, zeigt die provinziale Akademiebewegung, die damals ihre Blütezeit erlebte. Das in zunehmendem Maße naturkundlich-technische Arbeitsprogramm der meisten Akademien, die Themen ihrer Preisausschreiben (60% betreffen das Gebiet ‚sciences et arts'), die einseitig ‚gelehrte' Ausrichtung der Bibliotheken typischer Akademiemitglieder[27] verweisen auf einen breiten naturwissenschaftlichen Grundzug der Aufklärung[28], der neben ihrer ex post betonten antiautoritären Kritik allzu leicht übersehen wird.

c) Von rund 1760 bis 1789 erreichte der Aufklärungsprozeß, nach den konvergierenden Kurven der ‚Histoire sérielle' zu schließen, eine solche Stärke und Breite, daß man von einer „vorrevolutionären Sensibilität" gesprochen hat[29]. Dem steilen Anstieg und der Differenzierung der Buch- und Zeitschriftenproduktion (auch in der Provinz), der Fortsetzung der Akademiebewegung durch die freizügigeren, den gesellschaftlichen Konventionen der ständischen Gesellschaft in geringerem Maß verhafteten Freimaurerlogen und Lesegesellschaften (s.u.) korrespondieren die weitere Abkehr von barocken Frömmigkeitsregeln bis hinunter zu Ladenbesitzern

---

[25] CURILL B. O'KEEFE: Contemporary Reactions to the Enlightenment, 1728–1762, Genf, Slatkine 1974; ROBERT SHACKLETON: When did the French *philosophes* become a Party?, in: Bulletin of the John Rylands Library 60 (1977), 181–199; J.-M. GOULEMOT: Des Lumières et des Anti-lumières. Notes sur la représentation du *philosophe* et de la *république des lettres*, in: RHMC 27 (1980).–. Zur begriffsgeschichtlichen Seite vgl. REICHARDT: Zu einer Sozialgeschichte [s. Anm. 5], 232–234; sowie einige Hinweise bei JOHN LOUGH: Who were the *Philosophes*?, in: Studies in Eighteenth-Centurey French Literature pres. to Robert Niklaus, ed. by J.H. Fox u.a., Univ. of Exeter 1975, 139–150.

[26] ROBERT R. PALMER: Catholics and Unbelievers in Eigteenth-Century France, Princeton Univ. Press 1939 (Neudr. 1970); JOHN N. PAPPAS: Berthier's *Journal de Trévoux* and the *Philosophes*, Genf 1957 (SVEC 3); JEAN-ROBERT ARMOGATHE: Apropos des miracles de Saint-Médard. Les preuves de Carré de Montgeron et le positivisme des Lumières, in: Revue de l'Histoire des Religions 90 (1971), 135–160.

[27] D. ROCHE im vorliegenden Band; ders.: Le Siècle des Lumières en Province. Académies et académiciens provinciaux, 1680–1789, vol. 1–2, Mouton 1978, hier Bd. 1, S. 343–366; ders.: Un savant et sa bibliothèque au XVIIIe siècle: les livres de J.J. Dortous de Mairan, secrétaire perpétuel de l'Académie de Béziers, in: Dix-huitième Siècle 1 (1969), S. 47–88.

[28] Enseignement et diffusion des sciences en France au XVIIIe siècle, sous la dir. de RENÉ TATON, Hermann 1964; JACQUES ROGER: Les Sciences de la vie dans la pensée française du XVIIIe siècle, 2e éd. complétée, Colin 1971; COLON KIERNAN: The Enlightenment and Science in Eigteenth-Century France, Banbury 1973 (SVEC 59).

[29] M. VOVELLE: La sensibilité prérévolutionnaire, in: Vom Ancien Régime zur Französischen Revolution. Forschungen und Perspektiven, hg. v. Ernst Hinrichs, Eberhard Schmitt u. Rudolf Vierhaus, Göttingen, Vandenhoeck & Ruprecht 1978, 516–538; überarb. u. um Graphiken ergänzte Fassung in Englisch: Le tournant des mentalités en France 1750–1789, in: Social History 5 (1977), 605–630.

und Handwerkern sowie (nach kurzer Erholungspause) der Wiederanstieg des Priestermangels – beides begünstigt durch Säkularisierungstendenzen im Schulwesen nach der Vertreibung der Jesuiten[30]. Im Maße wie die Aufklärung geradezu Mode wurde, diente der Buchbesitz dem Sozialprestige, wurde die mit den *Lumières* identifizierte *Encyclopédie* zum größten Buchgeschäft des Jahrhunderts[31].

Dieser Prozeß implizierte jedoch keinen gleichmäßigen Bildungsfortschritt, sondern ging einher mit einer Differenzierung, ja teilweisen Spaltung des soziokulturellen Gesamtprozesses: Unter der Decke einer gemeinsamen aufklärerischen Kultur entwickelten sich antagonistische Ideologien[31a]. Den verschiedenen Gruppen des aufklärerischen ‚Establishments' trat ein anwachsendes ‚intellektuelles Proletariat' gegenüber (s. u.). Und während die Ober- und Mittelschichten größtenteils ihre Bildung festigten, stagnierten Alphabetisierung und Bücherbesitz in Kleinbürgertum und Grundschichten oder gingen sogar zurück; letzteres traf freilich vor allem die Verbreitung religiöser Literatur, denn gleichzeitig finden sich bei diesen Gruppen erstmals völlig säkularisierte ‚Bibliotheken'.

Obwohl die ‚proletarische' Unterströmung der *Lumières* nun eine große Radikalität erlangte[32], war die Spätaufklärung nicht durchweg eine antiabsolutistische Bewegung[33]. Wie es Anzeichen für eine gewisse Annäherung zwischen aufgeklärten Katholiken und gemäßigten *philosophes* gibt[34], so konnte sich auch der Staat der Aufklärung immer weniger entziehen. Schon die Akademiebewegung beruhte wesentlich auf einem Bündnis zwischen Bildung und politischer Macht sowie auf einem Ideal des staatsbürgerlichen Dienstes[35]. Von 1753 bis 1789 ist, von kurzen Rückschlägen abgesehen (1766–72, 1782–86), ein Nachlassen der Zensur festzustellen, begannen die *permissions tacites* die kaum noch wachsende Zahl offizieller Druckgenehmigungen einzuholen[36]. Nur unter der Protektion des ‚Absolutismus' konnten

---

[30] CHARLES R. BAILEY: French Secondary Education, 1763–1790: The Secularization of Ex-Jesuit *Collèges*, Philadelphia, American Philosophical Society 1978.

[31] R. DARNTON im vorliegenden Werk; ders.: The Business of Enlightenment. A Publishing History of the *Encyclopédie* 1775–1800, London, Harvard Univ. Press 1979, 262 f., 524.

[31a] ERIC WALTER: L'Intelligentsia des Lumières, in: Dix-huitième Siècle 5 (1973), 173–201, hier S. 190–198.

[32] R. DARNTON: Reading, Writing, and Publishing in Eighteenth-Century France. A Case Study in the Sociology of Literature, in: Daedalus 100 (1971), 214–256; ders.: The High Enlightenment and the Low-Life of Literature in Pre-revolutionary France, in: PP 51 (1971), 81–115; ders.: Un commerce de livres „sous le manteau" en province à la fin de l'Ancien Régime, in: RFHL 5 (1975), 5–29; erweiterte engl. Fassung: Trade in the Taboo. The Life of a Clandestine Book Dealer in Prerevolutionary France, in: The Widening Circle. Essays in the Circulation of Literature in Eighteenth-Century Europe, ed. by Paul J. Korshin, Univ. of Pennsylvania Press 1976, 11–83; ders.: The Life of a „Poor Devil" in the Republic of Lettres, in: Essays on the Age of Enlightenment in Honor of I. O. Wade, ed. by Jean Macary, Genf, Droz 1977, 39–92; ders.: The World of the Underground Booksellers in the Old Regime, in: Vom Ancien Régime zur Französischen Revolution [s. Anm. 29], 439–478.

[33] Vgl. z. B. BURMEISTER/RICHTER [s. Anm. 9], S. 8.

[34] DANIELE MENOZZI: *Philosophes* e *chrétiens éclairés*. Politica e religione di G. H. Mirabeau e A. A. Lamourette, 1774–1794, Brescia, Paideia Editrice 1976.

[35] D. ROCHE im vorliegenden Band; ders.: Le Siècle des Lumières en Province [s. Anm. 27], Bd. 1, S. 137–151.

[36] ESTIVALS: Statistique [s. Anm. zu Schaubild 3], S. 239–245; F. FURET: La *Librairie* du royaume de France au 18e siècle, in: Livre et société dans la France du XVIIIe siècle, Bd. 1, Mouton 1965, 3–32. Siehe auch

die französischen Verleger der Quart- und Oktav-*Encyclopédie* so erfolgreich mit dem berühmtesten Druckwerk der Aufklärung spekulieren (s. Anm. 31). Eine systematische Untersuchung der Bereiche, in denen die *Lumières* seit den 1760er Jahren in die politisch-soziale Praxis überzugehen begannen (Seuchenbekämpfung, Sozialfürsorge, Einschränkung von Feudalrechten und Zunftverfassung, Freihandel, Strafrechtsreform, Protestantenemanzipation, politische Repräsentation)[37], würde die gängige Meinung vom Fehlen eines Aufgeklärten Absolutismus im Hauptland der Aufklärung einschränken. Ebenso würde eine Diskursanalyse der königlichen Gesetze und Verordnungen zeigen können, wie stark Staat und Verwaltung viele Grundwerte der Aufklärung übernommen hatten[38], und so die bislang weithin unverständliche Lähmung der Entscheidungsfähigkeit der Regierung spätestens ab 1788 erklären helfen.

Das Jahr 1789 brachte das Ende der Aufklärungsbewegung. Zwar sind etwa im Presse- und Clubwesen und bei einzelnen Gruppen wie den *Idéologues*[39] wichtige und noch zu wenig erforschte fließende Übergänge zwischen Aufklärung und Revolution festzustellen. Aber wenn die Französische Revolution ganz wesentlich ein Bruch des kollektiven Bewußtseins war, wofür u. a. die Dekatholisierungswelle des Jahres II spricht[40], ja wenn erst sie vollends ein allgemein verbreitetes Bild der Aufklärung geprägt hat, welches die Forschung bis heute belastet[41], so ist das nach unserem sozialhistorischen Ansatz ausschlaggebend, und in der Konsequenz kann die Aufklärung aus dieser Perspektive nicht länger als bruchlose Vorbereitungszeit der Revolution, mit politisch geringer Signifikanz, gewertet werden.

2. Aufgeklärte Eliten, Mittler und Reichweite der ‚Lumières'

Die gängige These, die Aufklärung sei letztlich nichts anderes gewesen als „der Kampf der aufsteigenden bürgerlichen Klasse gegen ständische Strukturen, Ver-

---

EDWARD P. SHAW: Problems and Policies of Malesherbes as *Directeur de la Librairie* in France, 1750–1763, N. Y. Sate Univ. Press 1966; NICOLE HERMANN-MASCARD: La Censure des livres à Paris à la fin de l'Ancien Régime, 1750–1789, PUF 1968.

[37] Vorläufige Hinweise bei SHELBY MCCLOY: The Humanitarian Movement in Eighteenth-Century France, Kentucky 1957; EDGAR FAURE: La Disgrâce de Turgot, Gallimard 1961; R. REICHARDT: Reform und Revolution bei Condorcet, Bonn, Röhrscheid 1973; HARRY C. PAYNE: The *Philosophes* and the People, London, Yale Univ. Press 1976.

[38] Denise MALDIDIER/RÉGINE ROBIN: Polémique idéologique et affrontement discursif en 1766: les grands édits de Turgot et les remontrances du Parlement de Paris, in: Le Mouvement social 85 (1973), 13–79.

[39] SERGIO MORAVIA: Il Pensiero degli *Idéologues*. Scienza e filosofia in Francia 1780–1815, Firenze, La Nuova Italia 1974; MARC RÉGALDO: Lumières, élite, démocratie: la difficile position des *idéologues*, in: Dix-huitième Siècle 6 (1974), 193–207; GEORGES GUSDORF: La conscience révolutionnaire: les *idéologues*, Payot 1978.

[40] M. VOVELLE im vorliegenden Werk; ders.: Breve storia della Rivoluzione francese, Roma/Bari, Laterza 1979, 85–156 (Appunti per una storia della mentalità sotto la Rivoluzione); R. REICHARDT/E. SCHMITT: Die Französische Revolution – Umbruch oder Kontinuität?, in: ZHF 7 (1980), S. 257–320.

[41] T. SCHLEICH im vorliegenden Werk. Siehe auch den Sammelband: Images au XIXᵉ siècle du matérialisme du XVIIIᵉ siècle, sous la resp. de O. BLOCH, Desclée 1979.

hältnisse und Institutionen am Ausgang der Übergangsperiode vom Feudalismus zum Kapitalismus"[42], erscheint nach der neuen sozialhistorischen Forschung korrekturbedürftig.

a) Betrachtet man in ihrem Licht zunächst die traditionellen Stände, so ergibt sich die angesichts der ideologischen Auseinandersetzungen etwa der 1750er Jahre scheinbar paradoxe Feststellung, daß die Aufklärung nicht zuletzt ein Werk der Geistlichkeit, insbesondere des Pfarrklerus gewesen ist, wenigstens mittelbar. Bewirkten doch die Priesterseminare der Gegenreformation bei einer neuen Pfarrergeneration an der Wende vom 17. zum 18. Jahrhundert einen großen Bildungszuwachs, der sich abgeschwächt und mit Verzögerung über den Katechismusunterricht und die Predigt bei der breiten Bevölkerung auch auf dem Lande niederschlug[43]. Katholische Geistliche stellten 1685–1725 nicht weniger als 41% der identifizierten Journalisten (1725–50 immerhin noch 29%) und im Jahrhundertdurchschnitt 20% der provinzialen Akademiemitglieder[44], wobei bei diesen Zahlen die Angehörigen des Jesuitenordens nicht einmal mitgerechnet sind. Der *Bon curé*, den es trotz aller aufklärerischen Kritik am Pfarrklerus und der Kirche durchaus gab, setzte sich mehr für die Volksbildung ein als ein Voltaire oder Diderot[45]. In der zweiten Jahrhunderthälfte freilich beteiligten sich Geistliche immer weniger an den Institutionen und Medien der Aufklärung, sie blieben den Freimaurergesellschaften weitgehend fern (nur 4% der Mitglieder), vielleicht weil man in kirchlichen Kreisen die Fährnisse einer zu weiten Öffnung gegenüber dem Aufklärungsprozeß erkannte; die Kluft zwischen ihrer gleichbleibend hohen religiös-theologischen Bildung (die Buchtitel ihrer Bibliotheken sind zu 70% religiös) und den zunehmend säkularisierten Einstellungen der anderen Stände vertiefte sich. Doch getrieben von wachsenden Spannungen zum höheren Klerus, blieben viele *curés* mehr oder weniger aufklärerisch engagiert, schlossen sich nach 1770 den konkreten politisch-sozialen Reformforderungen der *Lumières* an und gaben 1789 den Ausschlag dafür, daß der Dritte Stand seine Erklärung zur *Assemblée nationale* durchsetzen konnte[46].

Vielleicht noch mehr als der Klerus waren Adelige am Aufklärungsprozeß betei-

---

[42] W. BAHNER: Zur Einordnung der ‚Aufklärung' [s. Anm. 6], 33 f.; s. a. ders.: ‚Aufklärung' als Periodenbegriff der Ideologiegeschichte, in: Sitzungsberichte der Akad. d. Wiss. der DDR (1972), 3–26, hier S. 9 f. Zur Kritik vgl. HORST MÖLLER: Die Interpretation der Aufklärung in der marxistisch-leninistischen Geschichtsschreibung, in: ZHF 4 (1977), 438–472.

[43] Vgl. die obengen. Arbeiten von J. QUÉNIART.

[44] J. SGARD und D. ROCHE im vorliegenden Band.

[45] D. JULIA im vorliegenden Werk; s. a. CHARTIER/COMPERE/JULIA: Education [s. Anm. 21], 37–40, 196; HARVEY CHISICK: The Limits of Reform in the Enlightenment. Attitudes towards the Education ..., Princeton 1980; sowie PIERRE SAGE: Le *bon prêtre* dans la littérature française d'*Amadis de Gaule* au *Génie du Christianisme*, Genf, Droz 1951.

[46] Vgl. die Fallstudie von T. TACKETT: Priest and Parish in Eighteenth-Century France, Princeton Univ. Press 1977; s. a. M. G. HUTT: The *Curés* and the Third Estate. The Ideas of Reform in the Pamphlets of the Lower Clergy in the Period 1787–1789, in: Journal of Ecclesiastical History 8 (1957), 74–92; sowie E. SCHMITT: Repräsentation und Revolution, München, Beck 1969, 231 ff. Zu einem noch kaum erforschten kirchlichen Untergrund vgl. JOHN MCMANNERS: French Ecclesiastical Society under the Old Regime. A Study in Angers in the Eighteenth Century, Manchester Univ. Press 1960, 9–11; R. DARNTON: „Poor Devil" [s. Anm. 32], 73.

ligt, nachdem der traditionell wenig bildungsfreundliche niedere Erbadel im ersten Drittel des 18. Jhs. Anschluß an die Gebildeten gewonnen hatte. Edelleute (fast zur Hälfte Anoblierte), vor allem aus dem Amtsadel, stellten durchschnittlich, wenn auch mit leicht fallender Tendenz, 37% der Mitglieder der Provinzialakademien, welche ihnen eine Rechtfertigung ihres fragwürdig gewordenen Status, eine Krönung ihres neuen kulturellen Selbstverständnisses boten. In den Freimaurergesellschaften bildeten die Adeligen mit immerhin 15% der Mitglieder in der Provinz (in Paris 22%) eine deutlich kleinere, aber oft führende Minderheit. Aus ihren Reihen kamen fast durchgehend 15–20% der Journalisten. Sie waren die Hauptabonnenten des gewiß offiziösen, doch nicht aufklärungsfeindlichen *Mercure de France*[47]. Ihre Privatbibliotheken, in denen 1700–88 der Anteil religiöser Titel von 18% auf 3% sank, während die ‚Literatur' (belles lettres) von 4,5% auf 44% anwuchs, weisen sie, wenn nicht unbedingt als Leser aufklärerischer Schriften, so doch als Mitträger eines langfristigen Säkularisierungsprozesses aus; zum Teil weisen die Bestimmungen ihrer Testamente in eine ähnliche Richtung[48]. Durch ihre Salons und als Mäzene (s. u.) war eine nicht unerhebliche Zahl von Adligen führend an der Propagierung der *Lumières* beteiligt.

Gleichwohl waren Bürgerliche zweifellos die Hauptträger der Aufklärung, und zwar mit – relativ – zunehmender Tendenz. Ihr Mitgliederanteil von durchschnittlich 43% in den Provinzialakademien wuchs im Laufe des Jhs. beträchtlich (von 43 auf 55%), vor allem auf Kosten des Klerus; sie stellten die aktivsten Akademiemitglieder und die meisten Gewinner der von den Akademien veranstalteten Preisausschreiben[49]. Sie dominierten in den Freimaurerlogen und immer mehr auch in den Zeitschriftenredaktionen. Sie bildeten mit 42% die stärkste Gruppe der sozial identifizierbaren Autoren des Jahres 1784 (Klerus 32%, Adel 14%)[50]. Der seit etwa 1750 stark rückläufige Anteil religiöser Titel in ihren Bibliotheken, ihre besonders deutliche Abwendung von katholischen Frömmigkeitskonventionen deuten darauf hin, daß sie an dem aufklärerischen Einstellungswandel maßgeblich teilhatten[51].

Nur sind sie kaum mit dem ‚Kapitalismus' in Verbindung zu bringen. Gewiß gab die steigende Buch- und Zeitschriftenproduktion vergleichsweise modernen Verlegern wie Panckoucke Auftrieb[52], gewiß gewannen viele Schriftsteller durch höhere

---

[47] Vgl. allgemein QUÉNIART, ROCHE und SGARD im vorliegenden Werk; zum letzten Punkt D. ROCHE: Le Siècle des Lumières en Province [s. Anm. 27], Bd. 1, S. 293 f.
[48] QUÉNIART: Culture et sociétés urbaines [s. Anm. zu Schaubild, 1], 225–264; VOVELLE: Piété baroque [Schaubild, 9], 174 f., in gewissen Widerspruch dazu ebd. S. 601; ROCHE: Noblesses et culture dans la France du XVIIIe siècle: les lectures de la noblesse, in: Buch und Sammler. Private u. öff. Bibliotheken im 18. Jh. Colloquium . . ., Heidelberg, Winter 1979, 9–27.
[49] ROCHE: Siècle [s. Anm. 27], Bd. 1, S. 377 ff.
[50] Ebd. Bd. 1, S. 290 f., und Bd. 2, S. 438.
[51] Vgl. neben den obengen. Arbeiten von QUÉNIART, ROCHE und VOVELLE außerdem M. GRESSET: Gens de justice [s. Anm. 14], Bd. 2, S. 555–562.
[52] Neben DARNTONS Arbeiten über die *Encyclopédie* vgl. ders.: L'imprimerie de Panckoucke en l'an II, in: RFHL No 23 (1979), 359–369. Ferner SUZANNE TUCOO-CHALA: Charles-Joseph Panckoucke et la librairie française, 1736–1798, Touzot 1977; dies.: Capitalisme et Lumières au XVIIIe siècle: la double réussite du libraire C. J. Panckoucke, 1736–1798, in: RFHL 6 (1973), 642–648; dies.: La diffusion des Lu-

Honorare und ein beginnendes Urheberrecht etwas an wirtschaftlicher Selbständigkeit[53]; aber das bedeutete weder „die Durchsetzung kapitalistischer Produktionsverhältnisse im Bereich der immateriellen Produktion", wie das fortdauernde Privilegienwesen zeigt[54], noch die völlige Freisetzung des Schriftstellers zum reinen Warenproduzenten, zum „Lohnarbeiter" des Verlegers, wie die weiterhin starke Abhängigkeit der *philosophes* von Pfründen, königlichen Pensionen und einem – freilich durch Neureiche erweiterten – Mäzenatentum belegt[55]. Auch erscheint gerade die damals noch wenig zahlreiche Schicht wirtschaftlich dynamischen Bürgertums keineswegs als hervorragender Träger der Aufklärung – sowohl hinsichtlich seiner (meist auffallend kleinen) Bibliotheken als auch, was seine geringe Mitarbeit an der Diderotschen *Encyclopédie*[56] und seinen vergleichsweise kleinen Anteil an den meisten ‚Sociétés de pensée' betrifft, sieht man einmal von seinem hervorragenden Platz unter den Korrespondenten der großen Aufklärer und in den Freimaurergesellschaften ab[57]. All jene Tests deuten vielmehr übereinstimmend darauf hin, daß die Oberen Zehntausend der Gebildeten und Aufklärer im wesentlichen der ökonomisch traditionsverhafteten „bourgeoisie d'Ancien Régime" von Grund-, Amts- und Rentenbesitzern zuzurechnen sind[58], die dann der Französischen Revolution ziemlich hilflos und überrascht gegenüberstanden[59]. Das gilt sogar für so

---

mières dans la seconde moitié du XVIIIe siècle: C.-J. Panckoucke, un libraire éclairé, 1760–1798, in: Dix-huitième Siècle 6 (1974), 114–128.

[53] Zusammenfassend J. Lough: Writer and Public in France from the Middle Ages to the Present Day, Oxford, Clarendon 1978, 205–246; s. a. Richard Waller: L'homme de lettres en France et en Angleterre, 1700–1730, in: Dix-huitième Siècle 10 (1978), 229–252; sowie R. G. Saisselin: The Literary Enterprise in Eighteenth-Century France, Detroit, Wayne State Univ. Press 1979, 122–173.

[54] W. Schröder: Gesellschaftliche Gegebenheiten der Literaturproduktion in der sich auflösenden Ständegesellschaft und ihre Konsequenzen für die Aufklärungsideologie, in: Französische Aufklärung [s. Anm. 4], 60–121 u. 814–836, hier S. 93. Dagegen Darnton im vorliegenden Band sowie Raymond Birn: The Profit of Ideas. *Privilèges en Librairie* in Eighteenth-Century France, in: Eighteenth-Century Studies 4 (1971), 131–168.

[55] Schröder [wie Anm. 54], S. 87 f. Dagegen zu Pensionen usw. Darnton: High Enlightenment [s. Anm. 32], 83–94; Suzanne Fiette: La *Correspondance* et Grimm et la condition des écrivains dans la seconde moitié du XVIIIe siècle, in: RHES 47 (1969), 473–505. Speziell zum Mäzenatenzum s. Guy Chaussinand-Nogaret: Les Financiers de Languedoc au XVIIIe siècle, SEVPEN 1970, 267–310; Yves Durand: Finances et mécénat. Les fermiers généraux au XVIIIe siècle, Hachette 1976; André Corvisier: Arts et sociétés dans l'Europe du XVIIIe siècle, PUF 1978, 153–166.

[56] Vgl. zuletzt D. Roche: Encyclopédistes et académiciens, in: Livre et société dans la France du XVIIIe siècle, t. 2, sous la dir. de F. Furet, Mouton 1970, 73–92; J. Lough: The Contributors to the *Encyclopédie*, London, Grant & Cutler 1973.

[57] Zusammenfassend D. Roche: Négoce et culture dans la France du XVIIIe siècle, in: RHMC 25 (1978), 375–395; s. a. ders.: Siècle [s. Anm. 27], Bd. 1, S. 294–300.

[58] Vgl. bereits Jean Ehrard: Histoire des idées et Histoire sociale en France au XVIIIe siècle, in: Niveaux de culture et groupes sociaux. Actes du Colloque . . ., Mouton 1967, 171 bis 178, hier S. 177. Zum Begriff der „bourgeoisie d'Ancien Régime" s. R. Reichardt: Bevölkerung und Gesellschaft Frankreichs im 18. Jh., in: ZHF 4 (1977), 154–221, hier S. 210–214. Darntons Beobachtungen zu den Subskribenten der Quart-*Encyclopédie* (im vorliegenden Band) werden allgemein für die aufklärerischen Gesellschaften in Besançon bestätigt durch Gresset: Gens de justice [s. Anm. 14], Bd. 2, S. 669–674. Siehe auch Christian Desplat: Le Barreau béarnais et la signification des Lumières en Province, 1770–1789, in: Dix-huitième Siècle 6 (1974), 99–113; Leonard R. Berlanstein: The Barristers of Toulouse in the Eighteenth Century, 1740–1793, Baltimore, The Johns Hopkins Univ. Press 1975.

radikale *philosophes* wie die Gruppe um den Baron d'Holbach[60] – ein weiterer Beleg dafür, daß die aufklärerische Ideologie nicht auf eine unmittelbare ‚Spiegelung' der ökonomischen Verhältnisse zu reduzieren ist, sondern daß sie diesen zum Teil vorauseilte[61].

b) Bildeten nun die aufgeklärten Gruppen von Geistlichen, Adeligen und Bürgerlichen eine überständische Elite von *philosophes*, wie deren Selbstverständnis sagt? Vieles spricht dafür: die in der Sozialstruktur der Provinzialakademien sichtbare Austarierung der ständisch-sozialen Heterogenität, ihre statuarisch festgelegten Verfahren egalitären Gemeinschaftshandelns, ferner ähnliche innere Regeln bei den übrigen ‚Sociétés de pensée', sowie deren größere soziale Offenheit; auch die weithin übereinstimmende Dominanz aufklärerischer Reformforderungen in den allgemeinen *cahiers* von Adel und Drittem Stand im Frühjahr 1789[62]; schließlich der sozial ‚gemischte' Charakter der aus der Aufklärung hervorgegangenen revolutionären Gruppen wie des *parti des patriotes*[63].

Andererseits kann jene ‚Elite' weder nach Zusammensetzung noch nach Einstellung und Verhalten als geschlossene Einheit gelten. Hat man doch in bezug auf die Provinzialakademien von einer bloß „rhetorischen Bekundung der Einheit der Eliten" gesprochen und gezeigt, wie das freimaurerische Offenheits- und Gleichheitsprinzip in der Praxis durch die Spezialisierung der einzelnen Logen eines Ortes auf bestimmte soziökonomisch jeweils benachbarte Gruppen unterlaufen wurde[64]. Der soziokulturelle Differenzierungsprozeß in der zweiten Jahrhunderthälfte verstärkte noch die Heterogenität der Gebildeten. Während etwa in Marseille der Adel die Dechristianisierung der Notabeln kaum mitmachte, wurde ein vom Handwerker zum reichen Wirtschaftsbürger arrivierter Aufsteiger wie Joseph Sec trotz seiner Bemühungen weder voll in das aufklärerische ‚Establishment' integriert, noch konnte er sich dessen Ideologie ganz zu eigen machen[65]. Und während die etablierten *philosophes* im späten Ancien Régime eine Verwissenschaftlichung und Profes-

---

[59] FRANK A. KAFKER: Les Encyclopédistes et la Terreur, in: RHMC 14 (1967), 284–295; R. MORTIER: Les héritiers des *philosophes* devant l'expérience révolutionnaire, in: Dix-huitième Siècle 6 (1974), 45–57.

[60] ALAN C. KORS: D'Holbach's Coterie: An Enlightenment in Paris, Princeton Univ. Press 1977; dazu D. ROCHE: Lumières et engagement politique: la coterie d'Holbach dévoilée, in: AESC 33 (1978), 720–728.

[61] In diese Richtung argumentiert neuerdings auch W. BAHNER: Quelques problèmes épineux de la périodisation du siècle des lumières, in: Transactions of the 5th International Congress on the Enlightenment, Oxford, Voltaire Foundation 1981 (SVEC), im Druck.

[62] Vgl. R. CHARTIER im vorliegenden Band; außerdem SASHA WEITMAN: Bureaucracy, Democracy, and the French Revolution, Ph. D. Doc. Diss., Washington Univ. 1968 (MS); G. CHAUSSINAND-NOGARET: La Noblesse au XVIIIe siècle, Hachette 1976, 181–226.

[63] ELIZABETH L. EISENSTEIN: Who Intervened in 1788? (1965), in: Die Französische Revolution. Anlässe und langfristige Ursachen, hg. v. E. Schmitt, Darmstadt, Wiss. Buchges. 1973, 254–287.

[64] ROCHE: Siècle [s. Anm. 27], Bd. 1, S. 255; s. a. ders. im vorliegenden Band.

[65] M. VOVELLE: L'Elite ou le mensonge des mots, in: AESC 29 (1974), 49–72; dt. Übersetzung: Die Elite oder der Trug der Wörter, in Irmgard Hartig (Hg.): Geburt der bürgerlichen Gesellschaft: 1789, Frankfurt 1979 (SV 937), 236–270; s. a. VOVELLE: L'irrésistible ascension de J. Sec, bourgeois d'Aix, Aix-en-Provence, Edisud 1975; sowie H.-J. LÜSEBRINK im vorliegenden Band.

sionalisierung durchmachten⁶⁶, wuchs eine „canaille de la littérature" (L. S. MERCIER) heran, die nicht den selben Erfolg hatte wie ihre Leitfigur Voltaire, kaum die Ämter und Pfründen der aufklärerischen ‚Elite' erlangen konnte und ihr Leben u. a. von radikalen Schriften fristete⁶⁷.

Man sollte also den Begriff *der* Aufklärerelite zur Vorstellung von verschiedenen, mehr oder weniger aufgeklärten Bildungseliten erweitern. Denn mögen die *Lumières* auch teilweise eine Art Mode gewesen sein und das tatsächliche Verhalten nicht immer deutlich geprägt haben, so bildeten sie doch die gemeinsame ideologische Grundlage relativ kleiner, sozial gemischter Gruppen aktiver *philosophes*, der ersten Intelligentsija⁶⁸, und konnten einen simplifizierten Grundstock ihrer neuen Grundwerte bis an die Grenze zu den unterbürgerlichen Schichten propagieren.

c) Damit stellt sich die Frage, welche sozialen Gruppen zumindest rudimetäre Elemente der Aufklärung an den ‚gemeinen Mann' weitergaben; denn daß sich die *philosophes* unmittelbar volkserzieherisch engagierten, widersprach schon ihrem vorherrschenden elitären Selbstverständnis⁶⁹. Angesichts der Forschungslage muß die Antwort hier besonders hypothetisch ausfallen.

Zunächst verdienten die Pfarrer, Vikare und Schulmeister als Vermittler der Grundbildung und vielleicht auch einiger neuer Werte eine systematische Untersuchung⁷⁰. Zu klären bleibt auch die Rolle der Drucker, vor allem der sehr mobilen Druckergesellen, die von verbotenen, vielgefragten Schriften bei der Arbeit gelegentlich etwas ‚abzweigten', bei ihrem nächsten Arbeitgeber vervielfältigten, in den Schenken wohl auch davon redeten⁷¹. Noch wichtiger für die Ausstrahlung der *Lumières* von der Stadt auf das Land dürften die mit den 1770er Jahren immer zahlreicheren Kolporteure und kleinen Wagenhändler gewesen sein, die wie der ehemalige Seilermeister Noël Gilles aus Coutances mit Kiepe oder Pferdewagen von Markt zu Markt zogen und neben religiösen Traktätchen und populärer Graphik auch aufklä-

---

⁶⁶ DARNTON: Business [s. Anm. 31], 430–454 (Vergleich der Mitarbeiter der Diderotschen *Encyclopédie* mit denen der *Encyclopédie méthodique*); zu den Pariser Akademien vgl. ROCHE: Siècle [s. Anm. 27], Bd. 1, S. 285–290.

⁶⁷ Vgl. die oben in Anm. 32 zitierten Arbeiten von DARNTON. Die weitere Erforschung dieses intellektuellen Proletariats, etwa durch die kollektive Biographie, bleibt ein Desiderat; Ansätze bei H.-J. LÜSEBRINK im vorliegenden Band sowie bei NORMAN HAMPSON: Les professionnels de la Révolution française, in: Die Französische Revolution – Zufall oder notwendiges Ereignis? Akten des internat. Symposiums, Bamberg, Juni 1979, hg. v. E. SCHMITT u. R. REICHARDT, München, Oldenbourg 1981 (im Druck).

⁶⁸ E. WALTER: Intelligentsia [s. Anm. 31 a], passim.

⁶⁹ Zum folgenden H.-J. LÜSEBRINK im vorliegenden Band. Zum letzten Punkt REICHARDT: Reform und Revolution [s. Anm. 37], 170–202; sowie PAYNE: The *Philosophes* and the People [s. Anm. 37], passim.

⁷⁰ Vgl. vorläufig M. GARDEN: Ecoles et maîtres: Lyon au XVIIIᵉ siècle, in: Cahiers d'Histoire 21 (1976), 133–156; T. TACKETT: La correspondance de Dominique Chaix, 1772–1799. Un document sur le curé de campagne à la fin de l'Ancien Régime, in: Les Intermédiaires culturels: demiurges et groupes médiateurs. Actes du Colloque . . ., Aix-en-Provence, 16–18 juin 1978, Aix, Publications de l'Université des Lettres et Sciences Humaines 1981, im Druck; L. LAPIED: Le rôle d'intermédiaire des curés au début de la Révolution de 1789 à travers la rédaction des cahiers de doléances, in: ebd.

⁷¹ Als Vorarbeit zu einer größeren Untersuchung JACQUES RYCHNER: A l'ombre des Lumières. Coup d'oeil sur la main-d'oeuvre de quelques imprimeries du XVIIIᵉ siècle, in: SVEC 155 (1976), 1925–1955. Weitere Hinweise verspricht MICHELINE ZÉPHIR: Les libraires et imprimeurs parisiens à la fin du XVIIIᵉ siècle, 1750–1789 (im Druck); vorläufige Zusammenfassung in: Ecole Nationale des Chartes. Positions des thèses des élèves (1974), 241–249.

rerische Literatur und verbotene Pamphlete vertrieben, letzteres freilich meist an Notabeln und Offiziere[72]. Eine hervorragende Funktion bei der Bewußtseinsbildung der kleinen Leute und der Verbreitung rudimentärer aufklärerischer Schlagworte erfüllten ferner viele Anwälte, nicht nur städtische Advokaten wie Froudière in Rouen, welche die Verteidigung von Justizopfern neuartig und wirkungsvoll in Szene setzten, sondern auch kleine Notare und Prokuratoren in den Dörfern, die sich als Prozeßführer der Landgemeinden gegen die Grundherrn für die Wahlen von 1789 profilierten und bei der Redaktion der *cahiers de doléances* als wichtigste Mittler der bäuerlichen Beschwerden erscheinen[73]. Schließlich wäre zu prüfen, ob sich regionale Ergebnisse über die „aufklärerische' Nebenwirkung allein schon regelmäßiger, enger Wirtschaftskontakte zwischen Stadt und Land (hier den bäuerlichen Webern des östlichen Maine und den städtischen ‚Verlegern') verallgemeinern lassen[74].

d) Es wäre jedoch zu einseitig, die Aufklärung lediglich als von den Eliten ausgehenden, durch kulturelle Mittler verflachten weitergegebenen, sozial ‚absteigenden' Nachahmungs- und Ansteckungsvorgang zu sehen. Vielmehr scheint es in der Schlüsselgruppe des stark alphabetisierten Kleinbürgertums Ansätze zu einer originären ‚Volksaufklärung' gegeben zu haben. Läßt die Teilnahme von Landwirten und Handwerkern an Preisausschreiben einiger Provinzialakademien im späten 18. Jahrhundert, die Mitgliedschaft kleiner Gewerbetreibender in den Freimaurergesellschaften auf eine erstaunliche Anziehungskraft des ‚elitären' Aufklärungsmodells schließen[75], so deuten die teilweise den Notabeln vorausgehende Laizisierung der Testamente von kleinen Werkstatt- und Ladenbesitzern, Aktualisierungs- und Politisierungstendenzen in der sog. Volksliteratur, der säkularisierte Buchbesitz einiger Tagelöhner am Ende des Ancien Régime und die Forderungen der *cahiers de doléances*[76] auf selbständige Bewußtseinsveränderungen an der Nahtstelle von Mit-

---

[72] Außer den oben in Anm. 32 zitierten Arbeiten von DARNTON vgl. ANNE SAUVY: Noël Gilles dit la pistole, „marchand foirain libraire roulant par la France", in: Bulletin des Bibliothèques de France 12 (1967), 177–190; ABEL POITRINEAU: Petits marchands colporteurs de la Haute Planèze d'Auvergne à la fin de l'Ancien Régime, in: Annales du Midi 88 (1976), 423–436; MICHÈLE MARSOL: Un oublié: Pierre Héron, „marchand libraire" à Langres-en-Bassigny, in: Comité des travaux historiques et scientifiques. Bulletin d'histoire moderne et contemporaine. Orientation de recherche pour l'histoire du livre No 11 (1978), 33–74; PIERRE CASSELLE: Recherches sur les marchands d'estampes d'origine contentionoise à la fin de l'Ancien Régime, in: ebd., S. 75–93; H.-J. MARTIN: Librairie française [s. Anm. zu Schaubild, 2], 95–102.

[73] H.-J. LÜSEBRINK: L'Affaire Cléreaux (Rouen 1785–1790): affirmations idéologiques et tensions institutionnelles sur la scène judiciaire de la fin du XVIIIe siècle, in: Transactions of the 5th International Congress . . . [s. Anm. 61]; CLAUDINE WOLIKOW: Communauté et féodalité. Mouvements antiféodaux dans le vignoble de Bar-sur-Seine, fin de l'Ancien Régime, in: Contributions à l'histoire paysanne de la Révolution française, sous la dir. d'A. Soboul, Editions sociales 1977, 283–308; dies.: Sur les origines et la formation du personnel politique de la Révolution, in: Voies nouvelles pour l'histoire de la Révolution française. Colloque A. Mathiez – G. Lefebvre, B.N. 1978, 351–361; dies.: Sur le rôle et la place des gens de justice à la fin de l'Ancien Régime, in: Les Intermédiaires culturels [s. Anm. 70]; s. a. R. CHARTIER im vorliegenden Werk.

[74] PAUL BOIS: Paysans de l'Ouest, Mouton 1960, 515–543.

[75] Belege zu den Akademien in Châlons-sur-Marne, Nancy u. Lyon bei ROCHE: Siècle [s. Anm. 27], Bd. 1, S. 337–342; s.a. ders. im vorliegenden Band.

[76] Vgl. nacheinander VOVELLE: Piété baroque [s. Anm. zu Schaubild, 9], 596; sowie die Beiträge von LÜSEBRINK, QUÉNIART und CHARTIER im vorliegenden Werk.

tel- und Grundschichten. In der Tat wäre die plebejische Eigenkultur der revolutionären Sansculotten undenkbar ohne einen in der Spätaufklärung gesteigerten Antiklerikalismus und ein neues Selbstwertgefühl. Hier liegt eine große Forschungsaufgabe.

3. Medien und Organisationsformen

a) Noch viel zu wenig weiß man auch über die Medien der Bildung und der Aufklärung, zumal was ihre Funktionen und Wirkungen an der Basis betrifft. So scheint im großen und ganzen der Lehrstoff der Grundschulen im 18. Jh. unverändert traditionell geblieben zu sein, während die Oberschulen eine gewisse Hinwendung zur Berufspraxis vollzogen und die pädagogische Diskussion stark zunahm: von 51 pädagogischen Neuerscheinungen 1715–1759 auf 161 zwischen 1760 und 1789[77]. Aber ob etwa die Katechismen, das Hauptbuch der Grundschulen, nicht doch Elemente des neuen sozialen Wissens aufnahmen, ob sich die serienweise erhaltenen Predigten den *Lumières* völlig verschließen konnten, ist bisher ebensowenig zu beantworten wie die Frage, ob die nach 1770 von einigen aufgeklärten *curés* eingerichteten ‚Gemeindebibliotheken'[78] eine Ausnahme waren.

b) Daß das Buch das Hauptmedium der Aufklärung war[79], ist leichter als wahrscheinlich anzunehmen denn im einzelnen nachzuweisen. Es wird oft vergessen, daß im Jahrhundert des Lobpreises des Buchdrucks als des idealen Kommunikationsmittels der *république des lettres* geheime Handschriften gerade in der radikalen Untergrundliteratur und bei kleinen Gruppen weiterhin eine wichtige Rolle spielten: für die erste Hälfte des Jahrhunderts ist ihre Bedeutung bekannt, für die Spätaufklärung bleibt sie noch zu erforschen[80].

Was die monographischen Druckschriften betrifft, liegt es nahe, die Register der staatlichen Zensurbehörde auf das Vordringen aufklärerischer Titel zu untersu-

---

[77] Bis zur Veröffentlichung der Erhebung von D. JULIA über die ‚Lehrpläne' der *collèges* vgl. dessen Beitrag zum vorliegenden Band sowie H. CHISICK: Institutional Innovation in Popular Education in Eighteenth-Century France. Two Examples, in: FHSt 10 (1977), 41–73; die Zahlen bei Chartier/Compère/Julia: Education [s. Anm. 21], 208; s. a. B.PLONGERON: Du modèle jésuite au modèle oratorien dans les collèges français à la fin du 18e siècle, in: Eglise et enseignement. Actes du Colloque . . ., Bruxelles 1977, 89–136.

[78] Vgl. vorläufig J.-R. ARMOGATHE: Les catéchismes et l'enseignement populaire en France au XVIIIe siècle, in: Images du Peuple au dix-huitième siècle. 5e Colloque d'Aix-en-Provence, Colin 1973, 103–121; NOË RICHTER: Prélude à la bibliothèque populaire. La lecture du peuple au siècle des Lumières, in: Bulletin des bibliothèques de France 24 (1979), 285–297.

[79] W. KRAUSS: Über den Anteil der Buchgeschichte an der literarischen Entfaltung der Aufklärung, in W. K.: Studien zur deutschen und französischen Aufklärung, Berlin, Rütten & Loening 1963, 73–155.

[80] I. O. WADE: The Clandestine Organization and Diffusion of Philosophic Ideas in France from 1700 to 1750 (1938), Repr. N. Y., Octagon 1967; R. MORTIER: Les *Dialogues de l'âme* et la diffusion du matérialisme au 18e siècle, in: RHLF 61 (1961), 342–358; *Traité des trois imposteurs*, manuscrit clandestin du début du XVIIIe siècle, prés. par P. Rétat, Presses univ. de Saint-Etienne 1973; W. KRAUSS: Die Leser von Manuskripten in der Frühaufklärung, in: RF 87 (1975), 333 f.; MARIE-HÉLÈNE COTONI: Les manuscrits clandestins du dix-huitième siècle. Nouveaux éléments et questions nouvelles, in: RHLF 77 (1977), 24–29.

chen. Doch ergibt die Analyse der *permissions tacites* zwischen 1750/54 und 1784/88 wenig mehr als einen 25prozentigen Rückgang religiös-theologischer zugunsten wissenschaftlich-technischer und politischer Titel; und vollends in den amtlichen Verzeichnissen über 1778 bis 1788 genehmigte Nachdrucke in der Provinz – vor allem Gebrauchs- und Erbauungsliteratur – ist von den *Lumières* wenig zu entdecken[81]. In der geheimen Geschäftskorrespondenz einzelner inländischer Drukker-Verleger finden sich dagegen sehr wohl aufklärerische Kampfschriften, auch die heute noch berühmten, vor allem aber in der Produktion ausländischer Verlage, die sich im späten 18. Jh. von Amsterdam bis Genf an den Grenzen des Königsreichs entwickelten und auf die Herstellung verbotener Bücher für den Schmuggel nach und in Frankreich spezialisierten[82]. Aber ging die soziale Reichweite dieser Schriften über die gebildeten städtischen Eliten hinaus?

Angesichts des von ihnen anscheinend völlig getrennten Bereichs der ‚Volksliteratur'[83] scheint das auf den ersten Blick zweifelhaft. Was wir bisher von dem fast ausschließlich religiös märchenhaften Charakter der *Bibliothèque bleue* oder von den stereotypen, wenn auch teilweise aktualisierten und ideologisch beeinflußten Inhalten der Volksalmanache wissen (die populären Bilderbogen und Einblattdrucke wären erst noch zu sammeln und zu analysieren), rechtfertigt bisher kaum den Schluß, hier sei in nennenswertem Umfang aufklärerisches Wissen vermittelt worden[84].

Aber wie man nicht einfach elitäre ‚Produzenten' und kleinbürgerliche Rezipienten der Aufklärung gegenüberstellen kann, so standen auch Schriftkultur und Oralkultur, *livres philosophiques* und Volksliteratur im 18. Jh. nicht beziehungslos nebeneinander[85]. Zwischen beiden Ebenen vermittelte eine in der Spätaufklärung

---

[81] F. Furet: *Librairie* [s. Anm. 36], passim; Julien Brancolini/Marie-Thérèse Bouyssy: La vie provinciale du livre à la fin de l'Ancien Régime, in: Livre et société ..., Bd. 2 [s. Anm. 56], 3–37.

[82] Immer noch wichtig Jean-Paul-Belin: Le commerce des livres prohibés à Paris de 1750 à 1789 (1913), Repr. N. Y., Franklin 1962. Neuerdings vgl. J. Quéniart: L'imprimerie et la librairie à Rouen au XVIIIe siècle, Klincksieck 1969; Giles Barber: The Cramers in Geneva and their Trade in Europe between 1755 and 1766, in: SVEC 30 (1964), 377–413; Jeroom Vercruysse: Marc-Michel Rey, imprimeur philosophe ou philosophique?, in: Werkgroep 18e eeuw Documentieblad 34/35 (1977), 93–121; ders.: M.-M. Rey et le livre philosophique, in: Sitzungsberichte der Akad. d. Wiss. der DDR. Gesellschaftswissenschaften 5 G (1978), 149–156; ders.: Les livres clandestins de Bouillon, in: Transactions of the 5th International Congress ... [s. Anm. 61]; sowie die oben in Anm. 32 zitierten Arbeiten von R. Darnton.

[83] Robert Mandrou: Adelskultur und Volkskultur in Frankreich, in: HZ 217 (1973), 36–53; vorsichtiger ders.: Cultures populaire et savante. Rapports et contacts, in: The Wolf and the Lamb [s. Anm. 16], 17–38; H.-J. Martin: Culture écrite et culture orale, culture savante et culture populaire dans la France d'Ancien Régime, in: Journal des Savants (1975), 225–282.

[84] Lüsebrink und Quéniart im vorliegenden Werk. Außerdem Neal R. Johnson: Les Almanachs français et les mentalités collectives au XVIIIe siècle, in: Transactions of the 5th International Congress ... [s. Anm. 61]; sowie J.-L. Marais: Littérature et culture ‚populaires' aux XVIIe et XVIIIe siècles, in: Annales de Bretagne 87 (1980), 65–105.

[85] Neben den oben in Anm. 32 u. 82 zitierten Arbeiten s. a. Lev S. Gordon: Zur Erforschung der verbotenen Aufklärungsliteratur, in L. S. G.: Studien zur plebejisch-demokratischen Tradition in der französischen Aufklärung, aus dem Russ. übers. v. Wolfgang Techtmeier, Berlin, Rütten & Loening 1972, 38–74 u. 272–287; R. Birn: Book Smuggling and Book Seizures in Paris at the Dawn of the Enlightenment, in: Transactions of the 5th International Congress ... [s. Anm. 61]

wachsende, heute nahezu völlig vergessene Gattung von antiklerikalen, pornographisch-politisch illegalen Pamphleten, welche die neue *philosophie* in rudimentärer Form, vermischt mit Sensations- und Skandalgeschichten, dem kleinen Mann zugänglich machte[86]. Eine systematische Inhaltsanalyse dieser ganzen Untergrund- und Alltagsliteratur, von der neuerdings erst nur die Titel wiederentdeckt worden sind, dürfte ein Bild der Aufklärung ‚von unten' geben, das die bis heute übliche von den ‚großen Vier' bestimmte Sicht korrigieren, wenn nicht als ganz anachronistisch erweisen würde.

c) Welche Bücher des 18. Jhs. in welchem Maße von welchen Gruppen und Schichten gelesen wurden, läßt sich bisher erst andeutungs- und fallweise sagen. Für globale Aussagen fehlen, von Ausnahmen abgesehen, schon die Auflageziffern, wenn auch die Möglichkeit besteht, über Raubdruckzentren wie Avignon die Bestseller zu ermitteln[87]. Die offenbar meist unvollständigen alten gedruckten Kataloge privater Bibliotheken sind nicht wirklich repräsentativ, wie die große Verbreitung der in ihnen kaum auftauchenden *Encyclopédie* zeigt[88]. Solange nicht mehr gründliche Untersuchungen über die zeitgenössische Rezeption einzelner Aufklärer vorliegen[89], gilt für die Leserforschung wie für die Buchgeschichte des 18. Jhs. allgemein die Regel, daß neue Ergebnisse weniger aus den Drucken selbst als aus archivalischen Quellen wie Verlegerkorrespondenzen, Auftragsbüchern, Lagerverzeichnissen von Buchhändlern und notariellen Nachlaßinventaren zu gewinnen sind.

So konnte nachgewiesen werden, daß die Buchhandlungen in den Städten des Mittelwestens um 1750/60 ihre Läger für die lokalen Eliten teilweise auf die *Lumières* umstellten und viel schneller als früher die gerade in Paris aktuellen Autoren wie Mirabeau, Mably, Buffon, Necker führten. In den nachgelassenen Privatbibliotheken vermehrte sich das Wissensangebot – gemessen an der Zahl neuer, verschiedener Titel – vom Ende des 17. Jhs. bis um 1787 auf das Fünffache, wobei zunächst die Rubrik ‚Geschichte', dann aber vor allem der Anteil von Roman- und Theaterliteratur weit überproportional zunahm. Daß hier das historische Buch in der Art Bayles gleichsam als ‚Einfallstor' der Aufklärung erscheint, die moderne Literatur dagegen als Medium ihrer langfristigen Verbreitung[90], ist ein Grund mehr, die für das 18. Jh. besonders fragwürdige Trennung von philosophisch-politischen Traktaten und schöner Literatur aufzugeben und auch die fiktionalen Texte, selbst solche der an-

---

[86] LÜSEBRINK im vorliegenden Band; ders.: Images et représentations sociales de la criminalité au XVIIIe siècle: l'exemple de Mandrin, in: RHMC 26 (1979), 345–364; ders.: La représentation du ‚bandit social' Mandrin dans la littérature et l'iconographie du XVIIIe siècle: champ d'une ‚culture de l'Entre-Deux'?, in: Les Intermédiaires culturels [s. Anm. 70]; demnächst ders.: Literatur und Kriminalität im Frankreich des 18. Jhs. Literarische Formen, soziale Funktionen und epistemologische Konstituenten von Kriminalitätsdarstellung im Zeitalter der Aufklärung, Diss. Bayreuth 1981 (Veröff. geplant in der selben Reihe wie der vorliegende Band).

[87] Ansätze bei RENÉ MOULINAS: L'imprimerie, la librairie et la presse à Avignon au XVIIIe siècle, PUG 1974.

[88] D. MORNET: Les enseignements des bibliothèques privées, 1750–1780, in: RHLF 17 (1910) 449–496; und dagegen DARNTON im vorliegenden Werk.

[89] Vgl. den Beitrag von T. SCHLEICH zum vorliegenden Werk.

[90] J. QUÉNIART: Culture [s. Anm. zu Schaubild, 1], 260–263, 298, 308–336.

geblichen Vorromantik, auf ihre aufklärerischen Funktionen zu untersuchen[91]. Seit den 1760er Jahren verbreiteten sich über Schmuggel und Kolportagehandel aber auch die radikalen Kampfschriften der *Lumières*, seien es die Bücher von Voltaire, Holbach oder Rousseau selbst, seien es – noch mehr – ihre popularisierenden Nachahmungen aus der Feder des intellektuellen Proletariats; zumindest in dieser Form drangen die *Lumières* über die Notabeln hinaus bis in das Kleinbürgertum vor[92]. Wo andererseits gegen Ende des Ancien Régime bei den klein- und unterbürgerlichen Schichten die Buchlektüre zurückging, trat an ihre Stelle das zunehmend gefragte Medium des Theaters[93].

d) Wie dieses letzte Stichwort andeutet, kennzeichnet es den im Vergleich zu früheren ‚Geistesbewegungen' eminent sozialen Charakter der Aufklärung, daß sie sich nicht nur über die genannten ‚individualistischen' Medien, sondern auch und besonders mittels kollektiver Medien und Institutionen verdichtete und verbreitete. Als informelle Organisationsform verdiente zunächst die aufklärerische Korrespondenz eine umfassende Untersuchung. Ist doch, folgt man einer neuen Arbeitshypothese, in der Schriftstellerkorrespondenz im 18. Jh. ,,eine Funktionserweiterung und Progression, sowie in den 50er Jahren selbst fortlaufend ein Radikalisierungsprozeß zu beobachten, der den taktischen und methodischen Fragen zwangsläufig einen vorderen Platz einräumt und so Einblicke in den unmittelbaren Tageskampf freigibt. Über die autor-, werk- und zeitgebundene Zusatzinformation hinausgehend, emanzipiert sich der Briefwechsel unter den historischen Bedingungen zu einem Genre für sich mit einem in sich geschlossenen Sinnzusammenhang und Bedeutungsfeld umfassendster Art mit theoriebildenden und praxisgestaltenden Konsequenzen im literarisch-ideologischen Wirkungsbereich. Die Aufklärer bauten sich damit eine interne literarische Kampffront, ein Kommunikationsnetz aus, das in erster Linie für gegenseitige unmittelbare Information, Gedanken- und Erfahrungsaustausch, zur Meinungs- und Urteilsbildung, zur Klärung von eigenen und gewissen gemeinsamen Grundpositionen auf der Suche nach Formen notwendiger und möglicher Zusammenarbeit, Methoden und Taktiken in der Auseinandersetzung mit der Anti-Aufklärung bestimmt war". Sie machten die teilweise Rundbriefcharakter annehmende Korrespondenz zu einem ,,Mittel der Organisation, der Leitung und der Rollenverteilung", mit dem Ziel, ,,sich auf eine über das rein Taktische hinausgehende strategische Linienführung einzuschwören, Meinungsdifferenzen vorrangig intern auszutragen und gegenüber der Anti-Aufklärung nach außen in einer geschlossenen Einheitsfront zu wirken". Erste Untersuchungen der Rousseau-Korrespondenz von 1730 bis 1778 zeigen die starke Verbreitung des ‚Rousseauismus" anfänglich vor allem beim Militär- und Provinzadel, dann immer mehr bei Schriftstellern, Kaufleuten und bürgerlichen Notabeln. Noch kaum erforscht sind Struktur

---

[91] Vgl. die Beiträge von R. GEISSLER und H. U. GUMBRECHT zum vorliegenden Werk.
[92] Vgl. die oben in Anm. 32, 72 und 82 zitierten Arbeiten; dagegen BELIN: Commerce [s. Anm. 82], 104.
[93] Vgl. GUMBRECHT im vorliegenden Werk; s. a. QUÉNIART: Culture [s. Anm. zu Schaubild, 1], 485–513.

und Funktion der im späten 18. Jh. offenbar zunehmenden Korrespondenz der aufklärerischen Gesellschaften[94].

e) Blieben die Briefwechsel der *philosophes* trotz allem an den interpersonalen Wissens- und Meinungsaustausch gebunden, so besaßen die Aufklärer in den Zeitschriften ein wirklich kollektives Kommunikationsmedium. Durch die Journale wuchs das gedruckte Wort in eine neue Dimension hinein: anders als beim einzelnen Buch sind kollektive Redaktion, Aktualität, Periodizität und Anpassung an Leserinteressen politisch-sozialer Gruppen, die sich auch in (nicht immer echten) Leserbriefen niederschlugen, für die Zeitschrift und ihren Erfolg konstitutiv. Und in der Tat fiel der Aufschwung der Journale von kurzlebigen Neuigkeitschroniken zur langlebigen, relativ unabhängigen, durch erste Tageszeitungen erweiterten Meinungspresse, die nach 1750 zunehmend auch die Provinz erfaßte, zeitlich mit der Aufklärung zusammen, wie Produktionsstatistik und Titelanalysen zeigen[95]. Neben der staatlich-repräsentativen Öffentlichkeit schuf die Presse so eine publizistisch bestimmte, tendenziell ‚bürgerliche Öffentlichkeit' (J. HABERMAS). Eine feinere chronologisch-typologische Aufschlüsselung der Zeitschriftentitel und über die Analyse der in den Periodika rezensierten Buchtitel hinausgehende Untersuchungen der Zeitschrifteninhalte würden deutlicher zeigen, wie und in welchem Maße sich die Presse im späten 18. Jh. ideologisierte, mit welchen Strategien sie arbeitete, wie der von ihr mitgetragene Meinungsbildungsprozeß im einzelnen funktionierte, welches – desakralisierte (so viel steht schon fest) – Wissen sie tatsächlich propagierte[96].

f) Den höchsten kollektiven Organisationsgrad erreichte die Aufklärung jedoch in den sog. ‚sociétés de pensée'. Daß im Laufe des 18. Jhs. immer mehr Gruppen von Gebildeten verschiedener gesellschaftlicher Herkunft, ja auch von einfachen Bür-

---

[94] RUDOLF NOACK: Zur Rolle der Korrespondenz in der französischen Spätaufklärung, in: Beiträge zur romanischen Philologie 16 (1977), 33–38, das Zitat S. 33 f.; D. ROCHE/MICHEL LAUNAY: Vers une analyse historique de la Correspondance de J.-J. Rousseau, in: RH 240 (1968), 339–360; D. ROCHE: Les primitifs du rousseauisme. Une analyse sociologique et quantitative de la Correspondance de J.-J. Rousseau, in: AESC 26 (1971), 151–172. Die ungewöhnlich umfangreiche Korrespondenz einer aufgeklärten Gesellschaft untersucht LÉON-NOËL BERTHE: Dubois de Fosseux, secrétaire de l'Académie d'Arras, 1785–1789, et son bureau de correspondance, Arras 1969; zum nach Frankreich übergreifenden Versuch eines internationalen Korrespondenzbüros mit eigener Zeitschrift vgl. JÜRGEN VOSS: Grandidier und die Société patriotique de Hesse-Homburg, in: Francia 6 (1978), 629–639; ders.: Die Société de Hesse-Homburg, 1775–1784, in: Die patriotischen und gemeinnützigen Gesellschaften, Bd. 1, hg. v. R. Vierhaus, Wolfenbüttel 1979, 203–227.
[95] J. SGARD im vorliegenden Band. Zur historischen Entwicklung des Verhältnisses von Korrespondenz und Journalismus s. K. POMPIAN: De la lettre au périodique, in: Organon 10 (1973), 25–43. Zur Provinzialpresse FRANÇOIS LEBRUN: Une source de l'histoire sociale: la presse provinciale à la fin de l'Ancien Régime. Les *Affiches d'Angers*, 1773–1789, in: Le Mouvement social 40 (1962), 56–73; HENRI MICHEL: Un journal de province à la fin de l'Ancien Régime: le *Journal de la généralité de Montpellier*,
[95] 1780–1789, in: Annales du Midi 89 (1977), 191–221; MICHÈLE GASC: La naissance de la presse périodique locale à Lyon: Les *Affiches de Lyon, annonces et avis divers*, in: Etudes sur la Presse au XVIIIe siècle 3 (1978), 61–80.
[96] Vgl. nacheinander die Ansätze bei CLAUDE LABROSSE/PIERRE RÉTAT: Les périodiques de 1734. Essai de typologie, in: Presse et histoire au XVIIIe siècle: l'année 1734, sous la dir. de P. Rétat et J. Sgard, CNRS 1978, 17–62; L'Attentat de Damiens. Discours sur l'événement au XVIIIe siècle, sous la dir. de P. RÉTAT, CNRS 1979; J. EHRARD/J. ROGER: Deux périodiques français du 18e siècle: le *Journal des savants* et les *Mémoires de Trévoux*. Essai d'une étude quantitative, in: Livre et société..., Bd. 1 [s. Anm. 36], 33–59.

gern freiwillig und regelmäßig an bestimmten Orten zusammenkamen, nicht aus Standes-, Berufs- und Wirtschaftsinteressen, sondern aus gemeinsamen ideologischen Anliegen und mit dem Ziel, durch Nachrichtenaustausch und freie Diskussion einen ‚philosophischen' Konsensus herbeizuführen, war für die Sozialisation der *Lumières* und die gesellschaftliche Bewußtseinsbildung überhaupt von allergrößter Bedeutung.

In welchem Maße dies auf die im Vergleich zum 17. Jh. nun offeneren, weniger schöngeistigen und weniger mondänen Salons zutrifft, ist noch nicht befriedigend geklärt. Zwar läßt sich der Salon der Aufklärung aufgrund seiner Strukturmerkmale der Universalität, Aktualität, Periodizität und Publizität der Kommunikation sowie aufgrund seiner Leitung durch einen spiritus rector als „Zeitungsraum" verstehen[97]. Da er aber auch Züge eines Geselligkeitskonvents behielt, dürften die Regeln der *bienséance* so offene Debatten, wie sie für den Holbachschen Salon bezeugt sind[98], meist verhindert haben. Doch bleibt das im einzelnen ebenso zu erforschen wie die zahlenmäßige Entwicklung und geographisch-soziale Reichweite und Dichte der Salons (zumal in der Provinz), die Verlaufsformen und die Wirkung der in ihnen stattfindenden Kommunikationsprozesse und der Beitrag, den die gebildete Frau damit zur Aufklärung geleistet hat. Gleiches gilt für die Salons des kleinen Mannes, die städtischen Cafés, deren Zahl in Paris 1716–1788 von 300 auf 1800 gewachsen sein soll, und noch mehr für die Schenken auf dem Lande[99].

Von den überwiegend naturwissenschaftlich orientierten Provinzialakademien weiß man dagegen, daß sie insgesamt im 18. Jh. nicht viel mehr als 6000 Mitglieder zählten und weitgehend elitär blieben, wenn sie auch über ihre öffentlichen Sitzungen und die von ihnen veranstalteten Preisausschreiben ein größeres Publikum ansprachen und zur Mobilisierung der öffentlichen Meinung beitrugen. Die von ihrer überständischen Rekrutierung und Organisation, ihrem internen egalitären Gemeinschaftshandeln ausgehende Modellwirkung war dennoch bedeutsam genug[100].

Denn im Anschluß an die bald nach der Jahrhundertmitte in Stagnation verfallende Akademiebewegung breitete sich mit den Freimaurergesellschaften während der Spätaufklärung eine ideologisierte Spielform der neuen philosophischen Soziabilität aus: am Ende des Ancien Régime etwa 700 aktive Logen mit jeweils zwei bis fünf Dutzend Mitgliedern[101]. Durch ihr Prinzip des kleinen Zirkels, der in einem

---

[97] So thesenartig IRENE HIMBURG-KRAWEHL: Marquisen, Literaten, Revolutionäre. Zeitkommunikation im französischen Salon des 18. Jhs., Osnabrück, Fromm 1970; auch für das 18. Jh. erwägenswerte Ansätze entwickelt CAROLYN C. LOUGEE: „Le Paradis des Femmes". Women, Salons and Social Stratification in Seventeenth-Century France, Princeton Univ. Press 1976.
[98] KORS: D'Holbach's Coterie [s. Anm. 60], 92–119.
[99] Vorläufige Hinweise bei DA SILVA: Lumières et société [s. Anm. 4], 138–143; s. a. JEAN NICOLAS: Cabarets et sociabilité populaire, in: Les Intermédiaires culturels [s. Anm. 70]
[100] Neben ROCHES Beitrag zu diesem Band vgl. als Fallstudien R. CHARTIER: L'Académie de Lyon au XVIIIe siècle. Etude de sociologie culturelle, in: Nouvelles Etudes lyonnaises, Genf, Droz 1969, 133–250; sowie neuerdings MICHEL TAILLEFER: L'échec d'une tentative de réforme académique: le Musée de Toulouse, 1784–1788, in: Annales du Midi 89 (1977), 405–418; ELIZABETH R. KINDLEBERGER: The Société Royale des sciences de Montpellier, 1706 to 1793, Ph. D. Doct. Diss., The Johns Hopkins Univ. 1979 (MS).
[101] D. ROCHE im vorliegenden Band.

Schneeballsystem missionieren will, wie durch ihr Bewußtsein des Auserwähltseins, ihr reformerisches Selbstverständnis und ihren futuristischen Optimismus den religiösen Sekten strukturell verwandt[102], ja besonders im Midi geradezu die unmittelbare Nachfolgeorganisation der im Niedergang begriffenen Bußbruderschaften[103], praktizierten sie wie diese die demokratische Wahl ihrer *officiers*, hielten sie ritualisierte Versammlungen ab, bildeten sie in ihrem Gruppenmythos das Ideal einer neuen, einmütigen Gesellschaft vor, vermittelten und propagierten sie aufklärerische Schlagworte wie *vertu, humanité, vérité* und *tolérance*. Allerdings können die Freimaurerlogen nur mit Einschränkung als ‚sociétés de pensée' im vollen Sinne gelten, weil ihnen die Merkmale der freien Diskussion und der eigenen Bibliothek fehlen[104].

Weitere Kreise erreichten die keiner so festen Organisation folgenden Lesekabinette und Lesegesellschaften vor allem der 1770er und 1780er Jahre, bei denen alle genannten Medien der Aufklärung zusammenwirkten. Entstanden teils als Nachahmungen oder Ersatz der Akademien, wie ihre besondere Dichte in akademiearmen Zonen andeutet, teils aus Abonnentenkreisen von Zeitschriften oder im Zusammenhang mit den ersten öffentlichen Bibliotheken, teils als Erwerbsquelle geschickter Buchhändler, vor allem aber getragen von einem wachsenden Bildungs-, Sinn- und Orientierungsbedürfnis in einer Zeit beschleunigten gesellschaftlichen Wandels, boten sie ihren oft nach hunderten zählenden – auch kleinbürgerlichen – Mitgliedern gegen einen relativ geringen Beitrag selbst in Landstädtchen außer geselligen Gemeinschaftsveranstaltungen (Bankette, Theater, Spiele) vor allem eine aktuelle Bibliothek von Zeitschriften (besonders dem *Journal encyclopédique*), Sachbüchern, philosophischen Werken und politischer Pornographie, ferner ein oft bis in die späten Abendstunden geöffnetes Lesezimmer und einen Diskussionsraum[105].

---

[102] MANFRED AGETHEN: Mittelalterlicher Sektentypus und Illuminatenideologie, in: Geheime Gesellschaften, hg. v. Peter C. Ludz, Heidelberg, L. Schneider 1979, 121–150.

[103] MAURICE AGULHON: Les Associations (confréries religieuses et loges maçonniques) en Provence orientale à la fin de l'Ancien Régime, in: Actes du Congrès national des sociétés savantes. Sect. d'histoire moderne et contemp. 87 (1962/63), 73–86; ders.: Pénitents et francs-maçons de l'ancienne Provence, Fayard 1968; ders.: Le Cercle dans la France bourgeoise, 1810–1840, Colin 1977. Agulhons Ansatz wird bestätigt durch JEAN-LUC BOURSIQUOT: Pénitents et société toulousaine au siècle des Lumières, in: Annales du Midi 88 (1976), 159–175.

[104] ALBERT LADRET: La Franc-Maçonnerie lyonnaise au XVIIIe siècle, Dervy-Livres 1976, 170.

[105] Vgl. allgemein D. ROCHE im vorliegenden Band, Karte 4; zuletzt ders.: Les sociétés de lecture en France an XVIIIe siècle, in: Lesegesellschaften und bürgerliche Emanzipation: ein europäischer Vergleich, hg. v. Otto Dann, München, Beck 1980, 179–94. Immer noch wichtig D. MORNET: Origines [s. Anm. 9], 282–287, 305–318. Im einzelnen siehe u. a. AUGUSTIN COCHIN: Les sociétes de pensée et la Révolution en Bretagne, 1788–1789, t. 1–2, Champion 1925; G. MARTIN: Les „Chambres littéraires" de Nantes et la préparation de la Révolution, in: Annales de Bretagne 37 (1926), 347–365; P. VAILLANT: L'intellectualité d'une société provinciale à la fin de l'ancien régime: la fondation de la Bibliothèque de Grenoble, in: Cahiers d'Histoire 8 (1963), 281–301; R. DARNTON: The World of the Underground Booksellers [s. Anm. 32], 447–450, 465–467; ders.: The Business of Enlightenment [s. Anm. 31], 297f.; J. QUÉNIART: Culture [s. Anm. zu Schaubild, 1], 432–435; LOUIS CHATELLIER: En prélude aux Lumières: les activités d'une société de lecture de journaux à Strasbourg au milieu du XVIIIe siècle, in: Modèles et moyens de la réflexion politique an XVIIIe siècle. Actes du Colloque ..., t.l., Pul 1977, 287–308; J. Voss: Eine deutsche Lesebibliothek im Paris des späten 18. Jhs., in: ZHF 6 (1979), 461–470.

Obwohl Zahl und Topographie, Sozialstruktur und organisatorische Ausformung, Lektürekanon, politisch-soziale Taktik und öffentliche Wirkung der Lesegesellschaften noch nicht systematisch untersucht sind, erlauben einige Fallstudien eine Arbeitshypothese: Indem diese spätaufklärerischen Sozietäten durch regelmäßige Diskussion gegen die soziopolitische Realität ihrer Zeit eine Welt der reinen philosophischen Ideen errichteten, ihre Mitglieder auf diese Wahrheiten einschworen, den geschicktesten Sprechern der neuen Phraseologie interne Führungspositionen verschafften und untereinander ein loses Kommunikationsnetz aufbauten, brachten sie jenen Typ des homo ideologicus hervor, der 1788/89 die politische Initiative ergriff; damit wurden sie ungewollt Hauptträger eines revolutionären Meinungsbildungsprozesses[106]. Vielleicht bestand der wichtigste Beitrag der Aufklärung zur Französischen Revolution im Aufbau jener differenzierten Infrastruktur und demokratischen Clubkultur durch eine neue ideologiegeladene Soziabilität, die den revolutionären Prozeß bis zum Thermidor auslöste und vorantrieb.

II. Erscheinungsformen der ‚Sozialgeschichte' – Ziele und Methoden

Sozialgeschichte hat sich zum vorherrschenden Interessengebiet innerhalb der internationalen Geschichtswissenschaft entwickelt[107], kaum eine Vokabel taucht mit einer vergleichbaren Häufigkeit in der wissenschaftlichen Literatur auf. Der inflationäre Gebrauch dieses Begriffs blieb nicht ohne störende Folgen für seine Aussagefähigkeit und die Forschungspraxis, und ein Blick auf den Stand sozialgeschichtlicher Forschung und Methodenvielfalt im Ausland verdeutlicht schnell, daß in Deutschland das Reden über ‚Sozialgeschichte' nicht selten konkrete sozialgeschichtliche Bemühungen in den Hintergrund gedrängt hat. Nachdem seit der Mitte des 19. Jahrhunderts unter Historikern über die Legitimität der ‚Sozialgeschichte' heftig gestritten wurde[108], ist die heutige Fachdiskussion geprägt von konträren Auffassungen über den möglichen und wünschenswerten Stellenwert einer ‚Sozial-

---

[106] A. COCHIN: L'Esprit du jacobinisme (postum 1921), Neudr. mit einem Vorwort von Jean Baechler, PUF 1979; F. FURET: Penser la Révolution française, Gallimard 1979. Zur möglichen Neubeleuchtung der vorrevolutionären Lesegesellschaften vom frühen 19. Jh. her vgl. FRANÇOISE PARENT: Les cabinets de lecture dans Paris: pratiques culturelles et espadce social sous la Restauration, in: AESC 34 (1979), 1016–1038; demnächst dies.: Lire à Paris au temps de Balzac, Hachette 1981. Siehe auch HARRY E. WHITEMORE: The *Cabinet de lecture* in France, 1800–1850, Ph.D. Doct. Diss., The Univ. of Wisconsin-Madison 1975 (MS), Zusammenfassung in: Dissertation Abstracts 36, 8 (1975/76), S. 482f.-A.
[107] Überblicke bieten die Sammelbände: F. GILBERT/S. GRAUBARD (Hrsg.): Historical Studies Today, New York 1972; J. LE GOFF/P. NORA (Hrg.): Faire de l'histoire, 3 Bde., Gallimard 1974; G. SCHULZ (Hrsg.): Geschichte heute. Positionen, Tendenzen und Probleme, Göttingen 1973; B. FAULENBACH (Hrsg.): Geschichtswissenschaft in Deutschland, München 1974.
[108] Vgl. dazu G. OESTREICH: Die Fachhistorie und die Anfänge sozialgeschichtlicher Forschung in Deutschland, in: HZ 208 (1969), 320–363; E. PANKOKE, Sociale Bewegung – Sociale Frage – Sociale Politik. Grundfragen der deutschen ‚Socialwissenschaft' im 19. Jahrhundert, Stuttgart 1970.

geschichte' im Rahmen der Geschichtswissenschaft. Wenn auch gerade die Vieldeutigkeit und die unstreitige Relevanz dieses Arbeitsfeldes wesentlich zu dessen vorrangiger Stellung geführt haben, so sind Gegenstand und Begriff, Methoden, Zielsetzungen und Ansprüche einer solchen Disziplin durchaus kontrovers geblieben[109]. Daher ist eine weitere Akzentsetzung innerhalb der ‚Sozialgeschichte‘, obwohl sie bereits für viele „ein nebulöser Sammelname"[110] geworden ist und „zu einer konturenlosen Universalwissenschaft von der Vergangenheit"[111] zu werden droht, nicht überflüssig, sondern im Bemühen um eine sozialgeschichtliche Theorie notwendig. Da unsere Konzeption methodische wie inhaltliche Unzulänglichkeiten vorliegender Überlegungen zu beseitigen oder zu vermindern sucht, mag eine Abgrenzung von anderen aktuellen ‚Sozialgeschichten‘ der Verdeutlichung unserer Auffassung dienen.

Die Vielfalt sozialgeschichtlicher Ansätze hat sicher viele Gründe, sie ergibt sich aus der Geschichte der historischen Wissenschaft wie aus den gegenläufigen Interessen verschiedener Schulen, und eine wesentliche Rolle kommt auch der innerfachlichen Spezialisierung und Differenzierung zu. Diesen Aspekten kann hier nicht gebührend Rechnung getragen werden, aber in bezug auf grundsätzliche Zielsetzungen wird man ohne allzu grobe Verkürzungen drei Spielarten von ‚Sozialgeschichte‘ unterscheiden können: *Sozialgeschichte als Sektorwissenschaft* (1), *Sozialgeschichte als Integrationswissenschaft* (2), *Sozialgeschichte als Geschichte historischer Gefühls- und Bewußtseinslagen* (3).

1. Sozialgeschichte als Sektorwissenschaft

Sozialgeschichte als eigenständige Sparte historischer Forschung entstand im 19. Jahrhundert als Oppositionswissenschaft zur allgemeinen, vorwiegend der Staaten- und Ideengeschichte verpflichteten Geschichtswissenschaft. Die ideologische Hochschätzung des Staates, die sich aus dessen augenfälligen Leistungen in der alteuropäischen Periode[112] und der Garantierung allgemeiner Stabilität ergab, hatte den Staat zum übergeordneten Allgemeinen, zum Subjekt der Geschichte werden lassen, hinter dem alle Besonderheiten zurücktraten[113]. Diese auch forschungsprak-

---

[109] Aus einer Fülle von Literatur seien hier nur zwei sehr hilfreiche systematisierende Titel genannt: J. Kocka, Sozialgeschichte – Strukturgeschichte – Gesellschaftsgeschichte, in: ASG 15 (1975), 1–42; R. Wohlfeil: ‚Moderne Sozialgeschichte‘, ‚historisch-kritische Sozialwissenschaft‘ und ‚historische Sozialwissenschaft‘ als Konzepte der Erforschung der frühen Neuzeit, in Ders. (Hrg.): Der deutsche Bauernkrieg 1524–1526, München 1975, 25–35.
[110] H. Rosenberg: Probleme der deutschen Sozialgeschichte, Frankfurt 1969, 147.
[111] D. Hilger: Zum Begriff und Gegenstand der Sozialgeschichte, in P. Borowsky/B. Vogel/H. Wunder: Einführung in die Geschichtswissenschaft, 2 Bde., Opladen 1975, II. 26–44, 43.
[112] Jüngere Forschungen haben den Weg zu einer wieder positiveren Einschätzung des deutschen frühneuzeitlichen Staates gewiesen. Vgl. bisher vor allem W. Schulze: Die veränderte Bedeutung sozialer Konflikte im 16. und 17. Jahrhundert, in: Der deutsche Bauernkrieg, hrg. von H. U. Wehler, Göttingen 1975, 277–302.
[113] Th. Nipperdey: Historismus und Historismuskritik, in E. Jäkel/E. Weymar (Hrg.): Die Funktion der Geschichte in unserer Zeit, Stuttgart 1975, 82–95; F. Gilbert: European and American Historiography, in J. Higham u. a.: History, Englewood Cliffs, 1965, 316–387.

tische Ausrichtung führte zu einer weitgehenden Ausklammerung der in der Aufklärung grundgelegten gesellschafts-, wirtschafts- und kulturgeschichtlichen Traditionen. Sozialgeschichte fand daher nur außerhalb der Historie einen legitimen Platz, im Rahmen der Historischen Schule der Nationalökonomie, wo sie als Zulieferdisziplin der wirtschaftsgeschichtlichen Forschung fungierte. Wirtschaft als der Zusammenhang von Einrichtungen und Maßnahmen, die zur Deckung des menschlichen Bedarfs dienen, konnte scheinbar losgelöst vom staatlichen Bereich betrachtet werden. In diesen ökonomischen Zusammenhängen kam den gesellschaftlichen Faktoren jedoch kaum eigenes Gewicht zu, da die Nationalökonomie Gesellschaft als einen herrschaftsfreien und politischen Zwängen und Kräften nicht ausgesetzten Raum verstand, von dem keine entscheidenden Impulse ausgehen konnten. Die Ausdifferenzierung weiter Wirklichkeitsbereiche durch den Historismus wurde im Zuge der Nachfolgewirkungen der französischen und der bürgerlichen Revolutionen des 19. Jahrhunderts wie auch der industriellen Wandlungsprozesse zu einem erkennbaren Problem, eine Diskrepanz im historischen Bewegungsrhythmus der politischen, wirtschaftlichen und gesellschaftlichen Geschichte trat zutage. Gesellschaft entwickelte sich als bürgerliche Gesellschaft zu einem vom staatlich-politischen Bereich gesonderten Personenverband, ein neuer Erfahrungsbereich tat sich auf: die Bewegung und Umwandlung der Gesellschaft selbst. Gesellschaft wurde zum Ort der Geschichte, und Geschichte konnte nunmehr von der Gesellschaft her geschrieben werden. Geschichte dieser ‚sozialen Bewegung' verband sich mit der Erforschung der problemgeladenen sozialen Frage und mit scharfer Kritik an der zeitgenössischen Gesellschaft. So schon thematisch abseits der Fachhistorie stehend und deren Ablehnung sicher, grenzte sich Sozialgeschichte auch methodisch von der vorherrschenden Praxis der Geschichtswissenschaft ab, indem sie den Akzent von Personen und Ereignissen auf Strukturen und Prozesse verlagerte[114]. Auch wenn der im 19. Jahrhundert zum Randfach abgedrängte Sektor der ‚Wirtschafts- und Sozialgeschichte' unter dem Eindruck der rapiden Wandlungsprozesse des frühen 20. Jahrhunderts und dank der Abdankung des Staates als prägender Geschichtsmacht dann weithin problemlos in die Geschichtswissenschaft integriert wurde[115], steht er doch erkennbar in dieser sektoralen wissenschaftsgeschichtlichen Tradition. Als den überkommenen Fächerkanon der allgemeinen Geschichte erweiternde, an den Universitäten institutionalisierte Spezialdisziplin beschäftigt sich diese Form der Sozialgeschichte mit der Geschichte sozialer Strukturen, Prozesse und Handlungen, mit einem deutlichen Schwerpunkt auf dem Feld der Stratifikationsforschung. In einer Rekonstruktion des sozialen Schichtungssystems einer Gesellschaft

---

[114] Wichtig sind in diesem Zusammenhang K. LAMPRECHT: Was ist Kulturgeschichte?, in: Deutsche Zeitschrift für Geschichtswissenschaft 1 (1896/97), 75–145; L. v. STEIN: Geschichte der sozialen Bewegung in Frankreich bis auf unsere Tage (1850), 2 Bde., München ²1921; K. BREYSIG: Aufgaben und Maßstäbe einer allgemeinen Geschichtsschreibung, Berlin 1900; O. HINTZE: Gesammelte Abhandlungen, hrg. v. G. Oestreich, 3 Bde., Göttingen 1962–1965.

[115] W. KÖLLMANN: Zur Situation des Faches Sozial- und Wirtschaftsgeschichte in Deutschland, in K.-H. Manegold (Hrg.): Wissenschaft, Wirtschaft, Technik. Festschrift für Wilhelm Treue, München 1969, 136–146.

und der Erforschung der Klassen-, Schichten- und Gruppenentwicklung hat sie ein Operationsfeld gefunden, dessen Relevanz für alle historischen Epochen nicht länger in Frage steht und auf dem auch in der Erforschung der deutschen Aufklärung beachtenswerte Resultate vorgelegt werden konnten[116]. Die dieser Disziplin zugrunde liegenden Erkenntnisinteressen und ihr methodisches Instrumentarium erscheinen jedoch nach wie vor sehr disparat[117], und neuere, weiterreichende sozialgeschichtliche Ansätze ziehen daher die Validität einer solchen Sozialgeschichte zunehmend in Zweifel.

2. Sozialgeschichte als Integrationswissenschaft

Im Zuge der tiefgreifenden Neuorientierung der deutschen Geschichtswissenschaft nach dem Zweiten Weltkrieg[118] stieß Sozialgeschichte als eigenständige Disziplin in der innerfachlichen Methodendiskussion seit Ende der fünfziger Jahre aus zwei Gründen vermehrt auf Kritik: zum einen schien dieses Konzept, aufgrund der Betonung ökonomischer Bedingtheiten, der Erforschung vormoderner Gesellschaften nicht angemessen; zum anderen plädierte man, da ‚Gesellschaft' nur schwer aus dem allgemeinen historischen Umfeld zu isolieren schien, für eine integrierende Betrachtungsweise der verschiedenen Sektoren (Wirtschaft, Gesellschaft, Politik, Kultur, um nur die wichtigeren zu nennen). Besonders eine Gruppe um den Neuhistoriker W. Conze forderte „die Geschichtswissenschaft allgemein sozialhistorisch zu fundieren oder zu durchdringen"[119]. Unter Sozialgeschichte verstand er – in Anlehnung an die landes- und verfassungsgeschichtlichen Arbeiten des Mediävisten O. Brunner[120] – eine spezifische Betrachtungsweise der Geschichtswissenschaft, „bei der der innere Bau, die Struktur der menschlichen Verbände im Vordergrund steht"[121].

Entscheidenden Einfluß auf die sich in der Folgezeit ausprägende, strukturgeschichtlich orientierte Sozialgeschichte übte vor allem der theoretische Ansatz des französischen Historikers F. Braudel aus. Braudel hatte in seinem epochalen Werk über die Mittelmeerwelt zur Zeit Philipps II. drei Stufen der historischen Zeitstruktur einer Epoche unterschieden: eine unterste Ebene der beinahe unbewegten Geschichte („histoire quasi immobile"), eine zweite Ebene von langfristig beharrenden

---

[116] Einen zuverlässigen Überblick bietet F. KOPITZSCH: Die Sozialgeschichte der deutschen Aufklärung als Forschungsaufgabe, in: Aufklärung, Absolutismus und Bürgertum in Deutschland, hrg. v. F. Kopitzsch, München 1976, 11–169.
[117] An der Richtigkeit der von H.-U. Wehler Mitte der sechziger Jahre getroffenen Feststellung, der Begriff Sozialgeschichte werde häufig nur ornamental verwendet, hat sich kaum etwas geändert: H. U. WEHLER (Hrg.): Moderne deutsche Sozialgeschichte, Köln/Berlin 1966, 12.
[118] Vgl. dazu G. IGGERS: Deutsche Geschichtswissenschaft, München ²1972; ders.: New directions in European Historiography, Middletown 1975, 80–122.
[119] W. CONZE: Sozialgeschichte, in H. U. Wehler (Hrg.): Moderne deutsche Sozialgeschichte, Köln/Berlin 1966, 19–26, 20.
[120] Wichtig dazu vor allem O. BRUNNER: Land und Herrschaft (1939), Wien ³1965; Ders.: Das Problem einer europäischen Sozialgeschichte, in: s. Anm. 121, 80–102.
[121] O. BRUNNER: Neue Wege der Sozialgeschichte, Göttingen 1956, 9.

Gegebenheiten („histoire lentement rhytmée") und eine dritte Ebene des schnellen Wandels („histoire à oscillations brèves, rapides, nerveuses")[122]; stationäre geographische Zeit, lange Dauer der sozialen Institutionen und kurze Spannen von Ereignissen spielen zusammen zum historischen Zeitrhythmus[123]. In deutlicher Frontstellung zu dem als Verengung empfundenen vorherrschenden Paradigma der Politikgeschichte und der individualisierenden, hermeneutischen Methode, die sich auf die Ebene der „histoire-traités-et-batailles (Ereignisgeschichte)"[124] konzentrierten, stellte Braudel die mittlere Ebene der überindividuellen Zustände, der Entwicklungen und Prozesse als Aufgabengebiet der Historie heraus. Zentrales Anliegen war eine wissenschaftlich fundierte Geschichte der Grundschichten und die Erforschung der konkreten Verhältnisse, mit dem Anspruch, die gesamte historische Wirklichkeit einer Epoche unter strukturgeschichtlichen Aspekten in ihrem Zusammenhang zu erfassen, unter Heranziehung sozialwissenschaftlicher Fragestellungen und Methoden. Geschichte wurde als Sozialwissenschaft verstanden.

Diese Konzeption fand über die von Braudel mitgeprägte Zeitschrift *Annales* und die Forschungsinstitution der ‚Sechsten Sektion' der Ecole Pratique des Hautes Etudes (seit 1975 Ecole des Hautes Etudes en Sciences Sociales) in Frankreich weite Resonanz[125], die sich in vielfältigen Regionalmonographien zum Ancien Régime niederschlug[126]. Auf einer breitgefächerten Quellengrundlage erschlossen diese Arbeiten nicht nur bis dahin weithin vernachlässigte Bereiche der historischen Wirklichkeit, vor allem die materiellen und biologischen Grundlagen des täglichen Lebens, sondern sie wiesen der historischen Erforschung der Frühen Neuzeit auch völlig neue methodische Zugänge[127], indem sie zu sozial repräsentativen, massenhaft erhaltenen, sich über einen langen Zeitraum erstreckenden, formal jeweils gleich strukturierten Quellenserien des ‚vorstatistischen Zeitalters' vorstießen, die quantitativ auswertbar sind und die empirische Ermittlung von langfristigen Verän-

---

[122] F. BRAUDEL: La Méditerranée et le monde méditerranéen à l'époque de Philippe II, Paris 1949; 2 Bde., Paris ²1966, 16, 9, 10.
[123] F. BRAUDEL: Geschichte und Sozialwissenschaften. Die ‚longue durée' (frz. 1958), in H.-U. Wehler (Hrg.): Geschichte und Soziologie, Köln 1972, 188–215; M. WÜSTEMEYER: Sozialgeschichte und Soziologie als soziologische Geschichte. Zur Raum-Zeit-Lehre der Annales, in: Soziologie und Sozialgeschichte. Aspekte und Probleme, hrg. von P. Chr. Ludz, Opladen 1973, 566–583; K. BERTELS: Geschiedenis tussen struktuur een evenement. Een methodologies en wijsgerig onderzoek, Amsterdam 1973.
[124] So der Ausdruck von P. VEYNE: L'histoire conceptualisante, in: Faire de l'histoire [s. Anm. 107], I, S. 70.
[125] Vgl. zu Geschichte und Bedeutung der *Annales*-Gruppe vor allem M. ERBE: Zur neueren französischen Sozialgeschichtsforschung. Zur Gruppe um die *Annales*, Darmstadt 1979; M. WÜSTEMEYER, Die „Annales". Grundsätze und Methoden ihrer „neuen Geschichtswissenschaft", in: VSWG 54 (1967), 1–45; J. REVEL, Histoire et sciences sociales: les paradigmes des *Annales*, in: AESC 34 (1979), 1360–1376; A. BURGUIÈRE, Les Annales 1929–1979: Histoire d'une histoire. La naissance des *Annales*, in: ebenda, S. 1344–1359.
[126] Exemplarisch seien nur drei Arbeiten genannt: P. GOUBERT, Beauvais et le Beauvaisis de 1600 à 1730: contribution à l'histoire sociale de la France du XVII⁰ siècle, SEVPEN 1960; E. LEROY LADURIE: Les paysans de Languedoc, 2 Bde., Mouton 1966; J.-CL. PERROT, Genèse d'une ville moderne: Caen au XVIII⁰ siècle, 2 Bde., Mouton 1975, die das angestrebte Konzept einer ‚totalen Geschichte' einer Region weitgehend umgesetzt haben.
[127] Methoden und Erkenntnisse dieser Forschung faßt zusammen R. REICHARDT: Bevölkerung und Gesellschaft Frankreichs im 18. Jahrhundert: Neue Wege und Ergebnisse der sozialhistorischen Forschung 1950–1976, in: ZHF 4 (1977), 154–221.

derungen ermöglichen[128]. Durch diese serielle Geschichte, durch eine große methodische Offenheit und das Bemühen um eine vollständige Erschließung menschlichen Lebens in seinen materiellen, sozialen und temporalen Strukturen fand die Historikergruppe um Braudel von einer additiven Segmentengeschichte zu einer integrierten, wissenschaftlich exakten Sozialgeschichte. Dem Streben nach Quantifizierung und empirischer Überprüfbarkeit fielen allerdings bestimmte Bereiche historischer Wirklichkeit zum Opfer. Da es in der Untersuchung struktureller Konjunkturen so schien, als ob Politik und Ideen weitgehend unabhängig von realen Prozessen der ‚longue durée' existierten und sich entwickelten, daß Ereignisse kaum auf die Ebene der Strukturen durchschlügen und so langfristig genauso folgenlos blieben wie die Handlungen ‚großer' Persönlichkeiten, denen man für die Erschließung sozialgeschichtlicher Zusammenhänge nur wenig Bedeutung zumaß, wurden Biographien, Geistes-, Politik und Ereignisgeschichte im Rahmen der *Annales*-Strukturgeschichte kaum behandelt[129]. In der Konsequenz trat die Darstellung des handelnden Menschen hinter der lange vernachlässigten Erforschung des alltäglichen Lebens und Leidens der Grundschichten zurück[130].

Die Geschichtskonzeption der *Annales* stieß in Deutschland vorwiegend auf Ablehnung und Unverständnis – durchaus in Verkennung der zentralen Anliegen[131] –, nur vereinzelt, im Heidelberger Arbeitskreis für Sozialgeschichte um W. Conze, nahm man die neuen methodischen Impulse, wenn auch mit entscheidenden Modifikationen, auf. Unter ‚Sozialgeschichte' verstand man ein Feld zwischen Soziologie und Geschichtswissenschaft, das die Möglichkeiten zu Vergleichen, Synthesen, Generalisierungen und Typologien eröffnet; es sucht übergreifende Zusammenhänge zu erfassen und erforscht die Bedingungen, Möglichkeiten und Spielräume menschlichen Handelns. Der strukturelle Zugriff erstreckt sich auf alle Sektoren historischer Arbeit, da Sozialgeschichte sich gerade auch mit den Verbindungen befaßt, durch die gesellschaftliche Strukturen und Bewegungen bestimmt sind. Wenn Strukturgeschichte den Blick auf gesellschaftliche Objektivationen und Determinanten politischen Geschehens richtet, ist sie immer auch politische Geschichte[132]. Während sich die strukturanalytische Richtung um die *Annales* überwiegend mit dem Ancien Régime befaßt (16–18. Jh.), setzt der Kreis um Conze bei der für die Gegenwart entscheidenden Zäsur, der modernen Revolution in ihren technisch-

---

[128] P. Chaunu: L'histoire sérielle, bilan et perspectives, in: RH 243 (1970), 297–300; ders.: Un nouveau champ pour l'histoire sérielle, le quantitatif au troisième niveau, in: Mélanges en l'honneur de F. Braudel, 2 Bde., Toulouse 1973, II, S. 105–125.

[129] Erst in jüngerer Zeit ist die strukturbildende Kraft von Ereignissen in den Blick der „*Annales*-Historiker' gekommen. Vgl. E. LeRoy Ladurie: Evénement et longue durée dans l'histoire sociale. L'exemple chouan, in ders.: Le Territoire de l'historien, Paris 1973, 169–186; auch P. Nora: Le retour de l'événement, in: Faire de l'histoire [s. Anm. 107], I, S. 210–228.

[130] So auch G. Iggers: Die *Annales* und ihre Kritiker. Probleme moderner französischer Sozialgeschichte, in: HZ 219 (1974), 578–608, bes. 607f.

[131] Nachvollziehbar bei D. Groh: Strukturgeschichte als ‚totale' Geschichte, in: VSWG 58 (1971), 289–322.

[132] Vgl. neben Anm. 119 bes. W. Conze: Die Strukturgeschichte des technisch-industriellen Zeitalters als Aufgabe für Forschung und Unterricht, Köln/Opladen 1957; neuerdings ders.: Sozialgeschichte in der Erweiterung, in: NPL 19 (1974), 501–508.

wirtschaftlichen und politisch-sozialen Zusammenhängen seit dem ausgehenden 18. Jahrhundert, an. Dieser „Beginn der modernen Welt"[133], die Sattelzeit zwischen 1750 und 1850, wurde zum Forschungsschwerpunkt; biographische, statistische und begriffsgeschichtliche Zugriffe entwickelten sich zum methodischen Rüstzeug[134].

Ist die Strukturgeschichte im Sinne Conzes als intrafachliche Integrationswissenschaft anzusehen, die die Sektorengrenzen innerhalb der historischen Wissenschaft zugunsten übergreifender Fragestellungen durchlässiger gestaltet, so setzt sich davon die ‚Gesellschaftsgeschichte' als interdisziplinäre Leitwissenschaft ab[135]. ‚Gesellschaftsgeschichte' meint die sozialgeschichtliche Interpretation der allgemeinen Geschichte[136], sie befaßt sich mit der sozialgeschichtlichen Analyse ganzer Gesellschaften unter dem Gesichtspunkt ihres Wandels in der Zeit[137] und sucht die sich von Epoche zu Epoche verändernden Wechselwirkungen und relativen Gewichte der einzelnen Wirklichkeitsbereiche zu erfassen. Grundsätzlich tendiert sie zu einer weitgehenden Erfassung der Wirklichkeitsbereiche („von den materiellen Bedingungen, den Bevölkerungsverhältnissen, vom wirtschaftlichen Wachstum und Wandel über die sozialen Klassen, Gruppen und Schichten, Allianzen, Proteste und Konflikte, Sozialisationsprozesse, Verhaltensmuster und kollektiven Mentalitäten, bis hin zu den politischen Institutionen und Willensbildungsprozessen, sowie den Veränderungen im Bereich der Kunst, Religion und Wissenschaft")[138], allerdings soll deren Gewichtung nach ihrer jeweiligen Wirkungsmächtigkeit innerhalb der Gesellschaftsgeschichte erfolgen. Da geschichtliche Realität von der Gesellschaft her strukturiert wird und Gesellschaft als Gesamtsystem entscheidend von ‚Gesellschaft' als Teilsystem geprägt wird, werden soziale und ökonomische Prozesse als Basis oder doch als Voraussetzung von politischen und geistigen Veränderungen begriffen und entsprechende Schwerpunkte gesetzt.

Unter Bezugnahme auf anglo-amerikanische Theorieansätze lehnt die Gesellschaftsgeschichte, entscheidend von H.-U. Wehler und J. Kocka bestimmt, Strukturgeschichte als verbindliche Konzeption ab, da der strukturelle Zugriff zu keiner Präzisierung führe[139], sondern einer unkritischen, undifferenzierten Addition von

---

[133] Aufschlußreich dazu der Sammelband: Studien zum Beginn der modernen Welt, hrg. von R. KOSELLECK, Stuttgart 1977.
[134] Das ergibt sich aus der Durchsicht der von CONZE herausgegebenen Reihe *Industrielle Welt* wie aus dem Gemeinschaftsunternehmen von O. BRUNNER/W. CONZE/R. KOSELLECK (Hrg.): Geschichtliche Grundbegriffe. Historisches Lexikon zur politisch-sozialen Sprache in Deutschland (6 Bände, Stuttgart: 1. 1972; 2. 1975; 4. 1978).
[135] H.-U. WEHLER: Die Sozialgeschichte zwischen Wirtschaftsgeschichte und Politikgeschichte, in: Sozialgeschichte und Strukturgeschichte in der Schule, Bonn 1975, 13–25.
[136] J. KOCKA: Einleitende Fragestellungen, in ders.: Theorien in der Praxis des Historikers, Göttingen 1977, 9.
[137] Ders.: Theorien in der Sozial- und Gesellschaftsgeschichte. Vorschläge zu einer historischen Schichtungsanalyse, in: GG 1 (1975), 9–42, bes. 10 f.
[138] Ebenda, 20. Allerdings ist hier manches unklar, Gesellschaftsgeschichte bleibt ein schillernder Begriff, denn wenige Seiten weiter (ebenda, 31) redet KOCKA „einer um relevante Dimensionen erweiterten Gesellschaftsgeschichte" das Wort.
[139] KOCKA [s. Anm. 109], bes. 27 f.; WEHLER [s. Anm. 135], S. 13.

Teilerkenntnissen Vorschub leiste. Zur Auswahl und Strukturierung der historischen Fakten, zur Erstellung ihres Relevanzprofils, seien ein theoretischer Bezugsrahmen und ein methodisches Instrumentarium unabdingbar, sodaß Geschichte als eine historische Sozialwissenschaft zu fundieren sei, in der explizite und konsistente Begriffs- und Kategoriensysteme zur Anwendung kommen[140]. Drei Ansätze werden – nach Wehler u. a. – diesen Forderungen gerecht: der historische Materialismus, das Konzept des organisierten Kapitalismus und die Modernisierungstheorie[141]. Das Organ der der Gesellschaftsgeschichte verpflichteten Historikergruppe, *Geschichte und Gesellschaft,* seit 1975 ein anregendes Diskussionsforum, trägt zur Verbreitung dieser Konzeption und zur Entwicklung neuer methodischer Ansätze (u. a. Bildungsforschung, Historische Demographie, Religionssoziologie) entscheidend bei[142].

Neben dem Anspruch auf den Primat über andere Disziplinen der Historiographie und der Charakterisierung der Geschichtswissenschaft als historischer Sozialwissenschaft ist für die ‚Gesellschaftsgeschichte' die Forderung nach einer kritischen oder emanzipatorischen Funktion der Geschichtswissenschaft bezeichnend[143]. Die Historie hat die „Pflicht der politischen Pädagogik" (TH. MOMMSEN)[144], sie dient der Sinnverständigung und Aufklärung der Gegenwart. Daher ist die Periode der Industrialisierung nicht von ungefähr das fast alleinige Operationsfeld der ‚Gesellschaftsgeschichte'.

Die weitreichenden Zielsetzungen der Gesellschaftsgeschichte blieben nicht unwidersprochen, es kam zu heftigen, auch polemischen Reaktionen. Manche Kritikpunkte sind nur schwer von der Hand zu weisen: In der Perspektivierung der ‚Gesellschaftsgeschichte' erscheinen viele neuzeitliche Phänomene nurmehr als „Derivate der Industrialisierung"[145], die kritisch-emanzipatorische Zielsetzung führt zu einer Reduzierung des historischen Fächerkanons auf als relevant apostrophierte

---

[140] Das Konzept der ‚Historischen Sozialwissenschaft' ist nicht einheitlich, vgl. dazu H.-U. WEHLER: Geschichte als Historische Sozialwissenschaft, Frankfurt 1973; W. SCHULZE: Soziologie und Geschichtswissenschaft. Einführung in die Probleme der Kooperation beider Wissenschaften, München 1974; R. RÜRUP (Hrg.); Historische Sozialwissenschaft. Beiträge zur Einführung in die Forschungspraxis, Göttingen 1977; H.-U. WEHLER, (Hrg.): Klassen in der europäischen Sozialgeschichte, Göttingen 1979.

[141] Vgl. vor allem KOCKA [s. Anm. 137] und ders.: Theoretical Approaches to the Social and Economic History of Modern Germany: Some Recent Trends, Concepts and Problems in Western and Eastern Germany, in: JMH 47 (1975), 101–119.

[142] Merkwürdigerweise wird allerdings die Vorleistung der *Annales* kaum berücksichtigt, so ganz typisch der Beitrag von VAN DÜLMEN zur Religionssoziologie, der eine 30 Jahre alte Tradition völlig ignoriert, die manche seiner Fragestellungen als antiquiert ausweist (R. van Dülmen: Religionsgeschichte in der Historischen Sozialforschung, in: GG 6, 1980, Heft 1: Wege der Neuen Sozial- und Wirtschaftsgeschichte, 36–59).

[143] J. KOCKA: Zu einigen sozialen Funktionen der Geschichtswissenschaft, in P. Böhning (Hrg.): Geschichte und Sozialwissenschaft, Göttingen 1972, 12–27; D. GROH: Kritische Geschichtswissenschaft in emanzipatorischer Absicht, Stuttgart 1973.

[144] A. HEUSS: Theodor Mommsen und das 19. Jahrhundert, Kiel 1956, 224; daran angelehnt H.-U. WEHLER [s. Anm. 117], 13.

[145] K. HILDEBRAND: Geschichte oder ‚Gesellschaftsgeschichte'? Die Notwendigkeit einer politischen Geschichtsschreibung von den internationalen Beziehungen, in: HZ 223 (1976), 329–357, 342f.

Bereiche, wobei die Legitimität und Angemessenheit der Auswahl in Frage steht[146], die Funktion der Geschichte, die Vieldeutigkeit der Vergangenheit zu bewahren und als Korrektiv einzubringen, wird entscheidend geschmälert[147]; hinsichtlich der verwendeten Raster und Begriffe ist die Frage aufgeworfen worden, ob die Gesellschaftsgeschichte nicht Gefahr läuft, „mit der Pinzette des Begriffs aus der Geschichte ein paar Fäden zu zupfen", damit aber gerade das Gewebe als Ganzes zu verfehlen[148].

Noch entscheidender als diese Argumente unterschiedlichster Provenienz spricht allerdings die Vernachlässigung eines bedeutsamen Aspekts historischer Wirklichkeit gegen den pointiert vertretenen Anspruch der ‚Gesellschaftsgeschichte'. Zwar ist der Ansatz der Gesellschaftsgeschichte und – genereller – der historischen Sozialwissenschaft, bei der Rekonstruktion vergangenen Handelns nicht mehr auf das Selbstverständnis der Handelnden zurückzugreifen, insofern einleuchtend, als dadurch Handlungsformen aufgedeckt werden können, die den Handelnden selbst verborgen blieben. Die Akzentverschiebung von der Frage, „wie es gewesen", auf die Erforschung des „wie es geworden" führt zur Relativierung des historistischen Ansatzes, nach dem sich Geschichte als Folge bewußter, planvoller Handlungen darstellte, aber forschungspraktisch resultiert aus der vorrangigen Behandlung lebensweltlicher Konditionen eine unheilvolle Trennung von Denken und Handeln, die nun weitgehend beziehungslos nebeneinander stehen. Definiert man Geschichte als „die von der Gegenwart her unternommene wissenschaftliche Interpretation überlieferten menschlichen Handelns in seinen temporalen und sozialen Strukturen"[149], so findet sich der Mensch im Rahmen der gesellschaftsgeschichtlichen Konzeption in einer merkwürdig verkürzten Sicht, denn er erscheint fremdbestimmt, die Vorstellungswelt und der Interpretationshorizont einer Epoche, die gesellschaftlichen Attitüden und persönlichen Verhaltensdispositionen werden ausgeklammert oder gelten als nachgeordnet. Auch in der sektoralen und strukturalen Sozialgeschichte kommt diesen sozialpsychologischen, sozialpsychischen, mentalen und anthropologischen Faktoren kaum Bedeutung zu.

Auf diese konzeptuellen Verkürzungen wiesen relativ früh traditionsgebundene Kritiker in restaurativer Absicht hin, aber auch innerhalb der verschiedenen sozialgeschichtlichen Strömungen suchte man nach möglichen Korrektiven. Dabei entstand ein neuer Forschungsbereich, der die gesellschaftlichen Verhältnisse mit vielfältigem methodischem Rüstzeug auch von innen her zu analysieren sucht. Gemein-

---

[146] TH. NIPPERDEY: Über Relevanz, in: GWU 10 (1972), 577–597; E. SCHULIN: Die Frage nach der Zukunft, in: G. Schulz (Hrg.) [s. Anm. 107], 133.
[147] TH. NIPPERDEY: Wozu noch Geschichte? in G.-K. Kaltenbrunner: Die Zukunft der Vergangenheit. Lebendige Geschichte – Klagende Historiker, München 1975, 34–48; ders.: Wehlers Kaiserreich. Eine historische Auseinandersetzung, in: GG 1 (1975), 539–560.
[148] A. BORST: Und Ihr könnt sagen, Ihr seid dabei gewesen. Gedanken zum sogenannten historischen Ereignis, in: FAZ, no. 272, 23. 11. 1974.
[149] R. VIERHAUS: Was ist Geschichte? in G. Alföldy/F. Seibt/A. Timm (Hrg.): Probleme der Geschichtswissenschaft, Düsseldorf 1973, 7–19, 19. Vgl. auch M. BLOCH: Apologie der Geschichte oder der Beruf des Historikers, Stuttgart 1974, 43; D. BLASIUS: Geschichte und Krankheit. Sozialgeschichtliche Perspektiven der Medizingeschichte, in: GG 2 (1976), 386–415, 387f.

hin spricht man in diesem Zusammenhang von „Mentalitätsgeschichte", aber dieser gängige, ähnlich verschwommene Begriff wie ‚Sozialgeschichte' umreißt das Problemfeld nur unscharf; die verschiedenen Ansätze lassen sich wohl eher unter einer *Geschichte der historischen Gefühls- und Bewußtseinslagen* subsumieren. Hierunter ist weder eine neuerliche Variante einer selbstgenügsamen Geistesgeschichte zu verstehen, noch verbirgt sich dahinter eine weitere, separate Sektorwissenschaft der Historie. Gemeint ist eine interdisziplinäre Integrationswissenschaft, der gegenüber der Sachgeschichte ein kritisches Potential zukommt.

3. Sozialgeschichte als Geschichte historischer Gefühls- und Bewußtseinslagen

Die für die Entstehung und Ausformung dieses interdisziplinären Forschungsbereichs entscheidenden Impulse gingen von der *Annales*-Strukturgeschichte aus. Auf der Suche nach einer totalen Erfassung der historischen Wirklichkeit wandten sich zu Beginn der sechziger Jahre mehrere französische Historiker den immateriellen, irrationalen Kräften der Geschichte zu, nachdem sich in den ersten strukturanalytischen Monographien (im Sinne Braudels) herausgestellt hatte, daß ohne die Berücksichtigung der psycho-physischen Struktur des Menschen gesellschaftliche Phänomene immer nur unzureichend zu erklären waren[150]. Mit einer Fülle methodischer Ansätze und durch die Erschließung neuer Quellen, die den Zugang auch zum geistigen Klima der Grundschichten ermöglichten, gelang es, ‚mentalité' als stabiles Element der ‚longue durée' näher einzugrenzen[151]. Mag der Begriff noch immer fließend sein, so herrscht über einige charakteristische Züge und Bedeutungen Einigkeit: Mentalitäten sind integraler Bestandteil sozio-kultureller Systeme, in jeder entwickelten Gesellschaft existieren in der Regel mehrere, nicht selten konkurrierende Mentalitäten, denen auch die geistig-kulturelle Infrastruktur einer Zeit („outillage mental") zuzurechnen ist. Sie umfassen einen Komplex affektiv geladener Erwartungs- und Verhaltensdispositionen, der der sozialen Kontrolle, Integration, Stabilisierung, Sinngebung und Lebensbewältigung innerhalb von Gesellschaften und sozialen Gruppen dient[152].

Der Erforschung dieser Phänomene widmen sich die verschiedensten Forschungsrichtungen: Sozialpsychologie, Volkskunde, Linguistik, Literaturgeschichte, Demographie, Kriminalitätsgeschichte, historische Verhaltensforschung, Kultur- und Religionssoziologie; und so konnten vor allem für die Spätphase des An-

---

[150] So die ersten Überlegungen von A. DUPRONT: Problèmes et méthodes d'une histoire de la psychologie collective, in: AESC 16 (1961), 3–11 und G. DUBY: Histoire des mentalités, in: L'histoire et ses méthodes, 1961, 937–966.

[151] Vgl. für einen ersten systematisierenden Versuch über die Methoden und Ergebnisse der ‚Histoire des mentalité' R. REICHARDT: ‚Histoire des mentalités'. Eine neue Dimension der Sozialgeschichte am Beispiel des französischen Ancien Régime, in: IASL 3 (1978), 130–166, auf den für eine ausführlichere Darlegung aus Raumgründen hier verwiesen sei; s. a. ders.: Für eine Konzeptualisierung der Mentalitätshistorie, in: Ethnologia Europaea 14. 1981 (im Druck).

[152] Vgl. R. SPRANDEL: Historische Anthropologie – Zugänge zum Forschungsstand, in: Saeculum (1972), 186–204.

cien Régime beachtliche, wenn auch nicht immer gleich repräsentative und homogene Erkenntnisse gewonnen werden. Anschluß an den methodischen Standard der ‚Histoire sérielle' gewannen vor allem die Religionssoziologie[153] – die eine seit 1770 weit verbreitete religiöse Gleichgültigkeit, Desozialisierung und Laizisierung in der französischen Gesellschaft herausarbeitete – und die Historische Demographie[154] – die den Strukturwandel der Familie vom Wohnverband des ganzen Hauses zur Kernfamilie mit der damit verbundenen Verschiebung ethisch-moralischer Grundanschauungen empirisch nachwies. Die ‚Histoire de la criminalité' hat die Kriminalität als „élément structurel du fait social"[155] im Ancien Régime deutlich werden lassen, und die Ergebnisse der Historischen Soziolinguistik legen nahe, die Ausbreitung der Aufklärung auch am Auftauchen ihrer Schlüsselbegriffe in immer ‚volksnäheren' Gattungen zu verfolgen: seit 1680 in den philosophischen Traktaten, seit 1710 in Erziehungsschriften, Romanen und im Theater, seit 1750 auf dem Niveau der allgemeinen Schriftsprache der Gebildeten und am Ende des Ancien Régime am Rande der Grundschichten[156]. Mentalitätsgeschichte hat so nicht nur die Erfassung historischer Wirklichkeit quasi vervollständigt, sondern sozialgeschichtlich erweitert und korrigiert.

Aus der Historischen Wissenschaftsforschung in der Tradition G. Bachelards entwickelte sich weitgehend unabhängig von der Mentalitätsgeschichte – ihr sogar in der Zielsetzung zum Teil gegenläufig – eine Historische Anthropologie. In der französischen Erscheinungsform als ‚Epistemologie' ist sie untrennbar mit dem Namen M. Foucault verbunden, der in seinen wissenschaftstheoretischen Arbeiten und seinen Untersuchungen über den Wahnsinn, die Entstehung der Klinik und des Gefängnisses diskursive Formationen erarbeitet hat, durch die Epochenschwellen deutlich werden[157]. M. Foucault beschäftigt sich mit fundamentalen Codes, die menschliches Leben und Erkennen leiten; die Gesamtheit dieser Grundcodifizierungen im Rahmen einer Epoche nennt er ‚Episteme'. Er setzt bei einer Untersuchung der Bedingungen des Denkens über den Menschen in der Neuzeit an und analysiert den epistemologischen Ort des Begriffs ‚Mensch' und die historische Dislokation dieses Orts, die Diskontinuitäten zwischen drei Epochen der Neuzeit aufzeigt. In der Renaissance ist Wissen Ähnlichkeitswissen, in der Klassik Ordnungswissen und in der Moderne geschichtliches Wissen. Die diskursiven Regelelemente, die Foucaults Vorgehen herausschält, legen sich als bedingende Formationen in ano-

---

[153] Wegweisend sind dafür die Arbeiten von M. VOVELLE, bes.: Analyse spectrale d'un diocèse méridional au XVIIIe siècle, Aix-en-Procence, in: Provence historique 22 (1972), 352–451, und seine berühmte ‚thèse': Piété baroque et déchristianisation [s. Anm. zum Schaubild].
[154] Vgl. dazu z. B. die Synthese von J.-L. FLANDRIN, Familles. Parenté, maison, sexualité dans l'ancienne société, Hachette 1976.
[155] A. FARGE/A. ZYSBERG, Les théâtres de la violence à Paris au XVIIIe siècle: Géographie de la violence. In: AESC 34 (1979), 984–1015.
[156] So die These von P. CHAUNU: La civilisation de l'Europe des lumières, Paris 1971, 20.
[157] Vgl. FOUCAULTS breites OEuvre: Folie et déraison. Histoire de la folie à l'âge classique, Plon 1961; Naissance de la clinique. Une archéologie du regard médical, PUF 1963; Les mots et les choses. Une archéologie des sciences humaines, Gallimard 1966; L'archéologie du savoir, Gallimard 1969; L'ordre du discours, Gallimard 1971; Surveiller et punir. Naissance de la prison, 1975 (all diese Schriften Foucaults auch in deutscher Übersetzung greifbar).

nymer Gleichförmigkeit allen Individuen auf. Wenn Foucaults strukturale Theorie der Geschichte auch viele Probleme aufwirft[158], so bietet sie sich doch als methodische Grundlage zur Abgrenzung und Beschreibung historischer Zeiträume an. Im deutschen Raum hat W. Lepenies historische Anthropologie und Wissenschaftsgeschichte verbunden[159], Wandel in Wissenschaft und Alltag herausgearbeitet und stabile Wissenselemente abgegrenzt, die menschliches Handeln nachhaltig beeinflussen. Th. Nipperdey bindet dagegen Historische Anthropologie in die Tradition der Kulturgeschichte ein[160], überwindet dadurch die einseitige Fixierung der Mentalitätsgeschichte auf kollektive Einstellungen der Grundschichten, indem er sie durch das Postulat einer Sozialgeschichte der Ideen erweitert.

Die von W. Conze initiierte Strukturgeschichte der industriellen Welt sucht über die begriffsgeschichtliche Methode die Dimension der kollektiven Bewußtseinsphänomene miteinzubeziehen[161]. Ansatzpunkte waren die Vieldeutigkeit, die Verwirrungen und die politisch-ideologische Umkehrbarkeit der sprachlichen Welt seit Mitte des 18. Jahrhunderts, wie sie sich im Kampf um Begriffe niederschlugen: Über herausragende Leitbegriffe, deren Bedeutungsfeld und schleichenden Bedeutungswandel sucht man das sich verändernde soziale Bewußtsein faßbar zu machen. Als Indikatoren dieses Prozesses gelten auch Neologismen, die eine neue Einstellung gegenüber der politisch-sozialen Welt signalisieren. Über diese Analysen wird es möglich, das Verhältnis von Ereignis und Struktur, Dauer und Veränderung faßbar zu machen, aber der Charakter einer methodologisch intuitiven Ideengeschichte wird nur abgelegt werden können, wenn das einbezogene Quellenkorpus homogenisiert, nach Praxisbereichen differenziert und anhand standardisierter Fragenraster analysiert wird, um die Träger- und Interessengruppen der Sprachwandlungsprozesse und deren Breitenwirkung klarer hervortreten zu lassen.

Wie auf dem Gebiet der Sprachgeschichte versucht man neuerdings auch im Bereich der Literaturgeschichte die Zusammenhänge von Bewußtseinswandel, sozialen Prozessen und kulturellen Traditionen aufzuspüren. In der Materialaufberei-

---

[158] Eine Arbeit zur Bedeutung Foucaults für die Geschichtswissenschaft fehlt bisher. Hinweise finden sich bei P. SLOTERDIJK: Michel Foucaults strukturale Theorie der Geschichte, in: Philosophisches Jahrbuch 79 (1972), 161–184; M. EL KORDI: L'archéologie de la pensée classique selon M. Foucault, in: RHES 51 (1973), 909–935; P. VEYNE, Foucault révolutionne l'histoire. Postface à la nouvelle édition augmentée de ‚Comment on écrit l'histoire', Paris 1978.

[159] W. LEPENIES: Probleme einer historischen Anthropologie, in R. Rürup (Hrg.): Historische Sozialwissenschaft, Göttingen 1977, 126–159; ders.: Geschichte und Anthropologie. Zur wissenschaftsgeschichtlichen Einschätzung eines aktuellen Disziplinkontaktes, in: GG 1 (1975), 325–343; ders.: Wissenschaftsgeschichte und Disziplingeschichte, in: ebenda 4 (1978), 437–451.

[160] TH. NIPPERDEY: Kulturgeschichte, Sozialgeschichte, historische Anthropologie, in: VSWG 55 (1968), 145–164; ders.: Die anthropologische Dimension der Geschichtswissenschaft, in ders.: Gesellschaft, Kultur, Theorie. Gesammelte Aufsätze zur Neueren Geschichte, Göttingen 1976, 33–58; vgl. auch H. WUNDER: Zur Mentalität aufständischer Bauern. Möglichkeiten der Zusammenarbeit von Geschichtswissenschaft und Anthropologie, in H.-U. Wehler (Hrg.): Der deutsche Bauernkrieg 1524–1526, Göttingen 1975, 9–37.

[161] Das Konzept der *Geschichtlichen Grundbegriffe* (s. Anm. 134), das zu sehr unterschiedlichen Ausformungen geführt hat, die nicht immer erkennbar über die überkommene Form der Geistesgeschichte hinausführen, ist nun weiter ausgeführt in dem Sammelband: R. KOSELLECK (Hrg.), Historische Semantik und Begriffsgeschichte, Stuttgart 1979.

tung und der methodischen Durchdringung kommen auf diesem Arbeitsfeld den von W. Krauss initiierten Arbeiten an der Ostberliner Akademie der Wissenschaften Bedeutung zu[162], wenn auch in Bezug auf zugrundeliegende Theorien Abstriche zu machen sind. Die Einbindung in das Modell des historischen Materialismus marxistisch-leninistischer Prägung mit der Verpflichtung auf die Berücksichtigung der allein wesentlichen historischen Verlaufsrichtung (vom Feudalismus zum Kapitalismus) in ihrer Tiefendimension[163] nimmt den Analysen kultureller Manifestationen und deren gesellschaftlicher Determinanten viel an sozialgeschichtlicher Relevanz. Die Hinterfragung sachgeschichtlicher Ergebnisse und Annahmen, und damit eine mögliche Neuperspektivierung, unterbleiben.

Um die Erforschung historischer Gefühls- und Bewußtseinslagen von Gruppen und Gruppierungen, von Staaten, Gesellschaften und Kulturen bemüht sich so ein weithin nur lose verknüpftes Bündel anregender Forschungsrichtungen mit innovativen Methoden, die den traditionellen ‚Sozialgeschichten' neue Perspektiven und Fragestellungen eröffnet haben. Es fehlt diesem wichtigen, in Zukunft weiter zu vertiefenden Aufgabenbereich der ‚Sozialgeschichte' aber bisher eine stringente, auf verschiedene historische Epochen anwendbare Theorie, die – auf die Vergegenwärtigung der Identität je gegenwärtiger Gesellschaften orientiert[164] – eine möglichst umfassende Analyse der Bedingungen erlaubt, unter denen sich in einer Gesellschaft gelebte Bedeutungen ausbilden, entfalten und verändern. Auf dem Weg zu einer für das Verständnis menschlichen Handelns und Verhaltens fundamentalen Theorie der Zeiterfahrung – einer distinktiven Grundkategorie der Historie[165] – plädiert dieser Sammelband daher für eine Sozialgeschichte, die die Geschichte der Verteilung und Evolution gesellschaftlicher Wissensvorräte zu ihrem Thema macht.

III. Sozialgeschichte als Geschichte der Verteilung und Evolution gesellschaftlicher Wissensvorräte

Im dritten Teil unserer Einleitung gilt es nun, explizit zu machen, was in einer ersten, zusammenfassenden Skizze der in diesem Band präsentierten Forschungsergebnisse und beim Versuch der Abgrenzung seines Gesamtkonzepts von konkurrierenden Forschungsrichtungen bloß implizit war: nämlich jenen *Begriff von Sozialgeschich-*

---

[162] Vor allem wichtig sind die Sammelbände: M. NAUMANN/D. SCHLENSTEDT/K. BARCK: Gesellschaft – Literatur – Lesen. Literaturrezeption in theoretischer Sicht, Berlin/Weimar 1973; WINFRIED SCHRÖDER u. a. (Hrg.): Französische Aufklärung – Bürgerliche Emanzipation, Literatur und Bewußtseinsbildung, Leipzig 1979; G. KLOTZ/W. SCHRÖDER/P. WEBER (Hrg.): Literatur im Epochenumbruch. Funktionen europäischer Literaturen im 18. und beginnenden 19. Jahrhundert, Berlin/Weimar 1977.
[163] So SCHRÖDER [s. Anm. 162], 1979, bes. 9f.
[164] H. LÜBBE: Der kulturelle und wissenschaftstheoretische Ort der Geschichtswissenschaft, in: Conceptus 10 (1977), 49–55.
[165] Vgl. dazu besonders die Arbeiten von R. KOSELLECK: Wozu noch Historie (1971), in H.-M. Baumgartner/J. Rüsen (Hrg.): Geschichte und Theorie, Frankfurt 1973, 17–35; Vergangene Zukunft – zur Semantik geschichtlicher Zeiten, Frankfurt 1979.

te, der die Zusammenstellung der nunmehr in einzelnen Artikeln konkretisierten Frageperspektiven und deren Applikation auf den Objektbereich der französischen Geschichte des 18. Jahrhunderts leitete. Wir werden versuchen, diesen Begriff von Sozialgeschichte unter drei Aspekten zu entfalten: a) durch die Einführung jener *soziologischen Theoreme*, die unseren Gebrauch des Terminus ‚Gesellschaft' begrenzen und ausdifferenzieren; b) *durch die Konstituierung und Strukturierung des* – für diesen Gesellschaftsbegriff relevanten – *Quellenbereichs*, wobei eine Zuordnung zwischen Quellentypen und jeweils einschlägigen Analyse- und Interpretations*methoden* zu begründen ist; c) durch den Vorschlag, den *sozialhistorischen Prozeß der Aufklärung* zu verstehen als *einen Prozeß der durch Wissenszirkulation ermöglichten Wissenstransformation*. Dieses dreiteilige Programm zur Explikation unseres Begriffs von ‚Sozialgeschichte' berührt einige der kompliziertesten Probleme, mit denen Gesellschafts- und Geschichtstheorie heute befaßt sind.

Wir beschränken uns im folgenden auf zwei Ziele: zum einen wollen wir klären, welche theoretischen Prämissen und welche Forschungsperspektiven – bei den gegebenen Erkenntnisinteressen – nach unserer Einschätzung eine Lösung solcher Probleme in Aussicht stellen; unsere Prämissen und Perspektiven sollen zweitens als Vororientierungen einer Praxis – im weitesten Sinn – geschichtswissenschaftlicher Analyse und Interpretation erscheinen, die im Rahmen des Prozesses wechselseitiger Anregung von Geschichtstheorie und Arbeit an den historischen Quellen unerläßliche Voraussetzung für Fortschritte der Theoriebildung ist.

1. Soziologische Theoreme und sozialgeschichtliche Folgen
Gesellschaften sind Gruppen von Subjekten, die nach gleichen oder ähnlichen Konventionen Sinn bilden.

Unser erster soziologischer Definitionsvorschlag enthält einen Terminus – ‚Sinnbildung' –, der selbst der Definition bedarf. Er bezeichnet, was – nicht nur – Materialisten ‚Weltaneignung' nennen, was man aber auch – schon im Rückgriff auf die Wissenssoziologie – als einen Prozeß der Transformation jeglicher menschlicher Umweltwahrnehmung in Handlungsmotive betrachten kann. Sinnbildung, so die generelle anthropologische Voraussetzung der Wissenssoziologie, ist das dem Menschen eigene Äquivalent für die dem Tier angeborenen Instinkte – wie diese ermöglicht Sinnbildung Orientierung in einer überkomplexen und deshalb stets bedrohlichen Umwelt. Gesellschaften, so die soziologische Spezifizierung der anthropologischen Prämisse, stellen ihren Mitgliedern Schemata oder Konventionen der Sinnbildung zu Verfügung und entlasten sie von der (oft: lebens-)gefährlichen Aufgabe, solche Schemata zum Zweck der Orientierung in der Umwelt selbst durch Probehandeln oder Probeverhalten zu entwickeln.

Es ist nun geschichtstheoretisch von Belang, daß bei der Ausdifferenzierung dieser Prämissen zu unterscheiden ist zwischen Sachverhaltsannahmen, deren Gültigkeit für jegliche Epochen und Gesellschaften postuliert wird, und – auf der anderen Seite – von diesen Sachverhaltsannahmen abgeleiteten Konzepten, die der Rekonstruktion je epochen- und gesellschaftsspezifischer Sinnbildungskonventionen dienen sollen. Die benannten anthropologischen und gesellschaftstheoretischen Prämissen der Wissenssoziologie gehören beide zu einem als metahistorisch gültig gesetzten System von Sachverhaltsannahmen, das man ‚Lebenswelt‘ nennt; mit dem Terminus ‚Alltagswelten‘ bezeichnet man jene jeweils besonderen Vorstellungen von der Wirklichkeit, die sich aus spezifischen Sinnbildungskonventionen ergeben[166]. Lebensweltlich vorgegeben ist eine Strukturierung des Sinnbildungsprozesses in vier Stufen: als Reduktion der Fülle *sinnlicher Umweltwahrnehmungen des Menschen* (a) ist die *Auswahl und Konstitution von Themen* (b) zu verstehen, denen sich das menschliche Bewußtsein zuwendet; konstituierte Themen werden nun vom sinnbildenden Subjekt aufgrund vorgängig gewonnener Erfahrungen *interpretiert* (c); das heißt: in einem zweiten Schritt der Selektion werden jene Merkmale der konstituierten Themen besonders berücksichtigt und in einen Zusammenhang gerückt, die für eine Reaktion des Subjekts auf die Wahrnehmung durch Verhalten oder Handeln von Belang sind. Aus solchen Interpretationsleistungen ergeben sich schließlich (d) Vororientierungen für Verhalten und Handeln: sind diese Vororientierungen im Bewußtsein des sinnbildenden Subjekts wenig prägnant, so nennen wir sie ‚Einstellungen‘ und die an den Einstellungen ausgerichteten Reaktionen ‚Verhalten‘; präsentieren sie sich dem Bewußtsein des sinnbildenden Subjekts als prägnante Vorstellungen von einer in der Zukunft herbeizuführenden Situation, so nennen wir sie ‚Motive‘ und die an den Motiven ausgerichteten Reaktionen ‚Handeln‘.

Aus der zweiten Prämisse der Wissenssoziologie geht nun ebenso wie aus der Darstellung der lebensweltlichen Struktur des Sinnbildungsprozesses hervor, daß Subjekte ihre Sinnbildungsprozesse in den allermeisten Fällen nicht sozusagen ‚eigenverantwortlich‘ vollziehen, sondern auf historisch und gesellschaftlich spezifische, inhaltliche Vorgaben zurückgreifen können. Mit dem bereits eingeführten Terminus ‚Alltagswelt‘ und mit dem Terminus „*soziales Wissen*" bezeichnet man eben diese historisch und gesellschaftlich spezifischen inhaltlichen Vorgaben von subjektiven Sinnbildungsprozessen. Die Partikularität solcher Vorgaben wird freilich im Normalfall vom sinnbildenden Subjekt nicht erfahren, vielmehr erlebt das Subjekt die Funktion des sozialen Wissens „als die Gewißheit, daß Phänomene wirklich sind und bestimmbare Eigenschaften haben"[167]. Bevor wir nun am Beispiel eines Elements aus dem ‚aufgeklärten Wissen‘ des 18. Jhs. die Leistung gesellschaftlichen Wissens für die subjektive Sinnbildung veranschaulichen, ist noch einmal hervorzuheben, daß sein ‚sozialer Charakter‘ vor allem durch zwei Eigenschaften bedingt ist: einmal durch die Ähnlichkeit oder Gleichheit jeweils entsprechender Wissenselemente im Wissensvorrat von *verschiedenen* Subjekten, die *einer* Gesellschaft oder *einer* gesellschaftlichen Gruppe angehören; zum zweiten durch die Möglichkeit, solche Wissenselemente – auch – in Situationen zu vermitteln, die nicht ihre

---

[166] Vgl. BERNHARD WALDENFELS: Im Labyrinth des Alltags, in ders.: Jan M. Brockman/Ante Pazanin (Hrg.): Phänomenologie und Marxismus III – Sozialphilosophie, Frankfurt, Suhrkamp 1978, S. 18–44.
[167] PETER L. BERGER/THOMAS LUCKMANN: Die gesellschaftliche Konstruktion der Wirklichkeit – eine Theorie der Wissenssoziologie, 2. Aufl., Frankfurt, S. Fischer 1971, S. 1.

unmittelbare Anwendung zum Zweck der Umweltorientierung fordern. Kommen wir nun aber zur Veranschaulichung am historischen Beispiel.

Zum spezifischen Wissen der Aufklärung des 18. Jhs. gehört die Überzeugung, daß alle Menschen mit einer gleichen affektiven und kognitiven ‚Grundausstattung' geboren werden, welche sie ohne Ausnahme als unter ethischen Gesichtspunkten ‚primär gut' qualifiziert und welche erst unter dem Einfluß der gesellschaftlichen Umwelt pervertiert werden kann. Nehmen wir nun einmal an, ein Mensch, zu dessen Wissensvorrat das Element der ‚nature humaine' im aufklärerischen Sinn gehöre, *nehme wahr*, was wir ‚Hunger', ‚Kälte', ‚Einsamkeit' nennen. Das Bedürfnis, solche Empfindungen bald hinter sich zu lassen, wird seine Aufmerksamkeit nicht – oder wenigstens nicht zuerst – auf eigene Handlungen der Vergangenheit lenken, wie es dem von einer christlichen Kosmologie vorgegebenen Wissenselement der Sequenz ‚Sünde/Strafe' entspräche; vielmehr bietet ihm das Konzept ‚nature humaine' an, die Gesellschaft *zum Thema zu machen*. Da die Selektion dieses Themas als vom Wissenselement ‚nature humaine' gesteuerte betrachtet werden kann und ‚Gesellschaft' im aufklärerischen Wissen als der ‚nature humaine' entgegengestellte Instanz sedimentiert ist, liegt es nahe, daß die Gesellschaft als ‚depraviert und depravierend' *interpretiert* wird, mit anderen Worten: daß aus dem Thema ‚Gesellschaft' jene Sachverhalte relevant werden, die als Gründe für die vom sinnbildenden Subjekt wahrgenommene unbefriedigende Lebenssituation gedeutet werden können. Wenn aber aus dieser Interpretation die Erfahrung resultiert, die Gesellschaft sei verantwortlich für diese Mängelsituation, dann wird plausibel, daß sich aus der Kumulation solcher und ähnlicher Erfahrungen das – Handlungen orientierende – *Motiv* eines herbeizuführenden ‚besseren Gesellschaftszustandes' ergibt. Das soziale Wissen einer christlichen Welt hingegen hätte zu einem anderen Motiv geführt: nämlich zu dem Vorsatz, in der Zukunft ein sündenfreies Leben anzustreben. Unser Beispiel findet eine historische Konkretisierung, wenn wir – etwa – Rousseaus Biographie, vor allem sein paranoides Verhalten, nicht nur, oder nicht primär, als Folge einer subjektiven Veranlagung, sondern als Ergebnis eines epochentypischen Sinnbildungsprozesses verstehen. In theoretischer Hinsicht können wir schließen, daß jedes Element eines historisch und gesellschaftlich spezifischen Wissensvorrates im Rahmen des Sinnbildungsprozesses Selektionen auf drei Ebenen vororientiert: auf der Ebene der thematischen Relevanz, der Interpretationsrelevanz und der Motivationsrelevanz[168].

Historisch und gesellschaftlich spezifische Wissensvorräte entstehen in Abhängigkeit von je dominanten Formen der Alltagspraxis.
Über die Entstehung der bürgerlichen Anthropologie der Aufklärung, in deren Kontext die genannten Annahmen über die ‚nature humaine' gehören, sind vielfältige Spekulationen angestellt worden. Trotz vieler Divergenzen im einzelnen teilen

---

[168] Vgl. zur soziologischen Relevanztheorie ALFRED SCHÜTZ: Das Problem der Relevanz. Frankfurt, Suhrkamp 1971; und A. SCHÜTZ/T. LUCKMANN: Strukturen der Lebenswelt. Neuwied, Darmstadt, Luchterhand 1975, S. 186–228.

all diese Spekulationen zwei Voraussetzungen: sie betrachten zum einen die philosophiegeschichtliche Strömung der ‚bürgerlichen Anthropologie' als Konkretisation einer neuen ‚Mentalität', in unserer Terminologie: eines neuen sozialen Wissens; sie rücken zum anderen die im Zentrum dieses neuen Wissens stehenden Annahmen über eine ‚allen Menschen gemeinsame Natur' in einen – freilich je verschieden gedeuteten – Zusammenhang eines tiefgreifenden Wandels der Gesellschaftsstruktur. Man kann diesen sozialen Strukturwandel als Schritt von einer nach Rang und korporativen Rechten hierarchisierten ‚Stände-Gesellschaft' hin zu einer in funktionale Teilsysteme ausdifferenzierten ‚Klassen-Gesellschaft' interpretieren. Annahmen über eine ‚allen Menschen gemeinsame Natur' ermöglichen, so die einschlägige These, das Handeln eines Individuums in verschiedenen ‚Rollen', welche ihm verschiedene soziale Teilsysteme nahelegten, und ebenso die Interaktion über die Grenzen solcher sozialer Teilsysteme hinweg. Man kann freilich auch weniger komplexe Beispiele für die genetische Abhängigkeit gesellschaftlicher Wissensbestände von Praxisformen anführen: so ist zum Beispiel plausibel, daß zyklische Zeitvorstellungen – zumindest – in Affinität zu bäuerlichen Produktionformen stehen, wie Aussaat und Ernte an die beständige Wiederkehr klimatisch je verschiedener Jahreszeiten gebunden sind; ganz ähnlich haben Investition und Expansion als Imperative kapitalistischer Wirtschaftsformen linear-progressive Zeitvorstellungen zur Folge.

Selbstverständlich können solche je spezifischen Typen der Zeiterfahrung als Wissenselemente auch an die Mitglieder von Gesellschaften mit dominant ländlicher oder kapitalistischer Produktionsform vermittelt werden, bevor diese, oder ohne daß diese ihr alltägliches Handeln an der Wiederkehr der Jahreszeiten, an Investition und Expansion orientieren müßten. Deshalb kann es im subjektiv angeeigneten Wissensvorrat zu Interferenzen zwischen solchen Wissenselementen kommen, die im Rahmen der Sozialisation vermittelt wurden, und solchen Wissenselementen, die man sich in eigener Alltagspraxis erwirbt. Unter dieser Perspektive wäre etwa die Mentalität jener französischen Adligen zu untersuchen, die – entgegen den Konventionen ihres Standes – an neuen wirtschaftlichen Handlungssystemen partizipierten. Auf theoretischer und methodologischer Ebene bedeutet dies, daß man sich davor hüten muß, allzu statische Relationen zwischen Ständen oder Klassen einerseits und ihnen zugehörigen Wissensvorräten andererseits anzusetzen. Vielmehr ist davon auszugehen, daß es neben traditionellen, durch jeweilige Legitimationen abgesicherten stände- und klassenspezifischen Wissensbeständen, die vor allem in der primären Sozialisation vermittelt werden, auch im Entstehen begriffene, noch nicht formalisierte Wissensbestände in gesellschaftlichen *Praxisbereichen, Handlungssystemen* gibt. Die Geschichte der französischen Aufklärung ist *auch* die Geschichte der Genese, der sukzessiven Artikulation, Formalisierung und Legitimation, schließlich der durch Gesetze institutionalisierten Durchsetzung neuer Wissensformen.

Wenn wir zu Beginn der unsere Einleitung abschließenden Theorie-Skizze Gesellschaften als Gruppen von Subjekten definiert haben, die nach gleichen oder ähnlichen Konventionen Sinn bilden, also über gleiche oder ähnliche Wissensvorräte verfügen, und wenn wir nun von der Verschiedenheit der Wissensvorräte von Ständen, Klassen und Praxisbereichen in der französischen Gesellschaft des 18. Jhs. sprechen, dann wird deutlich, daß die Extension des wissenssoziologischen Gesellschaftsbegriffs relativ ist. In welchem Sinn können wir angesichts solcher Relativität von *der* französischen Gesellschaft des 18. Jhs. oder auch von *der* deutschen Gesellschaft des 20. Jhs. sprechen? Anders formuliert: welche Sinnbildungskonventionen und Wissenselemente teilen Menschen, deren Leben sich in verschiedenen sozialen Teilgruppen vollzieht? Es steht zu vermuten, daß für die ‚gesamtgesellschaftliche Abgrenzung', auf die unsere Frage letztendlich zielt, jeweilige Nationalsprachen und Sprachgemeinschaften eine entscheidende Rolle spielen. Denn die Bedeutungen, welche in der Sprachnorm[169] mit jeweiligen Prädikaten gekoppelt sind, entsprechen Elementen gesellschaftlichen Wissens (ohne daß man vom Eingang jeglicher Wissenselemente in die Sprachnorm durch Koppelung mit einem Prädikat ausgehen könnte); in dem Maße, wie solche Beziehungsrelationen von allen Mitgliedern einer Sprachgemeinschaft internalisiert werden, erwerben diese ein ‚gesamtgesellschaftliches Wissen', das durch den Gebrauch der Sprache stabilisiert wird. Hier muß noch einmal betont werden, daß Sprachen nicht alle Elemente solchen ‚gesamtgesellschaftlichen Wissens' erfassen, daß zudem zwischen dem Erwerb gesamtgesellschaftlicher Wissenselemente als Bedeutungen einer Sprache einerseits und der Internalisierung differenzierterer Bedeutungen, die dem Wissen einer gesellschaftlichen Teilgruppe entsprechen, kein Widerspruch besteht. Vielmehr ist es gerade die Sprache, die nicht nur verbale Kommunikation, sondern – in einem allgemeineren Sinn – Interaktion zwischen den Mitgliedern verschiedener gesellschaftlicher Teilgruppen ermöglicht. ‚Nature humaine' als ein Wissenselement, welches *alle* Gebildeten im Frankreich des späten 18. Jhs. teilten, steckte zum Beispiel einen Rahmen ab, der zusammen mit anderen Wissenselementen gemeinsames Handeln, aber auch – vor allem nach 1789 – die Bewußtwerdung differenter Wirklichkeitskonzeptionen und Interessen beförderte.

Eine Geschichte der Verteilung und Evolution gesellschaftlicher Wissensvorräte ist nicht durch ‚Sachgeschichte' hintergehbar.
Bereits im zweiten Teil unserer Einleitung haben wir auf die Unterschiede zwischen der hier vorgeschlagenen Konzeption von ‚Sozialgeschichte' und der traditionellen Geistes-/Ideologiegeschichte hingewiesen. Nun freilich bleibt zu fragen, ob eine ‚Geschichte der Verteilung und Evolution gesellschaftlicher Wissensvorräte' als ‚Geschichte des Wissens vergangener Gesellschaften über die Wirklichkeit' nicht hintergehbar – und somit zum ‚Randphänomen' reduzierbar – sei durch geschichtswissenschaftliche Rekonstruktionsleistungen, die für sich in Anspruch nehmen, die ‚Basis' oder die ‚wirkliche Wirklichkeit' der Vergangenheit zu erfassen. Solche An-

---

[169] Wir verstehen den Terminus ‚Sprachnorm' im Sinne von EUGENIO COSERIU: System, Norm und Rede, in ders.: Sprachtheorie und allgemeine Sprachwissenschaft, 5 Studien, München, W. Fink 1975, S. 11–101.

sprüche der ‚Sachgeschichte' werden meist durch Verweis auf die Benutzung quantifizierender Methoden gestützt. Nun steht außer Frage, daß – etwa – quantifizierende Methoden in der Geschichtswissenschaft konstitutive Rahmenbedingungen vergangenen Handelns und Verhaltens ans Licht holen können, welche den Handelnden der Vergangenheit nicht bewußt waren. Zur Veranschaulichung können wir auf die von der Wirtschaftsgeschichte rekonstruierten Konjunkturzyklen des 17. und 18. Jhs. verweisen. Dennoch läßt sich der Anspruch der ‚Sachgeschichte', etwa mit der Rekonstruktion von Konjunkturzyklen zu einem ‚höheren Grad von Wirklichkeit' vorzustoßen, als dies einer Geschichte der Verteilung und der Evolution gesellschaftlicher Wissensvorräte gelingen kann, erkenntnistheoretisch abweisen. Denn Konjunkturzyklen sind nicht *die* Wirklichkeit des 18. Jhs. – oder anderer Jahrhunderte –, sondern Ergebnisse von Quelleninterpretationen, die nach Konventionen – nach einem Spezialistenwissen über wirtschaftliches Handeln – vollzogen werden, wie sie dem 18. Jh. nicht zu Verfügung standen. Als dem ökonomischen Wissen des 18. Jhs. gegenüber ‚wirklicher" oder ‚wahrer' kann man rekonstruierte Konjunkturzyklen also nur dann ansehen, wenn man von einer erkenntnistheoretisch nicht begründbaren Überlegenheit je späterer gegenüber je früheren Wissensformen ausgeht; wenn man sich also – und darin liegt eine gewisse historische Ironie – erkenntnistheoretisch noch im Rahmen der teleologischen Geschichtsphilosophie eben des 18. Jhs. bewegt.

Selbstverständlich geht es uns nicht um eine Polemik gegen quantifizierende Methoden in der Geschichtswissenschaft – sie sind unter den Beiträgen unseres Bandes mehrfach vertreten –, sondern lediglich um eine Reduktion des absoluten Erkenntnisanspruchs der ‚Sachgeschichte'. Wenn das Verstehen vergangenen Handelns und Verhaltens Ziel der Geschichtswissenschaft ist, dann bedarf sie der Sachgeschichte ebenso wie der Rekonstruktion vergangener Alltagswelten. Denn wir können davon ausgehen, daß Handeln und Verhalten ebenso von bewußten Motiven abhängen, die auf der Grundlage gesellschaftlichen Wissens gebildet werden, wie von ‚nicht-intentionalen Handlungsbedingungen'[170], deren bewußte Erfassung jeweilige Wissensbestände gerade ausschließen. Sachgeschichte, welche historische Quellen nach Sinnbildungskonventionen interpretiert, die von der Vergangenheit verschieden sind, rückt solche nicht-intentionale Bedingungen vergangenen Handelns und Verhaltens ans Licht, blendet aber – immer dann etwa, wenn quantifizierende Methoden mit einem absoluten Erkenntnisanspruch benutzt werden – jene Motive und Einstellungen aus, welche im Bewußtsein der Mitglieder vergangener Gesellschaften, aber nicht mehr in dem unserer Gegenwart eine zentrale Rolle spielten. Wenn also Sachgeschichte einerseits die Chancen eröffnet – beispielsweise – die Bedeutung von Konjunkturzyklen für die Sozialgeschichte des 18. Jhs. in Frankreich hervorzukehren, so läuft sie doch andererseits Gefahr, – beispielsweise –

---

[170] Vgl. zu dem Ausdruck ‚nicht-intentionale Handlungsbedingungen' JÖRN RÜSEN: Der Strukturwandel der Geschichtswissenschaft und die Aufgabe der Historik, in ders.: Für eine erneuerte Historik – Studien zur Theorie der Geschichtswissenschaft. Stuttgart, Frommann-Holzboog 1976, S. 45–54.

die Bedeutung eines heute nur noch schwer nachvollziehbaren Ständebewußtseins zu vernachlässigen.

2. Quellentypen und Methoden

Wissensvorräte vergangener Gesellschaften sind für uns nur dort rekonstruierbar, wo sie sich – mittelbar oder unmittelbar – materialisiert haben. Voraussetzung dafür ist, daß dieses Wissen motivationsrelevant wurde, daß konstituierte Motive und Einstellungen Handlungen und Verhalten stimulierten und daß diese Handlungen Spuren hinterlassen haben. Solche Handlungsspuren, die als Materialisierungen von Wissensvorräten interpretierbar sind, nennt die Wissenssoziologie ‚Objektivationen'. Das Feld der vom Historiker zu interpretierenden Objektivationen läßt sich in drei Bereiche gliedern, deren Grenzen zum einen vom je verschiedenen Verhältnis zwischen der Objektivation und dem in ihr objektivierten Wissen, zum anderen von der jeweils geeigneten Interpretations- und Rekonstruktionsmethode abhängen.

Die idealen Quellen für das von uns vertretene Konzept von ‚Sozialgeschichte' sind Texte, in denen Wissensbestände nicht nur artikuliert sind, sondern zu Zwecken der Abgrenzung, Vermittlung, Legitimation oder Innovation selbst *thematisch* werden. Eben weil sie Wissensbestände in dieser Weise thematisiert, bietet sich die im 18. Jh. so beliebte Gattung der ‚Dictionnaires' als sozialhistorische Quelle an; eine sozialhistorische Analyse von Wörterbüchern unterscheidet sich von der traditionellen geistesgeschichtlichen Interpretation dadurch, daß sie die hier präsentierten Wissensbestände auf eine Trägerschicht zuordnet, in Relation zu den Wissensbeständen anderer sozialer Gruppen und Praxisbereiche setzt und schließlich – etwa in Anlehnung an die in Frankreich von M. Foucault vorgeschlagene Methode der *Diskursanalyse* – nicht nur einzelne Elemente des vergangenen Wissens zusammenträgt, sondern nach grundlegenden Strukturierungsprinzipien fragt, aus denen sie entstehen und durch die sie in ein Wechselverhältnis gerückt werden. Die *begriffsgeschichtliche Methode* zeigt, wie Texte auch im Hinblick auf Bedeutungen, die in ihnen ihre Artikulation finden, ohne aber thematisch zu werden, unter sozialhistorischen Erkenntnisinteressen analysiert werden können[171]. Texte sind selbstverständlich nicht das einzige Medium der Wissensartikulation. Auch bildliche und plastische Darstellungen, auch Gebäude und – in Texten beschriebene oder durch Pflege des Kulturerbes erhaltene – Handlungszeremonien können, gerade wenn sie aus einem an Symbolcodes so reichen Zeitalter wie der Aufklärung stammen, eine Rekonstruktion von Wissensbeständen ermöglichen.

Während in diesem ersten Bereich von Objektivationen die Verbindung zwischen Elementen von Wissensbeständen und Quellen als ihren Artikulationen durch mehr oder weniger stabile, stets aber gesellschaftlich konventionalisierte Zeichenbezie-

---

[171] Vgl. zur Methode der ‚Diskursanalyse' und zu ihren theoretischen Prämissen die programmatische Antrittsvorlesung von MICHEL FOUCAULT am Collège de France: L'ordre du discours. Paris, Gallimard 1971; zur Begriffsgeschichte den von R. KOSELLECK edierten Sammelband: Historische Semantik und Begriffsgeschichte [s. Anm. 161], passim.

hungen gesichert ist, sind jene Objektivationen, die wir einem zweiten und einem dritten Bereich zuordnen wollen, aufgrund ihrer Interpretierbarkeit als Symptome gesellschaftlichen Wissens als Quellen für uns bedeutsam. Konkretisieren wir auch diese Unterscheidung durch ein Beispiel[172]. Als der Graf von Mirabeau in einer Parlamentsrede am 17. Juli 1789 den Abgeordneten eine in scheinbar unterwürfigem Ton gehaltene ‚Adresse' an den König zur Annahme vorschlug, mit der er den Zweck verfolgte, Ludwig XVI. auf die politische Linie des Dritten Standes zu zwingen, wurde diese Adresse gerade von jenen Abgeordneten mit Genugtuung oder gar Begeisterung akzeptiert, welche die Macht des absolutistischen Herrschers brechen wollten. Dieser Sachverhalt mag den heutigen Leser der ‚Adresse' Mirabeaus überraschen, wenn er mit den politischen Zusammenhängen des Jahres 1789 wenig vertraut ist. Sie wird verständlich, sobald man sich vergegenwärtigt, daß in der Kommunikation zwischen Mirabeau, seinem unmittelbaren Publikum (der Nationalversammlung) und seinem mittelbaren Publikum (dem König und seinen politischen Beratern) ein für diesen Praxisbereich spezifisches Wissen Eingang fand, das in der ‚Adresse' nicht artikuliert ist. Das Wissen nämlich, daß sich der König gerade dann vor der entstehenden politischen Öffentlichkeit ins Unrecht setzen würde, wenn er jene Wünsche nicht erfüllte, die in einer Bittschrift auffällig ‚untertänigen' Tons artikuliert waren. Als sozialgeschichtliche Quelle ist der genannte Text also deshalb einschlägig, weil er als mittelbare Objektivation eines *nicht artikulierten Wissensbestandes* ausgeschöpft werden kann. Voraussetzung oder ‚Methode' zur Erschließung solcher nicht artikulierter Wissensbestände ist eine von der jeweiligen Quelle ausgehende Rekonstruktion der Kommunikations- oder Interaktions-Situation, auf die sie verweist; anders formuliert: eine Rekonstruktion des *Verhältnisses* der zum Zweck der Kommunikation oder Interaktion von den Kommunikations- oder Interaktionspartnern *evozierten Wissenselemente*. Gerade die hermeneutische Schwierigkeit, mit der die Reaktion der Abgeordneten des Dritten Standes auf Mirabeaus ‚Adresse' ihren heutigen Interpreten konfrontiert, wird also zu einer Leitlinie für die Entwicklung von Hypothesen über ein solches, nicht artikuliertes Wissen.

Sind die Quellen, welche der zweiten Schicht von Objektivationen zugeordnet werden können, Symptome für Wissensbestände, von denen sich annehmen läßt, daß sie zwar ‚zufällig' oder – wie im Fall von Mirabeaus ‚Adresse' – aus strategischen Gründen nicht artikuliert wurden, aber den historischen Protagonisten als Wissen bewußt und verfügbar waren, so repräsentieren jene Quellen, die wir zu einem dritten Bereich von Objektivationen zusammenfassen wollen, entweder *vorbewußte Einstellungen* oder *Grundelemente des Wissens*; letztere prägen – nach den Vorgaben wissenssoziologischer Theorie[173] – eine Fülle partikularer Wissenselemente, ohne eine von solchen einzelnen Wissenselementen abgelöste sprachliche oder symbolische Repräsentation zu finden. Als Paradigmen für den dritten Quellentyp

---

[172] Vgl. zum folgenden Beispiel HANS ULRICH GUMBRECHT: Funktionen parlamentarischer Rhetorik in der Französischen Revolution – Vorstudien zur Entwicklung einer historischen Textpragmatik, München, W. Fink 1978, S. 44–61.
[173] Vgl. SCHÜTZ/LUCKMANN: Strukturen der Lebenswelt [s. Anm. 168], S. 144 ff.

nennen wir zwei französische Textgruppen aus dem 18. Jh. Bei der Lektüre der Akten der Nationalversammlung vom Sommer 1793 fällt auf, daß nach der Ermordung Marats über mehrere Monate hinweg fast täglich im Parlament Nekrologe zu Ehren des ‚Ami du peuple' verlesen wurden[174]. Wie bei den Texten aus dem Genus der Festrede (epideiktische Rede) zu erwarten, artikulieren die Leichenreden für Marat nur jenes Wissen, das in der Zeit der Jakobinerherrschaft ohnehin schon als offizielle Interpretation der (politischen) Wirklichkeit institutionalisiert war; umso mehr drängt sich die Frage auf, welchem Bedürfnis, welcher Einstellung die zeremonielle Wiederholung solcher Reden im Sommer 1793 entsprach. Eine intensive Interpretation dieser Quellengruppe führt schließlich zu der Vermutung, daß die Nekrologe Zukunftsangst bannten, welche aus Ereignissen und deren Erleben entsprang, die dem instituitionalisierten Wissen über die Wirklichkeit nicht konform waren. Die Texte erscheinen also als Symptom für eine vorbewußte Einstellung. Die Gattungsgeschichte der Utopie im 18. Jh., unser zweites Beispiel für den dritten Quellentyp, gehört seit Jahrzehnten zu den bevorzugten Forschungsgegenständen der romanistischen Literaturhistorie. Allerdings haben sich die Literaturwissenschaftler bisher weit mehr für die inhaltlichen und formalen Konstanten der Gattung interessiert, als für die Beziehung zwischen deren Evolution und der Sozialgeschichte. Betrachtet man die einschlägigen Texte des 18. Jhs. unter der zweiten Perspektive, dann fällt hinsichtlich der Lokalisierung von ‚Utopia' in der fiktionalen Welt eine deutliche Umorientierung auf, die sich vor allem in den Jahren zwischen 1770 und 1780 vollzieht. In diesem Jahrzehnt wird es zu einer Konvention, die ideale Gesellschaft nicht mehr in die Ferne einer idealen Vergangenheit oder in die geographische Ferne zu rücken, sondern als Zukunftsvision einzubringen, wofür besonders prägnant Sébastien Merciers *L'an 2440* als Beispiel dienen kann[175]. Eine solche Umorientierung erzwingt natürlich auch den Verzicht auf den traditionellen Anspruch utopischer Texte, historiographische oder ethnologische Faktizität zu präsentieren. Wir glauben, daß dieser Wandel einer literarischen Gattungskonvention im Zusammenhang mit der Veränderung eines Grundelements des sozialen Wissens der Aufklärung steht, nämlich mit einer *Veränderung der Zeiterfahrung*. Anstelle einer an vergangenen Erfahrungen ausgerichteten Zukunftserwartung tritt nun Zukunft als ein Horizont, der zur Verwirklichung von Programmen einlädt, die das Ideale als das Noch-nie-Dagewesene artikulieren[176]. Die Rekonstruktion von – oder besser: die Bildung von Hypothesen zu – vorbewußten Einstellungen und Transformationen von Grundelementen des Wissens setzt einen *interpretatorischen Dreischritt* als Methode voraus. Auf die historiographische Vergegenwärtigung jener Absichten, die Handelnde der Vergangenheit mit jenen Handlungen verban-

---

[174] Vgl. GUMBRECHT: Funktionen parlamentarischer Rhetorik in der Französischen Revolution, S. 93–125 (frz. Version in: Poétique 39 [1979], S. 363–384).
[175] Nach Ergebnissen der wissenschaftlichen Hausarbeit von MARION WEDEGÄRTNER: Staatspolitische Programmschriften und die utopischen Romane in der französischen Literatur des XVIII. Jahrhunderts – Studien zu ihrer funktionsgeschichtlichen Komplementarität. Bochum (masch.) 1980.
[176] Vgl. REINHART KOSELLECK: ‚Erfahrungsraum' und ‚Erwartungshorizont' – zwei historische Kategorien, in ders.: Vergangene Zukunft [s. Anm. 165], S. 349–375.

den, deren Objektivationen uns vorliegen (a), muß der Versuch folgen, die Objektivationen so zu strukturieren, daß sie als Instrumente zur Erfüllung jener Absichten erscheinen (b); gerade jene Versatzstücke der Quellen, die im zweiten Schritt der Analyse nicht auf die intendierte Funktion zugeordnet werden können – ausführliche geschichtsphilosophische Spekulationen in den Marat-Nekrologen oder komplizierte Argumentationen in den Utopien der Spätaufklärung, welche die Möglichkeit der Verwirklichung einer skizzierten Idealgesellschaft der Zukunft erweisen wollen –, somit gerade die für die Analyse ‚sperrigen' Passagen, können von Interpreten als Symptome vorbewußter Einstellungen und neuer Grundelemente des Wissens genutzt werden (c).

Den forschungspraktischen Sachverhalt, daß Objektivationen von Wissensbeständen und deren Analyse nur dann *sozialhistorische Validität* beanspruchen können, wenn nachweisbar ist, daß das rekonstruierte Wissen nicht allein zum subjektiven Wissensvorrat eines Handlungssubjekts gehörte, sondern als Teil des gesellschaftlichen Wissensvorrats internalisiert worden war, haben wir bisher vernachlässigt. Daß im Verfahren der ‚Histoire sérielle', nämlich der Kumulation strukturähnlicher Objektivationen aus ähnlichen Interaktionskontexten, deren Analyse eine Rekurrenz von Wissenselementen manifest werden läßt, eine Möglichkeit zu solcher sozialhistorischer Validierung liegt, ist evident; die oben zitierte Untersuchung der Marat-Nekrologe etwa hat sie sich zunutze gemacht. Die Quantität der Quellen ist freilich nicht das einzige geschichtswissenschaftlich brauchbare Indiz für den gesellschaftlichen Charakter des von ihnen repräsentierten Wissens. Auch singulare Quellen können als Objektivationen gesellschaftlicher Wissensbestände angesehen werden, wenn sich plausibel machen läßt, daß sie der Vermittlung oder Legitimation von ‚Rezeptwissen'[177] dienten, von Erfahrungen also, die sich im Handeln vieler Einzelner bewährt und für eine Weitergabe empfohlen hatten. Diese Funktion erfüllen im 18. Jh. Texte aus Gattungen wie der ‚Fachprosa', dem Traktat über *honnêteté*[178] oder über poetologische Regeln[179] und dem – nicht nur religiösen – ‚Katechismus'. Wenn es ihre Funktion als Instrumente der Sozialisation ist, welche solche Texte zu sozialhistorisch validen Quellen macht, so legt es bei anderen Objektivationen die Breite ihrer Rezeption nahe, sie als Symptom für kollektive Einstellungen oder gesellschaftliche Wissensbestände zu nutzen. Zur Veranschaulichung für diese dritte Möglichkeit der sozialhistorischen Validierung von Objektivationen können wir die gattungsbildende Wirkung von Montesquieus *Lettres persanes* nennen, den Publikumserfolg von Beaumarchais' *Mariage de Figaro*, ebenso aber die Kanonisierung des Falles ‚Jean Calas' zum Symbol des aufklärerischen Kampfes gegen religiösen Dogmatismus oder die steile Karriere der sogenannten ‚phrygischen Mütze' unter den Sansculotten von Paris. Gerade die zuletzt angeführten Beispiele deuten an,

---

[177] Vgl. SCHÜTZ/LUCKMANN: Strukturen der Lebenswelt [s. Anm. 168], S. 118 ff.
[178] Vgl. NIKLAS LUHMANN: Historische Semantik und gesellschaftliche Interaktion. Frankfurt, Suhrkamp 1980.
[179] Vgl. FRIEDERIKE HASSAUER-ROOS: Die Philosophie der Tiere – von der theoretischen zur praktischen Vernunft. Studien zum Funktions- und Strukturwandel in der Fabel der französischen Aufklärung, Diss. Bochum (masch.) 1980, bes. Kapitel (III).

welche Erkenntnischancen sich durch die systematische Interpretation von Phänomenen ‚verspäteter' oder ‚gruppenspezifisch begrenzter Rezeption' für die Geschichtswissenschaft eröffnen könnte.

3. Die Aufklärung des 18. Jhs. in Frankreich als Prozeß der Wissensvermittlung und Wissenstransformation

‚Aufklärung' als geschichtswissenschaftlicher *Begriff mit Typisierungsfunktion* kann definiert werden als ‚Bewegung zur Revision überkommener gesellschaftlicher Wissensbestände, mit dem Anspruch, dieses überkommene Wissen als ein unzutreffendes Bild der Wirklichkeit durch ein wahres Bild der Wirklichkeit zu ersetzen'; ‚Aufklärung' als geistesgeschichtlicher oder sozialhistorischer *Epochenname* meint einen von zahlreichen uns bekannten Prozessen der Vergangenheit, die von dem ersten, typologischen Aufklärungsbegriff erfaßt werden. Die Identität der ‚europäischen Aufklärung des 18. Jhs.' ist – vor allem – durch die inhaltliche Besonderheit der konkurrierenden Wissensbestände, durch deren Trägerschichten und ihre jeweiligen Motive der Bewahrung oder Revision überkommenen Wissens begründet; dies trifft natürlich – mutatis mutandis – für alle Aufklärungsbewegungen zu. Daß der Aufklärung des 18. Jhs. in unserer Gegenwart aber nicht nur eine historische Identität, sondern auch eine besondere Bedeutsamkeit zugemessen wird, zeichnet sich in der Tatsache ab, daß der wohl primär geistesgeschichtliche Epochenname gängigerweise als Name für ein globales Epochenkonzept – und dies ohne spezifizierende Zusätze wie ‚Aufklärung des 18. Jhs.' oder ‚bürgerliche Aufklärung' – verwendet wird. Auf solche Zusätze kann verzichten, wer den Anspruch der Aufklärung des 18. Jhs., zur wahren Erkenntnis der Wirklichkeit vorgestoßen zu sein, noch heute ernst nimmt; und ein solches Ernstnehmen bleibt nicht zuletzt deshalb möglich, weil viele seitdem bestehende oder seither eingesetzte Formen und Institutionen politischen und wirtschaftlichen Handelns noch immer mit Wissen aus der Aufklärung des 18. Jhs. legitimiert werden.

Unsere Argumentation soll den Aufstieg eines geisteswissenschaftlichen Epochenbegriffs zum totalisierenden Epochenbegriff verständlich machen, zugleich aber eine Abgrenzung dieses überkommenen Begriffs von dem Konzept einer ‚Sozialgeschichte der Aufklärung" ermöglichen, welches unserem Sammelband zugrunde liegt. Wir wollen unter dem Titel ‚Sozialgeschichte der Aufklärung' nämlich nicht die gesellschaftlichen Voraussetzungen eines – letztlich – geistesgeschichtlichen Prozesses analysieren, sondern Quellen neu interpretieren, deren sozialgeschichtliche Relevanz bisher vor dem Hintergrund einer heute problematisch gewordenen Abschottung von ‚Sachgeschichte' und ‚Geistesgeschichte' weitgehend unerkannt geblieben ist. Anders formuliert: da wir einerseits von einer Definition der Gesellschaft ausgehen, für die der Begriff ‚Sinnbildungskonvention' konstitutiv ist, welcher seinerseits wiederum als alltagsweltliche Applikation sozialen Wissens expliziert werden kann, und da wir andererseits unter ‚Aufklärung' einen Prozeß der

Revision gesellschaftlichen Wissensvorrats verstehen wollen, muß der Titel dieses Buches als Vergegenwärtigung einer Perspektive erscheinen, unter der *die Aufklärung des 18. Jhs. selbst als sozialhistorischer Prozeß* gedeutet wird.

Dieser Prozeß kann auf drei Ebenen verfolgt werden: auf der Ebene der Genese, auf der Ebene der Vermittlung und auf der Ebene der in Vermittlung und Rezeption vollzogenen Transformation jenes spezifischen Wissensbestandes, der die Identität der Aufklärung des 18. Jhs. in Frankreich ausmacht. Diesen drei Phasen des Aufklärungsprozesses sind die drei Teile unseres Sammelbandes zuzuordnen – ‚Trägerschichten‘, ‚Medien‘, ‚Wirkungen‘ –, in denen inhaltlich jeweils affine Einzelabhandlungen präsentiert werden. Wir interpretieren Trägerschichten, Medien und Wirkungen jedoch nicht, wie die vorausgehenden Argumentationen klarstellen sollten, als ‚sozialhistorische Basis eines geistesgeschichtlichen Prozesses‘, sondern mit dem Ziel, die Genese, Verteilung und Transformation eines gesellschaftlichen Wissensbestandes, den wir als selbst genuin sozialhistorisch auffassen, neu zu verstehen. Die Gliederung dieses Prozesses in drei Phasen erlaubt eine Strukturierung jener partikularen Fragestellungen, die sich aus unserer Forschungsperspektive ableiten lassen, und eine erste Zuordnung zwischen Fragestellungen und Quellenbereichen.

In dem Maß, wie es gelingt, die *Trägerschichten* aufgeklärten Wissens und jener Praxisbereiche auszumachen, in denen sich ihr alltägliches Handeln vollzog, kann die Frage nach den Motiven gestellt werden, die zur Genese dieses Wissens führten. Sieht man die Aufklärung als Prozeß, dann kann diesem Erkenntnisinteresse an den Motiven der Wissensgenese als gleichrangig die Bemühung um Rekonstruktion jener Motive zur Seite gestellt werden, die der Vermittlung des neuen Wissens an andere gesellschaftliche Gruppen oder auch dem Blockieren eines solchen Wissenstransfers zugrunde lagen. Betrachtet man jene Interaktionsnormen des späten 17. Jhs., welche die Zeitgenossen *honnêteté* nannten, als Vorläufer der bürgerlichen Anthropologie und vergegenwärtigt man sich, daß die Salons jener soziale Ort waren, an dem die *honnêteté* zelebriert wurde, so wird etwa der oben schon angedeutete Zusammenhang zwischen der Interaktion sozialer Gruppen, deren Alltagswelten bis ins 17. Jh. voneinander getrennt gewesen waren, und dem *Beginn der Aufklärung* plausibel. Ein Blick auf die Kolporteure und das Verlagswesen in der zweiten Hälfte des 18. Jhs. macht deutlich, welche Rolle wirtschaftliche Interessen bei der *Verbreitung der Aufklärung* spielten. Im Kontext dieser und ähnlicher Forschungsrichtungen kommt den Quellen der Status von Symptomen für vorreflexive Einstellungen und nicht artikuliertes Wissen zu.

Es liegt auf der Hand, daß die *Medien* als Instrumente der Artikulation aufgeklärten Wissens Gegenstand einer mit Methoden der Begriffsgeschichte oder der Diskursanalyse vollzogenen Rekonstruktion sind. Freilich lassen sich die ‚Appellstrukturen‘[180] der Medien, die – etwa – durch literarische, juristische oder religiöse Traditionen geprägt und aufgrund jeweils spezifischer Erwartungen hinsichtlich der Dispositionen eines anvisierten Publikums beeinflußt sein können, als Vorausset-

---

[180] Wir verwenden diesen Terminus nach WOLFGANG ISER: Die Appellstruktur der Texte – Unbestimmtheit als Wirkungsbedingung literarischer Prosa, Konstanz 1970.

zung für die in Vermittlung und Rezeption stattgehabte Wissenstransformation deuten. So impliziert die gattungsspezifische Struktur der ‚Dictionnaires' die Verpflichtung zu einem Grad von Systematisierung, den das aufgeklärte Wissen außerhalb dieses Mediums kaum einmal erreichte, und der – gewiß gegen die Absicht seiner Vermittler – nicht selten dessen Inkonsistenzen evident machte. Medienspezifische Appellstrukturen können darüber hinaus die Entwicklung von Hypothesen über vorreflexive Einstellungen von Autoren und Lesern anregen. Nicht nur die wohl beispiellose Frequenz des literarischen Themas der ‚vertu persécutée', sondern auch die Diskrepanz zwischen der Blässe eines stereotypen Bildes von dem verfolgten Protagonisten einerseits und der imaginativen Kraft andererseits, welche nicht selten auf die künstlerische Gestaltung seiner Verfolger verwendet wurde, wirft die Frage auf, ob sich in diesen Texten – sozusagen ‚unterhalb' der intendierten Sympathiesteuerung im Sinne der bürgerlichen Anthropologie – nicht auch eine geheime Sympathie für die als ‚pervers' denunzierte Lebensart von kriminellen und adeligen ‚Verfolgern' niederschlägt.

Auflageziffern bestimmter Medien, verschiedene Typen von Rezeptionsbelegen und – unter bestimmten Voraussetzungen – auch Objektivationen nicht-sprachlicher Handlungen können uns *Wirkungen* der Aufklärung erschließen. Wir haben oben angedeutet, daß die quantitative Breite der Rezeption von Einzelwerken – besonders dann, wenn sie ‚verspätet' erfolgt oder auf eine soziologisch homogene Publikumsschicht begrenzt werden kann – unter Berücksichtigung des Inhalts und der Appellstruktur des jeweiligen Rezeptionsangebotes als Indiz für Bedürfnislagen von Rezipientengruppen interpretierbar wird. Nicht selten weichen solche Bedürfnislagen und damit die in der Rezeption aufgeklärten Wissens realisierten Funktionen von den seitens seiner Vermittler intendierten Funktionen ab[181] und ermöglichen den Rückschluß auf vollzogene Wissenstransformationen. An dieser Stelle darf freilich nicht verschwiegen werden, daß uns die Korrelierung zwischen der Rezeption aufgeklärten Wissens und – supponierten – Folgehandlungen mit einer theoretisch-methodologischen Aporie konfrontiert. Denn es gehört seit Max Weber zu den Gemeinplätzen soziologischer Theoriebildung, daß Vorerfahrungen aus ganz verschiedenen Praxisbereichen bei der Konstellation eines einzign Handlungsmotivs zusammenwirken können[182]; das ‚relative Gewicht' der durch Rezeption aufgeklärten Wissens gewonnenen Erfahrung im Rahmen diese ‚Motivationsaggregats' läßt sich daher nicht bestimmen. Eben deshalb kann man beispielsweise vermuten, daß die Aufklärung eine beschleunigende Wirkung auf den langfristigen Prozeß der Entchristianisierung hatte, oder daß Lektüre von Werken der *philosophes* neben außenpolitischer Bedrohung und wirtschaftlichen Interessen politisches Handeln in den Revolutionsjahren vororientierte.

---

[181] Vgl. zur Unterscheidung zwischen ‚intendierter Funktion' und ‚realisierter Funktion' H. U. GUMBRECHT: Konsequenzen der Rezeptionsästhetik oder Literaturwissenschaft als Kommunikationssoziologie, in: Poetica 7 (1975), S. 388–413.
[182] Vgl. MAX WEBER: Soziologische Grundbegriffe, in ders.: Gesammelte Aufsätze zur Wissenschaftslehre, 3. Aufl. Tübingen, J.C.B. Mohr 1968, S. 541–581.

Auch was *die Periodisierung der Aufklärung des 18. Jhs.* angeht, entstehen aus ihrer Deutung als Prozeß der Wissenszirkulation und Wissenstransformation neue Probleme. Denn da das von ihr revidierte Wissen jenes religiöse Wissen war, das die Wirklichkeit als christlichen Kosmos strukturiert hatte, gerät die Aufklärung des 18. Jhs. zur ‚Episode' im Rahmen einer weit langfristigeren Säkularisierungsperiode, deren Anfänge bereits im Spätmittelalter auszumachen sind und deren Ende – vielleicht – das unsere Gegenwart kennzeichnende kollektive Unbehagen an einem weitgehend säkularisierten Alltag bezeugt. Ein historisches Verstehen der Aufklärung des 18. Jhs., soviel steht fest, ist außerhalb dieses weiten zeitlichen Rahmens nicht möglich; andererseits bedarf die institutionalisierte Forschung einer diesen Rahmen reduzierenden Begrenzung ihres Objektbereichs. Vorgaben für solche Abgrenzungen sind jene historischen Momente, in denen der langfristige Prozeß der Säkularisierung gesellschaftlichen Wissens durch Institutionalisierung von Interaktionsformen zum Ereignis wird. Mit diesem Vorschlag ist der Stellenwert der Französischen Revolution als ‚Ende der Aufklärung' erneut bestätigt; die Frage nach ihrem ‚Beginn' ist, so meinen wir, falsch gestellt, solange man nach ersten politischen Institutionalisierungen einer Dominanz des Bürgertums im späten 17. oder frühen 18. Jh. sucht. Macht man sich den Vorschlag zu eigen, die Aufklärung des 18. Jhs. als Episode im langfristigen Prozeß der Säkularisierung des christlichen Kosmos zu sehen, dann können gerade die Institutionalisierung der *absolutistischen Staatsform* und der sie begleitende neue Typ *politischer und wirtschaftlicher Rationalität* als der Französischen Revolution gleichrangiger historischer Einschnitt gedeutet werden. Zwei Hinweise sollen abschließend diesen Ansatz zur Periodisierung stützen. Unsere These gewinnt einmal an Plausibilität durch die gängige historische Deutung des Absolutismus als Reaktion auf die Religionskriege[183]; sie bestätigt zum anderen die Vermutung, der Beginn der bürgerlichen Aufklärung liege in einer Reaktion auf die im Absolutismus vollzogene Konzentration politischer Macht auf den Hof, ein in seiner Extension extrem reduziertes gesellschaftliches Teilsystem[184], ein Vorgang, der in ausgeblendeten Bereichen von Staat und Gesellschaft zu konkurrierenden Emanzipationsprozessen führen mußte.

---

[183] Vgl. etwa R. KOSELLECK: Kritik und Krise – ein Beitrag zur Pathogenese der bürgerlichen Welt, 2. Aufl., Freiburg, Alber 1979, S. 11–18.
[184] Vgl. etwa JÜRGEN HABERMAS: Strukturwandel der Öffentlichkeit – Untersuchungen zu einer Kategorie der bürgerlichen Gesellschaft, 5. Aufl., Neuwied/Berlin, Luchterhand 1971, S. 42 ff.

Trägerschichten

Hans-Jürgen Lüsebrink

Formen und Prozesse kultureller Vermittlung im Frankreich der Aufklärung*

Die Problematik der Aufklärungsvermittlung im Frankreich des 18. Jhs., die Frage nach Trägern, Medien und sozio-kultureller Breitenwirkung der Aufklärungsbewegung ist seit Daniel Mornets wegweisenden *Origines intellectuelles de la Révolution française* immer wieder gestellt worden. Doch obwohl wichtige Einzelergebnisse auf zahlreichen Forschungsgebieten erzielt werden konnten, ist der Blick auf die Strukturen und Formen kultureller Vermittlung im ausgehenden Ancien Régime durch die Akzentuierung der rigiden Dichotomie ‚Culture populaire'/‚Culture des élites' sowohl forschungsstrategisch als auch konzeptuell verstellt worden[1]. Dagegen lauten die Grundfragen des folgenden Beitrags: Durch welche Institutionen und Träger, in welchen Medien und Kommunikationssituationen erfolgte die Aufklärungsvermittlung? Ausgehend von exemplarischen Fallstudien wird zunächst untersucht, welche formalen Prozesse bei dem Phänomen kultureller Vermittlung ablaufen. Abschließend sollen erste Ansätze zu einer Theorie der Aufklärungsvermittlung entwickelt werden.

I. Institutionen und Träger

1. Die Bewegung der katholischen Gegenreformation ist im Rahmen einer Analyse kultureller Vermittlung im 18. Jh. in zweierlei Hinsicht bedeutsam. Das Grundschulsystem der katholischen Kirche bildete die entscheidende Voraussetzung zur Akkulturation und Alphabetisierung der breiten Bevölkerung und hob bereits Ende des 17. Jhs. die durchschnittliche Lese- und Schreibfähigkeit auf 30% an, ein Wert, der sich im 18. Jahrhundert (37%) bis hin zu den großen Schulreformen der ersten

---

* Ausgehend von den Diskussionen bei dem Kolloquium zum Thema „Intermédiaires culturels", das vom ‚Centre Méridional d'Histoire Sociale, des Mentalités et des Cultures' der Universität Aix-en-Provence veranstaltet wurde (16. – 18. Juni 1978), versucht der folgende Beitrag unter Einbeziehung eigener Forschungen eine erste Synthese der in verschiedenen Bereichen (Mentalitäts- und Sozialgeschichte, quantifizierende Buchforschung, Literaturgeschichte) zur Problematik kultureller Vermittlung im 18. Jh. vorliegenden Einzelergebnisse.

[1] Siehe zuletzt ROBERT MUCHEMBLED: Culture populaire et culture des élites dans la France moderne. Essai, Flammarion 1978 und HENRI-JEAN MARTIN: Culture écrite et culture orale, culture savante et culture populaire dans la France d'ancien Régime, in: Journal des Savants, juillet–décembre 1975, S. 225–282.

Hälfte des 19. Jahrhunderts nur geringfügig veränderte[2]. Des weiteren zog die Kirche der Gegenreformation in den Priesterseminaren des 17. Jahrhunderts eine kultivierte und disziplinierte Priesterschaft heran, deren Rolle und Status langfristig dörfliche Soziabilitäten und Verhaltensweisen in entscheidender Weise umformte[3] und als Infrastruktur kultureller Vermittlung bis in die Gegenwart hinein wirksam blieb[4].

> „Les curés ne pourraient-ils pas devenir en quelque sorte les Coadjuteurs des Médecins, et partager avec eux, et sous leur direction, une fonction aussi intéressante pour l'humanité? Exercée noblement et sans émolumens, loin de déroger à la dignité de leur auguste caractère, elle en relèveroit encore l'éclat. Ils seroient les Médecins des corps en même temps que ceux des âmes"[5].

So lautet einer der zahlreichen Ansätze zu einer Neubestimmung der Rolle des Klerus in einer aufgeklärten Gesellschaft. Der zitierte programmatische Entwurf des Rouener Oratorianers und Akademiemitglieds Romans de Coppier, den dieser 1777 der Akademie von Châlons-sur-Marne zur Beantwortung der Preisfrage „Quels sont les moyens de détruire la mendicité en rendant les mendiants utiles à l'Etat sans les rendre malheureux?" einreichte, steht stellvertretend für das Unbehagen der aufgeklärten Eliten des 18. Jahrhunderts an der überkommenen Rolle des Klerus, die den kulturellen Bedürfnissen einer sich wandelnden Gesellschaft in immer geringerem Maße entgegenkam. Die religionssoziologischen Untersuchungen der letzten Jahre bestätigen dieses Bild: der gebildete[6] und in die Dorfgemeinschaft integrierte[7] Gemeindeklerus, im 17. Jahrhundert im Rahmen der Alphabetisierung entscheidende Triebkraft sozialen Fortschritts, stand im 18. Jahrhundert kulturellen Neuerungen weitgehend ablehnend gegenüber und verlor zunehmend seine traditionelle Funktion als alleiniger Sinnvermittler einer universalen Weltanschauung[8].

---

[2] FRANÇOIS FURET/JACQUES OZOUF: L'Alphabétisation des Français de Calvin à Jules Ferry, Minuit 1977, 2 Bde., hier bes. Bd. I, S. 13–68. Ferner M.-M. COMPÈRE / R. CHARTIER / D. JULIA: L'éducation en France du XVIe au XVIIIe siècle. S.E.D.E.S. 1976, S. 87–109; für die Provence MICHEL VOVELLE: Y a-t-il eu une révolution culturelle au XVIIIe siècle? A propos de l'éducation populaire en Provence, in: RHMC 22 (1975), S. 89–141; für die Bretagne JEAN MEYER: Alphabétisation, lecture et écriture: Essai sur l'instruction populaire en Bretagne du XVIe au XIXe siècle, in: Actes du 95e Congrès des Sociétés Savantes, Section d'histoire moderne et contemporaine, t. 1 (1974), S. 333–353.

[3] JEAN-PIERRE GUTTON: La sociabilité villageoise dans l'ancienne France. Solidarités et voisinages du XVIe au XVIIIe siècle, Hachette 1979, S. 221–253.

[4] Hierzu BERNARD GROETHUYSEN: Die Entstehung der bürgerlichen Welt- und Lebensanschauung in Frankreich. (1927) 2 Bde., Nachdruck Frankfurt/Main, Suhrkamp 1978, Bd. I, S. 67–77. Siehe auch DOMINIQUE JULIA: Les recherches sur l'histoire de l'éducation en France au siècle des lumières, in: Histoire de l'éducation, décembre 1978, n° 1, S. 23; sowie die provokativ-anregenden Bemerkungen in RÉGIS DEBRAYS Essay „Le pouvoir intellectuel en France", Ramsay 1979, S. 42–47.

[5] AD Marne 1J35. Auszüge veröffentlicht bei ABBÉ MALVAUX: Les Moyens de détruire la mendicité en France, en rendant les Mendians utiles à l'Etat sans les rendre malheureux; tirés des Mémoires qu'ont concouru pour le Prix accordé en l'année 1777, par l'Académie des Sciences, Arts et Belles-Lettres de Châlons-sur-Marne, Seneuze 1780, S. 143ff.

[6] Siehe JEAN QUÉNIART: Culture et Sociétés urbaines dans la France de l'ouest au XVIIIe siècle, Klincksieck 1978, S. 182–224.

[7] J. QUÉNIART: Les hommes, l'Eglise et Dieu dans la France du XVIIIe siècle, Hachette 1978, S. 69–90; J.-P. GUTTON; Sociabilité villageoise [wie Anm. 3], S. 221–255.

[8] J. QUÉNIART [wie Anm. 7], S. 241–273.

Der Dechristianisierungsprozeß[9], mangelnder Priesternachwuchs[10] und fehlende Anpassungsfähigkeit sind die wohl wichtigsten Erklärungsfaktoren für die zunehmende „kulturelle Isolierung" des französischen Gemeindeklerus im ausgehenden Ancien Régime[11].

Von dieser aus quantifizierbaren Daten induzierten allgemeinen Tendenz hebt sich das Bild eines im außerkirchlichen, privaten Bereich als wichtiges Bindeglied zwischen ländlicher Gesellschaft und städtischer Kultur fungierenden Gemeindeklerus ab, das zahlreiche Einzeldarstellungen vermitteln. Die von T. Tackett aufgearbeitete Biographie von Dominique Chaix, der von 1767 bis 1797 Curé von Gap war, scheint hierfür symptomatisch[12]. Chaix' Beziehungen zu Studienkollegen aus der Zeit des Priesterseminars, seine wissenschaftliche Korrespondenz mit zahlreichen Briefpartnern über Sujets aus der Botanik und Chemie, seine Kontakte schließlich zu den *Affiches de Dauphiné*, in denen er mehrere Artikel veröffentlichte, sowie zur Akademie von Grenoble, der er 1788 eine Schrift über die Armenfürsorge einreichte, verknüpften den Landpfarrer in vielfältiger Weise mit der städtischen Welt der Aufklärungsbewegung. Als Vermittler technischer und wissenschaftlicher Erkenntnisse auf dem Gebiet der Hygiene, der Feldbewässerung, der Rattenbekämpfung und der medizinischen Fürsorge[13], als Übersetzer und Schlichter in Gerichtsprozessen und Streitfällen zeigte sich zumindest ein Teil des Gemeindeklerus in einer neuen, das Modell der Gegenreformation ersetzenden[14] Rolle als Mitglied der lokalen Elite. Auf diese ansatzweise gewandelte Stellung des Klerus rekurriert sowohl die *Bon-curé*-Literatur der *Philosophes*[15] als auch die Projekte der aufgeklärten Bürokratie – Beispiel: Turgot, – den Klerus zum politischen Mittler zwischen Regierung und breiter Bevölkerung werden zu lassen[16]. Sie erklärt auch die bedeutende Rolle des niederen Klerus – zumal im Dauphiné – während der Prérévolution und bei der Abfassung der *Cahiers de Doléances* des Jahres 1789[17].

Trotz der aufgezeigten, jedoch in ihrer Breitenwirkung noch wenig faßbaren gegenläufigen Tendenzen zählt der Gemeindeklerus zu jener Kategorie kultureller

---

[9] Als Standardwerk hierzu M. VOVELLE: Piété baroque et déchristianisation en Provence au XVIIIe siècle. Les attitudes devant la mort d'après les clauses des testaments, Plon 1973.
[10] Überblick über die bisherigen Ergebnisse der Forschung gibt QUÉNIART [wie Anm. 7], S. 297–306.
[11] Ibid., S. 270–273.
[12] Siehe TIMOTHY TACKETT: Priest and Parish in Eighteenth-Century France, Princeton University Press 1977, S. 86–95.
[13] Ebd., S. 159–162.
[14] Ebd., S. 166.
[15] Vgl. PIERRE SAGE: Le bon curé dans la littérature française. Lille/Genève 1957; T. TACKETT: Priest and Parish, S. 166–169, und – um ein zeitgenössisches Zeugnis herauszugreifen – die prägnanten Formulierungen LOUIS-SÉBASTIEN MERCIERS: Mon Bonnet de nuit, Neufchâtel, Société Typographique 1784–1785, t.I, S. 357–358: „Jettons les yeux sur ces hommes ignorés, dont la fonction perpétuelle est de diriger les ames du peuple et qui, par leur position, sont capables de seconder en tout tems les vues bienfaisantes de l'administration [...]. Ils sont lettrés parmi des hommes ignorans et grossiers; eux seuls parlent au peuple assemblé; ils possèdent le genre d'éloquence convenable: quels autres organes le gouvernement pourroit-il choisir pour répandre quelqu'idée nouvelle, et faire adopter un projet qui auroit besoin d'être appuyé sur la base de la confiance?"
[16] TACKETT: Priest and Parish [s. Anm. 12], S. 165–169, 225–248.
[17] Ebd., S. 249–268.

Mittler, die Akkulturation und Wissensvermittlung im Rahmen staatlicher oder religiöser Institutionen betreiben. Ihr lassen sich neben den ‚Maîtres d'école' und den Notaren – auf die hier nicht näher eingegangen werden kann[18] – für die zweite Hälfte des 18. Jahrhunderts die Ärzte und Geburtshelfer zuordnen. Obwohl quantitative Angaben zum Prozeß der Medikalisierung der ländlichen Gegenden Frankreichs vorerst fehlen[19], zeigen neuere Untersuchungen die Bedeutung der ab 1730, in verstärktem Maße ab 1770 von den Intendanten eingerichteten Geburtshilfekurse zur Verbreitung elementarer medizinischer Kenntnisse und hygienischer Grundbegriffe[20]. Das gleichermaßen von Kirche und Staat aus zunächst religiösen und humanitären, dann auch aus populationistischen Gründen propagierte und in Ansätzen bereits in einer ersten Etappe im 18. Jahrhundert institutionalisierte Medizinalwesen ist Teil der großen Akkulturationsbewegung der frühen Neuzeit. Wie bei der religiös geprägten Akkulturation der Gegenreformation bildeten Sittenaufsicht und demographische Kontrolle[21] sowie die Zurückdrängung populärer Heilpraktiken, die als „charlatanisme" und Aberglauben abqualifiziert wurden, das notwendige Pendant zum Prozeß aufklärerischer Wissensvermittlung[22].

2. Der Vorgang kultureller Imitation durch sozial aufsteigende Gruppen ist – obwohl in seiner Bedeutung längst erkannt[23] – für das 18. Jahrhundert bisher kaum erforscht worden. Neben D. Roches Analyse der materiellen Kultur der Pariser Domestiken des 18. Jahrhunderts[24], die allerdings das hier relevante Thema Aufklärungsvermittlung nur am Rande streift, wäre als erster Ansatz M. Vovelles in methodischer Hinsicht vorbildliche Untersuchung *L'irrésistible ascension de Joseph Sec, bourgeois d'Aix*[25] zu nennen. Ländlicher Herkunft, Sohn eines Tagelöhners aus Cadenet bei Aix-en-Provence, arbeitete sich Joseph Sec (1715–1792) vom Schreinerlehrling zum Schreinermeister, schließlich zum angesehenen Holzhändler hoch, erwarb nach und nach umfangreichen Hausbesitz, der ihm ab Mitte der 80er Jahre ein komfortables Rentenbürgerdasein ermöglichte. Kurz vor seinem Tode ließ sich

---

[18] Siehe hierzu den Beitrag von J. Quéniart im vorliegenden Sammelwerk sowie den Forschungsüberblick bei D. Julia [wie Anm. 4].
[19] Vgl. hierzu den Kongreßband: Actes du Colloque sur la médicalisation de la France du milieu du XVIIIe siècle au début du XXe siècle. Rennes, der in Paris bei Klincksieck erscheint, bei Abfassung des vorliegenden Beitrages jedoch noch nicht im Druck sein.
[20] Hierzu Jacques Gélis: Sages-femmes et accoucheurs: l'obstétrique populaire aux XVIIe et XVIIIe siècles, in: AESC 32 (1977), S. 941–946.
[21] Siehe J.-P. Goubert: L'art de guérir. Médecine savante et médecine populaire dans la France de 1790, in: AESC 32 (1977), S. 908–925; sowie die der „médecine populaire" gewidmete n° 15 (1978) der Zeitschrift „Autrement", speziell die Beiträge von Alphonse Dupront und Jean-Pierre Peter.
[22] Siehe die bereits zitierten Arbeiten von J. Gélis und J.-P. Goubert sowie J. Gélis / Mireille Laget / Marie-France Morel: Entrer dans la vie. Naissances et enfances dans la France, Gallimard 1978, vor allem S. 153–246, und Muchembled [wie Anm. 1], S. 240–247.
[23] Vgl. Maurice Agulhon: Pénitents et francs-maçons de l'ancienne Provence, Fayard 1968, S. 235 ff.; Pierre Bourdieu: Zur Soziologie der symbolischen Formen, Frankfurt/Main, Suhrkamp 1974, S. 60 ff.
[24] Daniel Roche: Les domestiques comme intermédiaires culturels, in: Les Intermédiaires culturels: demiurges et groupes médiateurs. Actes du Colloque . . ., Aix-en-Provence, Publications de l'Université des Lettres et Sciences Humaines 1981, im Druck.
[25] M. Vovelle: L'irrésistible ascension de Joseph Sec bourgeois d'Aix suivi de quelques clefs pour la lecture des ‚naifs', Aix-en-Provence, Edisud (1975), 93 S.

Sec inmitten des von ihm schrittweise aufgekauften Stadtviertels von Aix-en-Provence ein monumentales Grabmahl errichten, dessen allegorische Motive den Diskurs der *Lumières* zugleich in reduktiver Weise rezipieren – besser imitieren – und in fast pathologisch zu nennender Form hypostasieren. In seiner Mischung aus parlamentarisch-aristokratischer Ideologie (dominierender Platz der Gesetzesallegorie), freimaurerischem Mystizismus, missionarisch verbrämter Aufklärungspädagogik[26] und rousseauistisch geprägtem Selbstbewußtsein[27] zeigt das ‚Monument' des Autodidakten Joseph Sec exemplarisch Vermittlungsformen der Aufklärung im Grenzbereich zwischen städtischer Elitekultur und vorwiegend ländlicher Volkskultur, die aus anderen Quellen, etwa Nachlaßverzeichnissen und Tagebuchaufzeichnungen, kaum erschließbar sind[28].

3. Nach den Prozessen institutionell gebundener Wissensvermittlung und kultureller Imitation soll im folgenden der Vorgang von Aufklärungsvermittlung im Raum bürgerlich-politischer Öffentlichkeit skizziert werden. Richtet man hier den Blick nicht auf das intellektuelle Feld[29] der kulturellen Bildungselite mit ihren spezifischen Soziabilitäten (Akademien, Salons, ‚Sociétés de pensée') und Vermittlungsformen[30], sondern auf die soziale Breitenwirkung der Aufklärung, so rücken in erster Linie folgende Typen kultureller Mittler in den Vordergrund: a) die Buchhändler und Kolporteure; b) das intellektuelle Proletariat; c) die Advokaten.

a) Wenn man die in neueren Untersuchungen[31] sich abzeichnende soziale Geographie des französischen Buchmarkts im 18. Jahrhundert überblickt, so kristallisieren sich neben dem hier eher sekundären Gegensatz Paris/Provinz zwei grundlegende Pole heraus. Am oberen Ende der Skala stehen seriöse, alteingesessene, kapitalkräftige Buchhändler wie Pierre Machuel in Rouen, Périsse und Bruysset in

---

[26] VOVELLE: Joseph Sec, S. 64: „révéler aux ‚peuples du monde' la nouvelle loi'".
[27] VOVELLE: Joseph Sec, S. 63: „Je n'ai d'autre maître que moi".
[28] Allein die Autobiographien Rétif de la Bretonnes und Jaymerai Duvals, beide soziale Aufsteiger ländlicher Herkunft und Autodidakten wie Joseph Sec, sind von ähnlichem Stellenwert. Zu Rétif vgl. EMMANUEL LE ROY LADURIE: Ethnographie rurale du XVIIIe siècle: Rétif, à la Bretonne, in: Ethnologie Française N.S. 2 (1972), S. 215–252; zu Duval demnächst JEAN-MARIE GOULEMOT (Hrsg.): Les „Mémoires" de Jaymerai Duval. Enfance et éducation paysannes, Le Sycomore 1981.
[29] Der Begriff „champ intellectuel" ist von PIERRE BOURDIEU und seiner Schule in bisher zu wenig beachteten, allerdings das 19. Jahrhundert betreffenden Studien methodisch entwickelt und empirisch fruchtbar gemacht worden. Siehe u. a. P. Bourdieu: Champ intellectuel et projet créateur, in: Les Temps Modernes 21 (nov. 1966), S. 865–906; CHRISTOPHE CHARLE: Situation sociale et position spatiale, Essai de géographie sociale du champ littéraire à la fin du dix-neuvième siècle, in: Actes de la recherche en sciences sociales 13 (1977), S. 45–59; ders.: La crise littéraire à l'epoque du naturalisme: Roman, théâtre politique. Essai d'histoire sociale des groupes et des genres littéraires, Presses de l'Ecole Normale Supérieure 1979.
[30] Siehe im vorliegenden Werk die Beiträge von SGARD, DARNTON, ROCHE sowie ROLF REICHARDT: Zu einer Sozialgeschichte der französischen Aufklärung, in: Francia 5 (1977), S. 231–249; und ROBERT DARNTON: Recent attempts to create a social history of ideas, in: JMH 43 (1971), S. 119–132.
[31] Vor allem J. QUÉNIART [wie Anm. 6] sowie die grundlegenden Arbeiten von R. DARNTON: The high enlightenment and the low-life of literature in pre-revolutionary France, in: PP 51 (1971), S. 81–115; ders.: Reading, writing and publishing in 18th-century-France: A case-study in the Sociology of Literature, in: Daedalus 100 (1971), S. 214–256; ders.: The World of Underground Booksellers in the Old Regime, in: Vom Ancien zur Französischen Revolution, hg. v. E. Hinrichs, E. Schmitt u. R. Vierhaus, Göttingen 1978, 439–478.

Lyon, Desaint, Hérissant und Briasson[32] in Paris, Rigaud in Montpellier, die oft schon seit dem 17. Jahrhundert den lokalen Buchmarkt beherrschten. Mit einem breiten Bücherangebot (4000–5000 Titel bei den großen Provinzbuchhändlern) und weitreichenden Beziehungen waren sie die zentrale Mittlerstation zwischen überregionaler Buchproduktion und regionaler Nachfrage, der sie nicht nur im Verkauf über den Ladentisch, sondern auch durch Belieferung von Buchmessen (Beispiel: Caen) und kleinerer Buchhändler entgegenkamen. Am anderen Ende der Stufenleiter situiert sich jene quellenmäßig schwer faßbare, nur gelegentlich in Polizeiberichten und Buchdruckerkorrespondenzen[33] auftauchende Schicht von Gelegenheitskolporteuren, meist Abenteurern ohne festen Wohnsitz, manchmal auch Domestiken, die unter der Hand das risikoreiche, aber gewinnträchtige Geschäft mit verbotenem Schrifttum betreiben.

Zwischen beiden Extremen siedeln sich zunächst die professionellen Kolporteure an. Hierzu zählen sowohl die offiziell 120 Kolporteure, die die Volksbücherei der *Bibliothèque Bleue* in den ländlichen Gegenden des nördlichen Frankreich vertrieben, wie die Bergbauern des Dauphiné und der Pyrenäen, die alljährlich in den Wintermonaten in der Provence und im Languedoc Volksliteratur verkauften[34], oder auch die zahlreichen Verkäufer von Chansons, Texten von Gerichtsurteilen und „Complaintes", von denen Sébastien Merciers *Tableau de Paris* ein lebhaftes Bild zeichnet[35].

Schließlich wäre die Kategorie der sozialen Aufsteiger zu nennen, oft ehemalige Kolporteure, die in die Marktlücke des risikoreichen und deshalb von alteingesessenen Buchhändlern im allgemeinen gemiedenen Handels mit verbotener Literatur stießen und neue Vertriebsformen wie Lesekabinette und Leihbibliotheken entwickelten. Wirtschaftliche Schwierigkeiten, verschärfte Zensurbestimmungen Ende der 50er Jahre und systematischere polizeiliche Verfolgungen ab 1780 ließen viel dieser gerade für die Verbreitung radikaler Aufklärungsliteratur auch in kleineren Provinzstädten wichtigen Buchhändler scheitern. Der mit einem Lesekabinett kombinierte Metzer Buchhandel des ehemaligen Kolporteurs Gerlach und der Kommerz des gewieften Bruzard de Mauvelin – von R. Darnton in wegweisenden Fallstudien anhand ihrer Korrespondenz mit der Société Typographique in Neuchâtel rekonstruiert –, die beide nach vorrübergehender Prosperität in Bankrott und Zahlungsschwierigkeiten ein abruptes Ende fanden, sind zeittypische Beispiele einer vor allem für das mittelständische und kleinbürgerliche Publikum wichtigen Kategorie kultureller Mittler.

b) Die Auswertung bisher wenig berücksichtigter Quellen wie Buchhandelskor-

---

[32] Zu letztgenanntem HENRI-JEAN MARTIN: Les espaces de la vente à Paris à l'époque artisanale. Beitrag (Manuskr.) zum 1. Kolloquium der Société d'Histoire du Livre, Paris 16. 3. 1979, 22 S.
[33] So die von R. DARNTON [s. Anm. 31] ausgewertete Korrespondenz der Société Typographique de Neufchâtel.
[34] Vgl. R. MUCHEMBLED [wie Anm. 1], S. 354; DARNTON; Reading [s. Anm. 31], S. 22.
[35] Siehe u. a. LOUIS-SÉBASTIEN MERCIER: Tableau de Paris, Amsterdam 1783–88, t. I, S. 110–112, t. II, S. 23, t. III, S. 267–268, t. VI, S. 40–43.

Formen und Prozesse kultureller Vermittlung   61

Schema: Intellektuellen-Karrieren im ausgehenden Ancien Regime (fünf Beispiele)

Chamfort

1. Collège des Grassins (Paris)
2. Précepteur
3. Mitarbeiter beim "Journal encyclopédique"
4. Teilnahme an Akademiepreisausschreiben in Amiens (1764), Rouen (1765), Marseille (1767,1774)
5. Salon der Mme Helvétius
6. Königliche Pension; Secrétaire du cabinet de Mlle Elisabeth, soeur du Roi
9. Administrateur der Bibliothèque Nationale

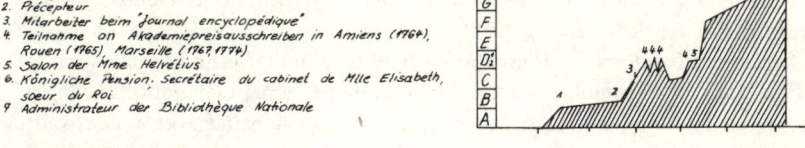

Bernardin de Saint-Pierre (BSP)

1. Jesuitenkolleg in Caen
2. Ingenieur
3. Journalistische Tätigkeit und Gelegenheitsarbeiten in Holland, Polen, Rußland und Madagaskar
4. Gelegenheitsschriftsteller in Paris
5. Rousseau; Salon der Mme de Lespinasse
6. Suskription der "Etudes de la nature" durch den Maréchal de Castries
7. Erfolg der "Etudes de la nature"
8. Abgeordneter in der Convention
9. Indendant: "Jardin des Plantes", "Cabinet d'Histoire Naturelle" (1792), professeur de Morale (1794)

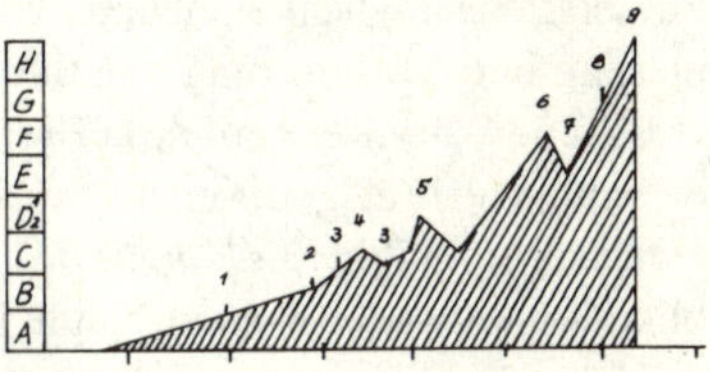

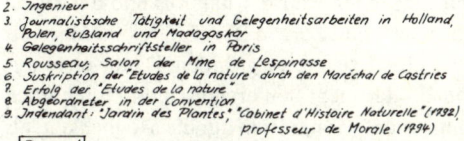

Brissot

1. 1761-69: Collège in Chartres
2. Clerc d'un procureur
3. Redakteur beim "Courrier de l'Europe"
4. Teilnahme an Akademiepreisausschreiben in Châlons-sur-Marne (1780-1781) und Besançon (1780)
5. Reisen in die Schweiz, USA, England und Holland (1782-88)
6. Kontakt mit Condorcet; Gründung der "Société des amis des noirs"
7. Abgeordneter in der Nationalversammlung

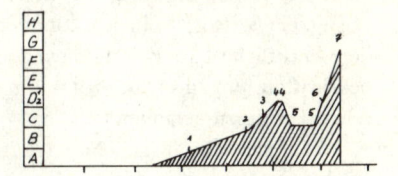

Marat

1. Collège in Neufchâtel
2. Précepteur
3. Enzyklopädisten
4. London, Schottland
5. Lord Lyttleton, Comte Pouchkine (London)
6. Teilnahme an Akademiepreisausschreiben in Bern (1777), Bordeaux (1785, 87), Lyon (1785), Rouen (1783,1786)
7. Arzt
8. Herausgeber (u.a.) des "Ami du peuple"
9. Abgeordneter in der Convention

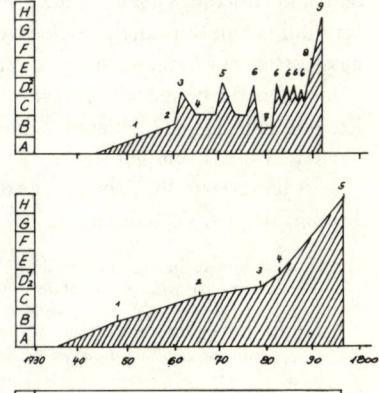

Rétif de la Bretonne

1. Arbeit als Drucker
2. Gelegenheitsschriftsteller
3. Begegnung mit Beaumarchais
4. Frequentiert "Déjeuners philosophiques" von la Reynière
5. Professeur d'Histoire an der Ecole Centrale in Moulins (lehnt jedoch Nominierung ab)

H	Professur - Höherer Staatsdienst
G	Politische Funktionen
F	Protektionen - Sinekuren
E	Unabhängiger Schriftsteller
D:	Verbindung mit Intelligenzia : Integration / Kontakte
C	Gelegenheitsschriftsteller
B	Berufstätigkeit
A	Ausbildung

respondenzen und Memoirenliteratur[36] durch die sozialhistorische Forschung der letzten Jahre hat die Konturen eines weitreichenden kulturellen Untergrundes erkennen lassen und seine Bedeutung für die Produktion radikaler Aussageformen der Aufklärung herausgearbeitet[37]. Dem Vorbild der Generation der *Encylopédistes* folgend und angezogen vom Glanz der *République des Lettres*, versuchten ab 1760, zunehmend ab 1770, junge Leute meist bürgerlicher oder kleinbürgerlicher Herkunft aus der Provinz, in der kulturellen Szene von Paris Fuß zu fassen und sich als freier Schriftsteller oder Journalist zu etablieren. Fünf Beispiele seien herausgegriffen, um Lebensgrundlage und Aufstiegsstrategien jener Generation zu illustrieren, deren Hoffnungen angesichts eines überfüllten Arbeitsmarktes, erschwerter Publikationsmöglichkeiten und exklusiver Intellektuellenzirkel rasch in Desillusionierung und Verbitterung umschlugen. Wie die schematisierten Biographien von Brissot de Warville, Rétif de la Bretonne, Mercier, Marat, Chamfort und Bernardin de Saint-Pierre zeigen, versuchten alle, nach einer kurzen Berufstätigkeit, meist als Hauslehrer, in Paris als *homme de lettres* eine Existenz zu gründen. Da die erste Publikation entweder nicht zustande kam[38] oder nicht den erwünschten Durchbruch erbrachte[39], blieb jener „zu spät gekommenen" Generation nur die Möglichkeit, als Kopist, Libellist, obskurer Verfasser pornographischen Schrifttums oder gar Polizeispitzel (Brissot)[40] ein Auskommen zu finden, zumal der Rückgriff auf eine andere berufliche Tätigkeit durchweg scheiterte[41]. Parallel hierzu wurden zwei Wege beschritten, um zu Geld, Protektion und Sinekuren und damit zum schriftstellerischen Erfolg zu gelangen:

– Einerseits die ausgedehnten *Reisen* und längeren Auslandsaufenthalte, die beispielsweise Bernardin de Saint-Pierre auf die Insel Mauritius, nach Holland und Polen, Brissot nach England und in die USA, Marat fünf Jahre nach Schottland, England und Holland, Mercier in die Schweiz und nach Deutschland führten. Keine dieser zahlreichen Reisen, die zugleich eine Suche nach Alternativlösungen, Flucht aus aussichtslos erscheinenden Situationen und vorübergehende politische Emigration beinhalten, führte jedoch zum erhofften Erfolg – das Scheitern Brissots, der 1784 in London ein „Lycée" genanntes internationales Zentrum für Philosophie gründen wollte, ist hier exemplarisch.

– Andererseits die Versuche, zu den *Zirkeln und Institutionen* des intellektuellen Establishments Verbindung zu bekommen. Die Begegnungen mit Voltaire und

---

[36] Für eine systematische Aufarbeitung der Memoirenliteratur in sozialhistorischer Sicht, die noch aussteht, wären fruchtbar die in der n° 20–21 der Zeitschrift *Actes de la recherche en sciences sociales*, 1978, edierten Studien P. BOURDIEUS und seiner Schule zum französischen Unternehmertum.
[37] Hierzu R. DARNTON [s. Anm. 31].
[38] Beispiel: Mercier, dessen *Tableau de Paris* 1781 durch Intervention der Zensur nicht gedruckt werden konnte.
[39] Beispiel: Der sehr mäßige Erfolg von Bernardin de Saint-Pierres erstem Buch *Voyage à l'île de France* (1771).
[40] Hierzu R. DARNTON: The Grub Street Style of Revolution: J.-P. Brissot, Police Spy, in: JMH 40 (1968), S. 301–327.
[41] Zwei Beispiele: Marats vorübergehende Tätigkeit als Arzt des Comte d'Artois und Sylvain Maréchals Stellung als Bibliotheksangestellter im Collège, aus der er wegen Publikation erotischer und atheistischen Schriften entlassen wird.

Marmontel (s. Chamfort) Crébillon und Duclos (s. Mercier), vor allem jedoch mit dem Vorbild Rousseau (s. Rétif, Mercier, Bernardin de Saint-Pierre) gehörten ebenso zu den Strategien intellektuellen Aufstiegs wie die Teilnahme an den Preisausschreiben der Akademien[42] und die Kontaktaufnahme zu den mondänen Salons. Nur wenigen, wie dem weltgewandten, konzilianten Chamfort[43], in geringerem Maße auch Bernardin de Saint-Pierre[44] gelang bereits Anfang der 80er Jahre der Durchbruch, während ein Großteil ihrer Generation weiterhin als Gelegenheitsschriftsteller im kulturellen Untergrund ihr Leben fristeten. Fast allen gelang erst in der Revolution der Aufstieg zum Journalisten und Berufsschriftsteller, der Zugang zu politischer Verantwortlichkeit[45] und zu professoralen Würden – Bernardin de Saint-Pierres Ernennung zum „Professeur de morale" (1795) und die Aufnahme Sébastien Merciers in das „Institut" (1796) sind hierfür symptomatisch. Ihre Bedeutung als kulturelle Mittler ist darin zu sehen, daß jene Generation der ‚Kulturrevolutionäre' im ausgehenden Ancien Régime in Cafés, Clubs, Lycées, vor allem jedoch in der politischen Öffentlichkeit der Straße ein Gegenmodell zu den kompromißbereiten und exklusiven Institutionen der Aufklärung entwickelte. Statt im begrenzten Kreis aufgeklärter Sozialibilität Reformmodelle darzulegen[46], zu diskutieren und an den König als ‚aufgeklärten Monarchen' zu adressieren, richtete dieser neue Typus des kulturellen Mittlers sich in bewußter Abkehr vom Habitus des elitären Establishments an das breite Volk.

c) In mehrfacher Hinsicht läßt sich die Mittlerrolle der Advokaten mit den bisher skizzierten Typen kultureller Mittler verknüpfen. Wie der Klerus und der Notarenstand notwendiges Bindeglied zwischen Institutionen und breiter Bevölkerung, wurde der Advokat in der zweiten Hälfte des 18. Jahrhunderts zunehmend zum Vertreter der Unterprivilegierten in Auseinandersetzungen um Feudalrechte[47] und – hierin der aufgeklärten Intelligentsia vergleichbar – zum gezielt im Raum bürgerlich-politischer Öffentlichkeit agierenden Wortführer seiner Klienten. Zumindest für einen Teil der Anwaltschaft des späten 18. Jahrhunderts gilt das zum intellektuellen Proletariat Gesagte: fast ausschließlich rekrutierten sich die Advokaten aus der sozialen Oberschicht und dem mittleren und gehobenen Bürgertum (etwa zur

---

[42] Marat: 1783 (Rouen), 1785 (Bordeaux), 1785 (Lyon), 1786 (Montpellier), 1786 (Rouen), 1787 (Bordeaux). Brissot: 1780 (Châlons-sur-Marne), 1781 (Châlons-sur-Marne), 1782 (Besançon). Siehe zusammenfassende Darstellung bei DANIEL ROCHE: Le siècle des lumières en province. Académies et académiciens provinciaux, 1680–1789, Mouton 1978, 2 Bde, hier t.I, S. 337–341.
[43] Chamfort wurde bereits 1781, mit 31 Jahren, in die Académie Française gewählt.
[44] Bernardin de Saint-Pierre gelang 1785 mit der Veröffentlichung der „Etudes de la nature", vor allem dank einer Suskription von 100 Exemplaren durch den Maréchal de Castries, der erste große verlegerische Erfolg. Vgl. MAURICE SOURIAU: Bernardin de Saint-Pierre d'après ses manuscrits (1905), Genève, Slatkine 1970, S. 209–254.
[45] Siehe NORMAN HAMPSON: Les professionnels de la Révolution Française, in: Die Französische Revolution – Zufall oder notwendiges Ereignis? (Kongreßakten), hg. v. E. Schmitt u. R. Reichardt, München 1982 (im Druck).
[46] Vgl. ROCHE [wie Anm. 42], speziell t.1, S. 151–165.
[47] Siehe CLAUDINE WOLIKOW: Sur le rôle et la place des gens de justice à la fin de l'Ancien Régime, in: Intermédiaires culturels [wie Anm. 24] zur Rolle von Justizbeamten und Advokaten bei anti-seigneurialen Prozessen in 60 Gemeinden der Champagne.

Hälfte aus Richter- und Anwaltsfamilien und jeweils zu 10% aus der Rentenbourgeosie und dem Kaufmannsstand), viele fanden jedoch auf dem überfüllten Arbeitsmarkt keine ihrer sozialen Herkunft und ihrer Ausbildung adäquate Stellung, zumal sich ihre Zahl in der zweiten Hälfte des 18. Jahrhunderts verdoppelte[48]. Spannungen zwischen den angepaßten, zu einem gewissen Wohlstand gelangten ‚gens en place‘, die Linguet verächtlich als „populace de la judicature"[49] bezeichnete, und einem Proletariat arbeitsloser und frustrierter Neuankömmlinge, die durch Teilnahme an akademischen Preisfragen und wirkungsvoll inszenierten Plädoyers und Verteidigungsschriften Fuß zu fassen versuchten, durchzogen den Anwaltstand in gleicher Weise wie die Intelligentsia der Spätaufklärung. Wie beim intellektuellen Proletariat ist die Mittlerrolle der Advokaten weder aus dem soziologischen Profil ableitbar noch mit den vorliegenden quantifizierenden Analysen der Privatbibliotheken[50] zu belegen. Um die Rolle der Advokaten als kulturelle Vermittler der Aufklärungsbewegung plastisch zu machen, ist eine detaillierte Analyse der verwendeten Medien und der ‚Öffentlichkeit‘ erst konstituierenden Kommunikationssituationen erforderlich. Dieser Weg soll bei der folgenden Untersuchung der „Affaire Cléreaux", eines Aufsehen erregenden Prozesses im Rouen der Jahre 1784–1790, beschritten werden.

II. Medien und Kommunikationssituationen

1. Die „Affaire Cléreaux" lief in vier aufeinander folgenden Phasen ab, die wie folgt skizziert werden können[51]:

In einem Zivilprozeß vor dem Bailliage-Gericht von Rouen beschuldigte im Herbst 1784 die fristlos aus dem Dienst entlassene Köchin Marie Cléreaux ihren vormaligen Dienstherren, den reichen Kaufmann Thibault, ihr 500 Livres schuldig zu sein und ihr sonstiges persönliches Eigentum zurückbehalten zu haben.

Statt das Ende des sich über acht Monate hinziehenden und für ihn ungünstig verlaufenden Prozesses abzuwarten, stritt der Sieur Thibault nachhaltig die gegen ihn

---

[48] Vgl. RICHARD L. KAGAN: Law Students and Legal Careers in Eighteenth-Century France, in: PP 68 (1975), S. 38–72; MAURICE GRESSET: Le monde judiciaire à Besançon de la conquête par Louis XIV à la Revolution Française (1674–1789). Lille, Service de reproduction des thèses 1975. 2 Bde., hier Bd. I, S. 280–292, 304–318, 387–392; ALBERT POIROT: Le milieu socio-professionnel des Avocats au Parlement de Paris à la veille de la Révolution (1760–1790). Thèse de l'Ecole Nationale des Chartes, préparée sous la direction de Henri-Jean Martin et Daniel Roche. Paris 1977. 2 Bde. (Manuskr.). 196, 283 S.
[49] *Annales Politiques, Civiles et Littéraires.* Par M. LINGUET, t. XIV, 178, n° CX, S. 365.
[50] Vgl. die in Anm. 48 genannten Arbeiten, bes. GRESSET, Bd. II, S. 948–958, 1072–1096, und POIROT, Bd. I, S. 187–196. Ein Vergleich zwischen den von Gresset aus Nachlaßverzeichnissen gewonnenen Angaben über den Bücherbesitz der Besançoner ‚monde judiciaire‘ und den von R. Darnton ausgewerteten Subskriptionslisten der *Encyclopédie* zeigt im übrigen erhebliche Diskrepanzen auf, die vermuten lassen, daß kompromittierender Buchbesitz fast durchweg verschwiegen wurde.
[51] Vgl. die nachfolgend zitierten Prozeßakten und Prozeßplädoyers. Einen konzisen Überblick über den Gesamtverlauf der Affäre vermittelt der *Précis pour le sieur Froudière, Avocat au Parlement de Rouen.* A Paris, De l'Imprimerie de la Vve Hérissant 1790, 4°, 12 S.

erhobenen Anschuldigungen ab und klagte nun seinerseits seine ehemalige Hausangestellte an, ein Paket Seidentücher sowie eine Flasche Wein aus seinem Ladengeschäft entwendet zu haben. Da zwei Zeugen für die Richtigkeit seiner Anklage vor Gericht einstanden, wurde Marie Cléreaux im Juli 1785 in einem nur zehn Tage währenden Strafprozeß zum Tode durch den Strang verurteilt.

In den bis zur obligaten Bestätigung des Urteils durch das Parlament von Rouen verbleibenden vier Tagen gelang es dem jungen Advokaten Louis-François-Bernard Froudière (1752–1811), der durch Vermittlung des Curé von Saint-Jean für den Fall der verurteilten Hausangestellten gewonnen worden war, eine Verteidigungsschrift für Marie Cléreaux zu verfassen, drucken zu lassen und zu verbreiten. In dem „Mémoire pour la fille Cléreaux"[52], das ungeheures Aufsehen erregte, wurde außer der Unschuld Cléraux' behauptet, der Sieur Thibault habe zusammen mit seiner Maîtresse, der Prostituierten Anne Delaunay, den Strafprozeß gegen die ehemalige Hausangestellte nur angestrebt, um sich auf rasche Weise einer mißliebigen Zeugin gemeinsam begangener Verbrechen zu entledigen. Versuchte Vergewaltigung, Kindesmord, Bestechung der im Prozeß gegen Marie Cléreaux aufgetretenen Zeugen waren die ihnen zur Last gelegten und in schlüssiger Beweisführung nachgewiesenen Verbrechen. Auf die Verteidungsschrift hin und unter dem Druck der Öffentlichkeit stellte das Parlament von Rouen am 12. August 1785 den Strafprozeß gegen Marie Cléreaux mangels Beweisen ein und revidierte das ergangene Todesurteil[53].

In der vierten Phase der „Affaire" strengte die Familie Thibault gegen die Autoren, Drucker, und Verbreiter der ‚Libelle' genannten Verteidigungsschrift einen Strafprozeß wegen böswilliger Verleumdung an, um sich für die fatalen Folgen des *Mémoire* an den Urhebern zu rächen. In der Tat war das Haus der Familie von der aufgebrachten Menge teilweise zerstört, der ältere Sieur Thibault gelyncht worden, die übrigen Familienmitglieder konnten sich kaum mehr öffentlich zeigen. Obwohl seine Mitangeklagten[54] freigesprochen wurden, zog sich der Prozeß gegen den Advokaten Froudière bis zum Jahre 1791, dem Jahr der Auflösung des Parlamentes von Rouen hin. In mehreren aufeinanderfolgenden Einzelprozessen und insgesamt 13 Gerichtsaudienzen wurde ihm seitens der Familie Thibault und der Staatsanwaltschaft außer der Publikation aufrührerischen Schrifttums in erster Linie Überschreitung seiner Kompetenzen als Advokat zur Last gelegt. Obwohl durch den zermürbenden Prozeß gesundheitlich geschädigt und – nach eigener Aussage – finanziell

---

[52] *Mémoire pour la fille Cléreaux*, [Rouen], Imprimerie de la Vve Machuel 1785. In-8°, 68 S. Der Text enthielt außer der 65seitigen, von Marie Cléreaux unterzeichneten Verteidigungsschrift eine von Froudière unterschriebene „Consultation" sowie Abschriften der Zeugnisse Cléraux', die ihre Rechtschaffenheit belegen sollten.
[53] AD Seine-Maritime 4 BPC 3/12 und *Journal de Normandie* n° 79,5 octobre 1785, S. 323.
[54] Außer der Publikation des *Mémoire* wurden Marie Cléreaux, dem Advokaten Froudière, dem als Informanten verdächtigen Procureur Venard und seinem Schreiber Chapelle sowie dem Buchdrucker Machuel Veröffentlichung und Verbreitung einer *Requête imprimée sous le nom de Marie Cléreaux* sowie eines „Chanson" über die Affäre vorgeworfen. AD Seine-Maritime 4 BC 2/21.

ruiniert⁵⁵, vermochte Froudière die „Affaire Cléreaux" in politisches Kapital umzumünzen: 1791 wurde Froudière zum Abgeordneten in die Législative gewählt.

Die Bedeutung der an sich schon in ihrem Verlauf außergewöhnlichen Affäre liegt auf drei Gebieten: a) in ihrer öffentlichen Wirkung; b) in der Auseinandersetzung um die Rolle des Advokaten in Strafprozessen; c) im Auftreten charakteristischer Textstrukturen und ideologischer Aussageweisen.

> a) „Le libelle paroît: tout est bouleversé. C'est le signal d'un incendie universal [...]. Partout, en voyant le sieur Thibault, le peuple s'écrie: le voilà le monstre qui a brûlé son enfant! Chacun raconte cette scène d'horreurs. On la redit, dans toutes les maisons, dans toutes les rues, à toutes les portes. On la répète: on la commente"⁵⁶.

So beschreibt der Anwalt Thibaults, Tronson du Coudray, die unmittelbare Wirkung des *Mémoire justificatif*, der ersten von insgesamt neun Schriften⁵⁷, die im Laufe des Prozesses an die Öffentlichkeit gebracht wurden. Die Verteidigungsschrift für Marie Cléraux wurde, wie aus Verhörprotokollen und Anklageschriften hervorgeht, systematisch in Rouen und Umgebung verbreitet, wobei vor allem ein Cabaretier namens Lemarchand am Rouener Hafen als Mittelsmann fungierte⁵⁸. In Paketen von 6–12 Exemplaren wurde die Schrift zusammen mit Handelsgut über die Grenzen geschmuggelt und „dans toute l'Europe et même dans l'autre hémisphère" vertrieben⁵⁹, 150 Exemplare gelangten über einen Kollegen Froudières, den Advokaten Vieillard de Boismartin, nach Paris⁶⁰. Die außerordentliche öffentliche Wirkung, die sowohl in den Plädoyers der Prozeßparteien als auch in zeitgenössischen Zeitungsberichten verzeichnet wurde⁶¹ – Froudière selbst zählt sogar fünf Sechstel der Stadt- und Provinzbevölkerung zu seiner festen Anhängerschaft⁶² – beruhte jedoch in erster Linie auf seiner Struktur, seiner geschickten Verwendung verschiedener Stilebenen, um ein möglichst breites Publikum anzusprechen. Die Komposition des pragmatischen Textes, der, wie in der Anklageschrift gegen Froudière hervorgehoben wurde, gleichzeitig Erzählstrukturen des erotischen Romans und sprachliche Elemente populärer Literatur verwendete⁶³, sollte die aufgeklärte

---

⁵⁵ *Réclamation préliminaire de Mᵉ Froudiére, Avocat: Contre la conduite de l'ancienne Municipalité à son égard*, [Rouen 1789], 8°, 36 S.
⁵⁶ [DES ESSARTS, NICOLAS TOUSSAINT LE MOYNE] *Causes Célèbres, Curieuses et Intéressantes de toutes les cours souveraines du royaume, avec les jugemens qui les ont décidées*, Band CLXXII, Paris, avril 1789, S. 3–187, hier S. 23–24.
⁵⁷ Es handelt sich um zwei Verteidigungsschriften für Marie Cléreaux, ein *Mémoire pour Mᵉ Le Venard, procureur en la cour* (1785), eine 1789 veröffentlichte Sammlung der Plädoyers des Anwalts der Familie Thibault, Tronson du Coudray, und 5 Verteidigungsschriften Froudières.
⁵⁸ Bibliothèque Municipale de Rouen Ms. g. 170 (1), fol. 42–43. Interrogatoire de Marie Cléreaux. Du Jeudi trente août 1787 de matin dix heures en la Chambre Criminelle du Bailliage de Rouen.
⁵⁹ [Des Essarts], *Causes Célèbres* [s. Anm. 56], S. 181.
⁶⁰ Bibl. de l'Arsenal. Archives de la Bastille. Carton n° 12.454, fol. 199–202.
⁶¹ *Gazette des Tribunaux* n° 4 (1789), S. 57–59; *Mercure de France*, mars 1789, S. 46–48.
⁶² Vgl. *Réplique de Mᵉ Froudière, Avocat en la Cour, contre le sieur Thibault; en présence de Mᵉ Le Venard, procureur; du sieur Chapelle, son clerc, et de Marie Cléreaux*. A Rouen, Chez Pierre Seyer 1789. 9°, 144., hier S. 143: „mes partisans, c'est-à-dire les cinq sixièmes de la Ville et de la Province".
⁶³ *Plaidoyers de Mᵉ Tronson du Coudray*, zitiert bei (DES ESSARTS), *Causes Célèbres* [s. Anm. 56], S. 30–31: „On vouloit avoir des partisans dans toutes les classes de la société; on leur parloit à chacune leur langage. Pour les gens honnêtes et de bonne compagnie, on réservoit les tableaux nobles et brillans. Pour les gens qui se piquent de philosophie, et qui se railleront aux mots sacrés, sans doute, mais si souvent profanés,

Bildungselite ebenso wie das breite Volk für die Sache der Marie Cléreaux und ihres Anwaltes Froudière mobilisieren[64].

b) In allen seit der Calas-Affäre vor breiter Öffentlichkeit ausgetragenen Kriminalprozessen der zweiten Hälfte des 18. Jahrhunderts spielten Justizkritik und die Forderung nach Justizreform eine entscheidende Rolle[65], in wohl keinem stand jedoch die Auseinandersetzung um den Handlungsspielraum des Anwalts so sehr im Vordergrund wie in der „Affaire Cléreaux". Die Strafprozeßordnung des Ancien Régime, durch den inquisitorischen Charakter des Strafprozesses gekennzeichnet, bot dem Anwalt äußerst beschränkte Möglichkeiten der Verteidigung[66]. Seine Tätigkeit war im Prinzip auf das Einreichen einer Verteidigungsschrift, die an sich nichts weiter als eine formaljuristische Stellungnahme zum Fall enthalten sollte, beschränkt. Präsenz bei den Verhören des Angeklagten, Einblick in die Anklageschrift und in Verhörprotokolle und das Recht auf Benennung von Entlastungszeugen blieben dem Anwalt jedoch grundsätzlich durch die im 18. Jahrhundert unverändert gültige Ordonnance des Jahres 1670 verwehrt. Froudières Position nun zeichnete sich zugleich durch entschiedene Ablehnung der durch die Strafprozeßordnung dem Anwalt auferlegten Handlungsgrenzen und durch geschicktes taktisches Lavieren aus: obwohl er die ihm vorgeworfene Komplizenschaft mit der Angeklagten weder eingestand noch diese ihm schlüssig nachgewiesen werden konnte[67], funktionierte Froudière die „Affaire Cléreaux" um zum Forum einer radikalen, sowohl mit christlicher Humanität[68] argumentierenden als auch auf Aufklärungsliteratur[69] rekurrierenden Justizkritik, die das ihm vorgeworfene kriminelle Verhalten als notwendig und menschlich erscheinen ließ. Entscheidend ist hierbei, daß diese Position in vulgarisierenden, nachgewiesenermaßen auch vom breiten Volk rezipierten Schriften bezogen wurde, der theoretische Diskurs in populäre Identifikationsmuster eingebettet war[70], Vermittlung aufklärerischen Gedankenguts die Angesprochenen unmittelbar zum Handeln motivierte, kurz: die Appellstruktur des Textes politische Öffentlichkeit implizierte.

c) Im kulturellen Kontext der 1780er Jahre lag es für den Anwalt Froudière nahe, seine eigene Situation und die Auseinandersetzung zwischen der wohlha-

---

d'humanité, de sensibilité, de raison, on avoit destinés les censures plus moins spécieuses de nos loix; et pour le peuple, on prodigua les fables licencieuses et les expressions de son style".

[64] Ibid., S. 179–180: „Je parle, messieurs, des excès épouvantables auxquels la multitude s'est portée sur la foi du libelle".

[65] Vgl. FRANCIS DELBEKE: L'Action politique et sociale des avocats au XVIIIe siècle, Louvain, Librairie universitaire 1927.

[66] ANDRÉ LAINGUI / ARLETTE LEBIGRE: Histoire du droit pénal, T.I: Le droit pénal, T.II: Histoire de la procédure criminelle, Cujas 1979.

[67] BM Rouen Ms. g. 170 (1), fol. 3–10, 12, 19–20. Interrogatoire de Me Froudière. Du lundi vingt-sept août 1787 de matin dix heures en la Chambre Criminelle du Bailliage de Rouen.

[68] Beispiel: BM Rouen Ms. g. 170 (1), Interrogatoire de Froudière. Du lundi vingt-sept août 1787, fol. 6: „A dit que consoler les affligés, découvrir les malheureux, visiter des prisonnières, sont, selon l'Eglise, des œuvres de miséricorde, qui ne peuvent faire la matière d'une accusation".

[69] Die verschiedenen von Froudière verfaßten Verteidigungsschriften zitieren u. a. Brissot de Warville, Servan, Dupaty, Beccaria, Rousseau, Bergasse (Affäre Kornmann), Loui-Sébastien Mercier etc.

[70] Vgl. z. B. *Réplique de Me Froudière* [s. Anm. 62], S. 126.

benden Kaufmannsfamilie Thibault und der armen Hausangestellten Marie Cléreaux in teilweise rousseauistischen Denkschemata[71] zu konzeptualisieren: „Innocente/délateur", „despotisme des riches et des grands", „bourreau/victime", „probité/perversité"[72] sind Paradigmen, die sowohl auf die Terminologie der zeitgenössischen Untergrundliteratur (Linguet, Marat, Théveneau de Morande) als auch auf die revolutionäre Pamphletliteratur der Jahre 1789–1790 verweisen, in der auch explizit auf Skandalprozesse wie die „Affaire Cléreaux" zurückgegriffen wurde, um Lasterhaftigkeit und Korruption der Oberschichten des Ancien Régime zu dokumentieren[73]. Die katalysatorische Funktion von Kriminalprozessen in der Öffentlichkeit des ausgehenden 18. Jahrhunderts läßt sich in ähnlicher Weise wie bei der „Affaire Cléreaux" im Zeitraum 1750–1790 für etwa 20 bisher erfaßte und analysierte Fälle nachweisen, unter denen die „Affaire des Trois Roués", die Affären Salmon (1782–1786) und Verdure (1786–1789) sowie der Kornmann-Prozeß die bekanntesten sind[74]. In diesen Kriminalprozessen spielten fast ausschließlich[75] bis dahin unbekannte Advokaten, die sich öffentlich wirksam als „soldat de la vérité, de la Justice, toujours armé, toujours prêt à combattre en faveur du citoyen opprimé et malheureux", als entschiedener Verfechter der „cause du pauvre et du malheureux"[76] in Szene zu setzen wußten, als kulturelle Mittler eine entscheidende Rolle. Mit Recht könnte man in ihnen eine Art Vorläufer des ‚militanten Intellektuellen' des 19. und 20. Jahrhunderts sehen[77].

2. Um das Entstehen bürgerlich-politischer Öffentlichkeit in der Spätaufklärung zu erfassen, ist häufig die sogenannte ‚Sickertheorie' vorgebracht worden[78]: einem allgemeingültigen ‚Gesetz' der Kulturanthropologie zufolge, sei aufklärerisches Gedankengut zunächst in der gebildeten Oberschicht formuliert und verbreitet

---

[71] Bezeichnenderweise steht am Ende von Froudières *Réplique* [s. Anm. 62] ein Zitat aus Rousseaus *Discours sur l'économie politique*.

[72] Die Beispiele sind im wesentlichen dem aggressiv formulierten *Mémoire pour la fille Cléreaux* [wie Anm. 52] entnommen.

[73] Bezeichnenderweise bezogen sich mehrere Schriften der revolutionären Pamphletliteratur der Jahre 1788–1790 explizit auf die Affäre Cléreaux am ausführlichsten: *Agonie, Mort et Descente aux Enfers des treize Parlemens du Royaume . . . Par l'Auteur des Charniers d'Innocens . . . Aun Tartare, De l'Imprimerie du Diable et des Parlemens . . ., en l'année 1790*.

[74] Vgl. Vorbemerkungen bei D. MORNET: Les origines intellectuelles de la Révolution Française (1715–1787), Colin ⁴1947, S. 436–437. Demnächst Verf.: Literatur und Kriminalität im Frankreich des 18. Jahrhunderts, Diss. Bayreuth 1981. Der *Mémoire* zu dem parallel zur „Affaire Cléreaux" in Rouen ablaufenden Verdure-Prozeß ist abgedruckt bei YVES PÉLICIER: Le procès Verdure. Présentation par Y. Pélicier. Mémoire justificatif pour Jacques Verdure père, accusé d'infanticide par Antoine Vieillard de Boismartin. In: La folie, le temps, la folie Vapeurs 1979, U.G.E. 1979, S. 249–439.

[75] Ausnahmen sind Dupaty und Servan.

[76] *Plaidoyer de Mᵉ Froudière, Avocat au Parlement de Rouen; sur la liberté de l'Avocat et l'étendu de la défense judiciaire, en matière criminelle; contre le sieur Thibault, négociant; en présence de Mᵉ Le Venard, procureur, du sieur Chapelle, son clerc, et de Marie Cléreaux. A Rouen, Chez Pierre Seyer 1789, 8°*, 104 S., hier S. 60, S. 103.

[77] PAOLO VIOLA: L'hégémonie de nouveaux groupes intermédiaires pendant la Révolution, in: Intermédiaires culturels [s. Anm. 24].

[78] Vgl. die in die gleiche Richtung gehende Kritik bei PETER BURKE: Popular culture in early modern Europe, London, Temple Smith 1978, S. 59–64; WOLF LEPENIES: Arbeiterkultur. Wissenschaftssoziologische Anmerkungen zur Konjunktur eines Begriffs, in: GG 5 (1979), S. 125–136, hier S. 133.

worden, um dann in einem langsamen Prozeß der Vulgarisierung in die Masse des Volkes gewissermaßen ‚abzusteigen'. Am Beispiel der Kommunikationssituation ‚Strafprozeß', ihren Sprachhandlungsschemata und ihrer öffentlichen Wirkung ist bereits skizziert worden, daß Verlaufsformen kultureller Vermittlung im 18. Jahrhundert in dieser Weise nicht zu konzeptualisieren sind.

Träger und Medien kultureller Vermittlung können nur dann wirksam sein –, ‚funktionieren' –, wenn sie dem kulturellen Horizont des Publikums adäquat sind, mit anderen Worten: auf einem bestimmten „outillage mental"[79] der angesprochenen Öffentlichkeit aufbauen können.

Im Fall der Justizkritik, um bei dem aufgegriffenen Beispiel zu bleiben, bildeten drei Literaturformen die ‚Folie', vor der Kriminalität und Prozeßgeschehen im ausgehenden 18. Jahrhundert gelesen wurden: a) Die Literatur der *Causes Célèbres;* b) die ‚politische Pornographie' des literarischen Untergrundes; c) die Volks- und Kolportageliteratur.

a) Die Literaturkonzeption der *Causes Célèbres*[80], im Kontext der ‚Querelle des Anciens et des Modernes' entstanden, stellte auf eine Verbindung ab, die Narrativik und Rechtsdiskurs, zeitgemäße Unterhaltung und nutzbringende Bildung verknüpfte. Die neun verschiedenen zwischen 1734 und 1789 erschienen, von insgesamt sieben Autoren verfaßten und bei 18 Verlegern edierten Sammlungen der *Causes Célèbres* des 18. Jahrhunderts mit ihrer Gesamtzahl von 253 Bänden boten dem Leser eine durchaus auch auf juristische Details eingehende Darstellung und Analyse des zeitgenössischen Prozeßgeschehens. Einer bürgerlichen, bei einzelnen Sammlungen auch populären[81] Leserschaft vermittelten die *Causes Célèbres* Rechtskenntnisse, die nicht nur reiner Sensationslust und Wissensbegierde genügten, sondern auch pragmatische Funktion hatten. In den Kontext pragmatischer Wissensvermittlung sind jene zahlreichen Fälle[82] zu stellen, in denen zivilrechtliche Erbschafts- und Scheidungsangelegenheiten sowie Ehebruch und Impotenz abgehandelt werden. Gemäß der auf Ausgewogenheit bedachten Konzeption der *Causes Célèbres*, von deren Erfolg 25 Auflagen, die sehr zahlreichen Rezensionen der zeitgenössischen Presse und mehrere Nachdrucke der 20bändigen Sammlung Pitavals und des 179bändigen *Journal des Causes Célèbres* ein Zeugnis ablegen, steht diesen oft breit abgehandelten Fällen eine Anzahl von Skandalprozessen gegenüber. So auch ein Korpus von 66 Texten, die Justizskandale, d. h. Verurteilung Unschuldiger, zum In-

---

[79] Vgl. zu dem von Lucien Febvre geprägten Begriff R. REICHARDT: ‚Histoire des Mentalités', in: IASL 3 (1978), S. 130–166, hier S. 133.
[80] Siehe JEAN SGARD: La littérature des *Causes Célèbres*, in: Approches des Lumières. Mélanges offerts à Jean Fabre, Klincksieck 1974, S. 459–470; und Verf.: Les crimes sexuels dans les *Causes Célèbres* au XVIIIe siècle, in: Dix-huitième siècle 12 (1980), 153–162.
[81] Vgl. die von der Aufmachung her sehr einfachen *Causes amusantes et connues*, Berlin (Paris) 1769–1770, 2 Bde., von ROBERT ETIENNE; und GARSAULT: Fait des Causes Célèbres et Intéressantes, augmenté de quelques causes. Amsterdam, Chastelain 1757.
[82] Von insgesamt 1528 Texten der *Causes Célèbres* und der ‚Procès Fameux' betreffen 107 Erbschaftsangelegenheiten, 74 Auseinandersetzungen um Testamente, 130 eherechtliche Probleme, vor allem Scheidungen.

halt haben. Sieben, meist ausführlich dargestellte Fälle[83] (4,3%) enthalten die zwischen 1734 und 1751 edierten Sammlungen Gayot de Pitavals, 40 Fälle (5,8%) die in der zweiten Hälfte des Jahrhunderts erschienen *Causes Célèbres, Curieuses et Intéressantes* von Nicolas-Toussaint Le Moyne Des Essarts, 19 Texte die 1778–1787 in drei Auflagen edierten *Procès Fameux* (3,2%). Die in den Werken Pitavals und Richers breiten Raum einnehmenden Affären Langlade und Lebrun gewannen einen paradigmatischen Stellenwert: sowohl in den akademischen Preisschriften zur Justizreform als auch in den Gerichtsplädoyers der Skandalprozesse der 70er und 80er Jahre des Jahrhunderts stellten sie einen festen Bezugsrahmen dar[84]. So nahmen die Aufsehen erregenden *Mémoires* der „Affaire Cléreaux"[85], des Verdure-Prozesses[86] und der „Affaire Salmon"[87] – um nur drei Beispiele zu nennen – diese als Vergleichspunkte und zitierten explizit die *Causes Célèbres*. Die Literatur der *Causes Célèbres*, obwohl Verfechter der Parlamentsideologie und im allgemeinen Verteidiger richterlicher Vorgehensweise, stifteten schon aufgrund ihrer narrativen und diskursiven Struktur[88] sowie ihres Anspruches auf enzyklopädische Vollständigkeit den Sinnhorizont für die Verarbeitung und Umsetzung der Skandalprozesse des späten 18. Jahrhunderts beim breiten Publikum. Eine detaillierte Analyse der Darstellung von Sexualverbrechen[89] in den *Causes Célèbres* zeigt beispielsweise, daß Denkschemata der verbotenen Literatur der Spätaufklärung: ‚Perversität' und ‚Korruption' der herrschenden Klassen versus Rechtschaffenheit und Unschuld der Armen, in ihrer Grundstruktur bereits in den 1734–1751 erschienen frühen Ausgaben der *Causes Célèbres* nachzuweisen sind. Von entscheidender Bedeutung für die Wirkung dieser Darstellungen war sicher, daß die *Causes Célèbres* im Gegensatz zu anderen Literaturgattungen nicht-fiktionale Textsorten – Prozeßakten, zirkulie-

---

[83] So nimmt die Darstellung der Affäre Lebrun 126 Seiten ein. S. [GAYOT DE PITAVAL, FRANÇOIS]: *Causes Célèbres et Intéressantes, avec les Jugemens qui les ont décidées. Recueillies par M^{xxx}, Avocat au Parlement*, Paris, Vve Delaune 1738–1740, 16 Bde., hier Bd. III, S. 435–561.
[84] Vgl. BUCQUET: Discours qui a remporté le prix de l'Académie de Chaalons, en l'Année 1783. Sur cette Question proposée par la même Académie: „Quels seroient les moyens de rendre la Justice en France avec le plus de célérité et le moins de frais possibles?" A Beauvais, Chez la Vve Desjardins 1789, 4°, 271 S., der in sehr charakteristischer Weise auf die *Causes Célèbres* Bezug nimmt (s. 150): „Qu'on parcoure les Histoires lamentables des assassinats judiciaires, on verra que la cause de presque tous ne viennent que des inexactitudes et des erreurs, qui s'étoient glissées, des omissions qu'on avoit faites dans le procès verbal [...]. Telles sont les affaires de l'Anglade, de le Brun, de Calas, de Montbailly etc. Voyez encore dans les Nouvelles Causes Célèbres To. V, pag. 449 suiv. des méprises de plusieurs Parlemens bien affreuses sur le même sujet".
[85] Siehe *Plaidoyer de Me Froudière* [wie Anm. 76], S. 44: „Voyez les Lebrun, les Langlade, les Calas, les Montbailli, et tant d'autres dont il seroit superflu de rappeler le souvenir".
[86] Siehe *Mémoire justificatif pour Jacques Verdure* [wie Anm. 74], S. 268–270, der außer auf Calas auf Langlade und Lebrun Bezug nimmt.
[87] *Mémoire pour Marie-Françoise-Victoire Salmon contre le Procureur-Général*. A Rouen, De l'Imprimerie Louis Oursel 1784. 4°, 270 S., nimmt S. I Bezug auf sechs zeitgenössische Justizskandale, u. a. Lebrun Langlade und Calas und bezieht sich S. 213–214 ausdrücklich auf die *Causes Célèbres* (BN, Mss. Joly de Fleury 2087).
[88] Vgl. Verf.: Les Crimes sexuels [wie Anm. 80]. Wichtig ist vor allem, daß die *Causes Célèbres* ‚dialogisch' aufgebaut sind, d. h. im Gegensatz zur Gerichtsaudienz des Strafprozesses beide Parteien in gleicher Weise zu Wort kommen, der Leser sich ein vom Urteil des Richters und vom oft gleichlautenden Kommentar der *Causes Célèbres* abweichendes Urteil bilden konnte.
[89] Vgl. Verf.: Les Crimes sexuels [wie Anm. 80].

rende Gerichtsplädoyers, Zeitungsberichte – rezipierten und meist wenig zurückliegende Kriminalprozesse verarbeiteten, deren Ablauf dem Lesepublikum noch in Grundzügen vertraut war.

b) Bücher wie Théveneau de Morandes *Le gazetier cuirassé: ou Anecdotes scandaleuses de la Cour de France* (1771) und der anonym erschienenen *Correspondance secrète de Madame Dubarry* zählen zu jener Form subversiver Literatur, für die der Begriff ‚politische Pornographie' geprägt wurde[90]. In ihnen wurden höchst wirkungsvoll Skandalgeschichten des Versailler Hofs wie die Halsbandaffäre und die Rolle der Mätressen Ludwigs XV. in Szene gesetzt und mittels einer brutalisierten politischen Sprache Sittenlosigkeit des Hofs, Dekadenz des Königtums und Korruption der gesellschaftlichen Oberschicht gegeißelt. Ihre Verbreitung bei einem bürgerlichen Publikum auch in Provinzstädten[91] legt nahe, in der Literatur des kulturellen Untergrundes eine wichtige Rezeptionsvorgabe für die Interpretation und öffentliche Wirkung von Justizskandalen zu sehen und vielleicht auch als Grundlage für die Verbreitung und Umsetzung der revolutionären Pamphletliteratur einzustufen[92].

c) Als dritte Literaturform wären jene Genera zu nennen, die im Kontext der Hinrichtung Krimineller auf der Straße verkauft, gelesen oder auch gesungen wurden: „Complaintes"[93], Texte von Gerichtsurteilen[94] sowie kurze, meist „Recit" genannte Erzählungen über Leben und Ende eines berühmten Verbrechers. Obwohl die Grundstruktur dieser Literaturgattungen seit dem 16. Jahrhundert im Wesentlichen unverändert blieb, lassen sich für das 18. Jahrhundert einige wichtige Änderungen festhalten[95]:

– Bei einem Drittel der Textbeispiele des 18. Jahrhunderts fehlt jeglicher religiöse Bezug, der in den Texten des 16. und 17. Jahrhunderts noch durchgehend gegeben ist.

– Das Publikum, in den frühen Textbeispielen mit „pêcheurs" bezeichnet, wird in den Texten des 18. Jahrhunderts meist als „peuple", „nation" oder „jeunes/jeunesse" angesprochen;

– Der Raum, den die Darstellung der Hinrichtungsszene beansprucht, nimmt tendenziell ab;

– Parodistische Formen, vor allem burleske Texte, sind für das 18. Jahrhundert

---

[90] Vgl. R. REICHARDT: Sozialgeschichte [wie Anm. 30], S. 239.
[91] Vgl. R. DARNTON: The World of Underground booksellers [wie Anm. 31].
[92] S. o. die skizzierte Affäre Cléreaux und Anm. 73.
[93] Siehe z. B. MERCIERS anschauliche Schilderung in: Tableau de Paris, nouv. éd. corr. et augm, Amsterdam 1782–1788, t. X, S. 255: „Un parricide, un empoisonneur, un assassin, le lendemain, que dis-je, dès le jour même de leur supplice, enfantent des complaintes qui sont chantées dans tous les carrefours [...]"; t. IV, S. 42–43: „Il y a encore les complaintes sur les pendus et les roués, que le peuple écoute la larme à l'oeil, et qu'il achète avec empressement. [...] Je soutiens ici que Desrues dans les carrefours de la capitale est plus illustre que Voltaire".
[94] Ebd., t. III, S. 267–268 ist ein Beleg für die Tatsache, daß Gerichtsurteile nicht nur angeschlagen und verteilt, sondern in der Regel auch verkauft wurden.
[95] Die folgenden Aussagen, von der Analyse eines in Paris, Lyon und Avignon gesammelten Corpus von vorläufig 30 Texten aus getroffen, sind Arbeitshypothesen.

verstärkt zu verzeichnen. Sie verweisen sowohl auf eine Ablehnung offizieller, ‚seriöser' Diskurse und offiziöser Literaturformen[96] als auch auf die populäre Heroisierung von Kriminellen, die sich für das 18. Jahrhundert anhand mehrerer Paradigmen nachweisen läßt[97]. Das System populärer ikonographischer Darstellungen, zusammen mit Almanachen, Katechismen, der *Bibliothèque Bleue* und den vorgenannten Literaturgenera wichtigster Bestandteil der Volkskultur, ist bisher wenig erforscht[98]. Zumindest für die zweite Hälfte des 18. Jahrhunderts läßt sich jedoch feststellen, daß neben die bis dahin eindeutig vorherrschenden Gattungen – religiöse Ikonographie und Darstellungen von Herrschern und Feldherrn – in zunehmendem Maße Alltagsszenen und auch zahlreiche Darstellungen populärer Verbrechergestalten traten[99]. Am Rande der Formen kultureller Vermittlungsmöglichkeiten, jedoch im Zentrum der Kommunikationssituation ‚Straße'[100] stehen schließlich die Wandsprüche. Graffiti wie „Pain à deux sols, chancelier pendu ou révolte à Paris" (Paris 1771) oder „Ô France! ô peuple esclave et servile! En méprisant les lois, on t'arrache les biens pour t'en former des chaînes. Les souffriras-tu, peuple malheureux"[101] fassen schlagwortartig Ideologeme des radikalen Flügels der Aufklärungsbewegung zusammen. Kritik am absolutistischen Herrschertum, am Finanz- und Justizwesen waren auch Themen der zahlreichen Wandsprüche, die im Januar 1757 nach dem Attentat Damiens' an Ludwig XV. in Paris auftauchten, wie zum Beispiel:

„Prédiction au roy loüys XV: ou il n'y a n'y foy, ny loyauté, / ni sainteté, ny droit, ny probité /ny justice, ny paix, ni liberté /ne peut longtemps durer la royauté".

Oder:

„lit de justice à Versailles /lit de justice à Paris /lit de justice à St. Denys"[102].

3. Im Vergleich zu den vorgenannten Formen populärer Kultur, die durch Kolporteure auf der Straße und in Cabarets[103] verbreitet wurden, stand die in den ländlichen Regionen des nördlichen Frankeich vertriebene *Bibliothèque Bleue* bisher

---

[96] Vgl. P. BURKE, Pupular culture [wie Anm. 78], S. 122.
[97] Siehe Verf.: Images et représentations sociales de la criminalité au XVIIIe siècle: l'exemple de Mandrin, in: RHMC 26 (1979), S. 345–64.
[98] Die Arbeit von DANIELLE LAMBALAIS-VUIANOVITH: Etude quantitative des thèmes traités dans l'image volante française au 18e siècle. Thèse de 3e cycle sous la direction de P. Chaunu. Université de Paris – IV 1978. 374 S. (Manuskr.) stand uns noch nicht zur Verfügung.
[99] Eine erste systematische Durchsicht der ikonographischen Bestände der Bibliothèque Nationale und der „Iconothèque" des Musée des Arts et Traditions Populaires (Paris) läßt diese Schlußfolgerungen zu. So wurden 10 Darstellungen von Cartouche (1721) nachgewiesen, 14 von Mandrin (1755), 19 von Desrues (1777), 14 von Damiens (1757), 3 von Lescombat (1755), 8 von Poulailler (1787, Brigant) sowie 8 Darstellungen der unschuldig verurteilten Victoire Salmon („L'Innocence Reconnue", BN Estampes Coll. De Vinck n°s 1313, 1315–1319) und ihres Anwalts Lecauchois, deren Prozeß in den Jahren 1782–1786 großes Aufsehen erregte.
[100] Zit. nach D. MORNET: Origines [wie Anm. 74], S. 447.
[101] Bibl. Inguimbertine de Carpentras Ms 954, S. 409.
[102] Ebd., Ms. 954, S. 396.
[103] Zum Cabaret als Ort kultureller Vermittlung und populärer Sozialität – als Gegenmodell zu Kirche, Salons und ‚Sociétés de pensée' – vorläufig JEAN NICOLAS: Cabarets et Sociabilité populaire, in: Intermédiaires culturels [s. Anm. 24]; und M. AGULHON, Pénitents [wie Anm. 23], S. 243–249.

eindeutig im Vordergrund der Forschungsdiskussion[104]. Die hierzu vorliegenden Arbeiten, die durchweg in methodischer Hinsicht unbefriedigend sind, schließen etwas vorschnell von dem eskapistisch-übernatürlichen Charakter der in der *Bibliothèque Bleue* dominierenden Rittersagen und Heiligenlegenden auf eine entsprechende Mentalitätsstruktur der Landbevölkerung des Ancien Régime. Selbst wenn man die These R. Muchembleds akzeptiert, der die Entstehung und Funktion der *Bibliothèque Bleue* in die Akkultarationsbewegung der Gegenreformation einordnet und auf das Vordringen des bürgerlichen Zivilisationsmodells bezieht, bleibt die Frage nach geeigneten Analysemethoden. Zwei Wege scheinen hier gangbar zu sein, deren Resultate der *Bibliothèque Bleue* einen gewissen Stellenwert bei der Aufklärungsvermittlung zuweisen:

a) Die paradigmatische Analyse der narrativen und diskursiven Struktur eines Textes (oder einer Textsorte) vom 13. bis 19. Jahrhundert[105]. So vermag eine verfeinerte Textanalyse der insgesamt 40 Ausgaben des bekanntesten Ritterromans der *Bibliothèque Bleue*, *Robert le Diable*, das Vordringen bürgerlicher Zivilität (NORBERT ELIAS) und die sukzessive ‚Entzauberung der Welt' (MAX WEBER) anhand der Variation von Erzählelementen und der Umstellung der Personenkonstellation nachzuweisen. In der Abkehr von dominierenden Darstellungscodes des Mittelalters, die auch das Ausblenden sexueller und gewalttätiger Erzählsequenzen nach sich zog, nahm das 18. Jahrhundert eine Schlüsselfunktion ein. Die paradigmatische Analyse weist die 1715 bei Oudot in Troyes erschienene Ausgabe als die erste ‚moderne', ‚aufgeklärte' Version des Romans aus.

b) Bei der systematischen Durchsicht des Gesamtcorpus der *Bibliothèque Bleue* (etwa 300 Bände) fallen für das 18. Jahrhundert zwei Entwicklungstendenzen auf: der stärkere Aktualitätsbezug, der auch bei den Almanachen festzustellen ist[106], sowie das Auftreten einiger neuer Sujets, in erster Linie der Darstellungen populärer Räuber- und Schmugglerfiguren wie Guilleri, Cartouche und Mandrin. Obwohl sich bei der Einordnung der Texte der *Bibliothèque Bleue* – beispielsweise der *Histoire de la vie et du procès du fameux Louis-Dominique Cartouche* und der *Histoire de Louis Mandrin*[107] – in das Gesamtsyntagma der zeitgenössischen Darstellungen Cartouches und Mandrins zeigt, daß in diesen im wesentlichen stereotype Erzähl-

---

[104] Vgl. R. MUCHEMBLED [wie Anm. 1], S. 342–359; sowie die Arbeiten von ROBERT MANDROU: De la culture populaire aux XVIIe et XVIIIe siècles: la *Bibliothèque bleue* de Troyes, nouv. éd., Stock 1975; und GENEVIÈVE BOLLÈME, zuletzt: La Bible Bleue, appendice et index par Nora Scott, Flammarion 1975. Zur Einordnung der *Bibliothèque Bleue* und zur Kritik an den Interpretationen von Mandrou und Bollème bisher am überzeugendsten CARLO GINZBURG: Il formaggio e i vermi. Il cosmo di un mugnaio del '500. Torino, Einaudi 1976, S. XVII–XXV und passim. Vgl. auch CARLO GINZBURG / MARCO FERRARI: „La colombara ha aperto gli acchi". Estratto da: Alfabetismo e cultura scritta nella storia della società italiana. Atti del seminario tenutosi a Perugia il 29–30 marzo 1977, in: Quaderni Storici, maggio-agosto 1978, n° 38, S. 631–639.
[105] LISE ANDRIES: La *Bibliothèque Bleue:* les réécritures de *Robert le Diable*, in: Littérature 30 (1978), S. 51–66.
[106] Hierzu G. BOLLÈME: Les almanachs aux XVIIe et XVIIIe siècles. Essai d'histoire sociale, Mouton 1969.
[107] Hierzu Verf.: Images et représentations de la criminalité [wie Anm. 97].

schemata und konservative Ideologeme reproduziert werden, liefert das Auftreten dieser populären Brigantengestalten in einem jahrhundertelang fast unveränderten Textkanon ein wichtiges Indiz für deren zentrale Bedeutung in der oralen und schriftlichen Volkskultur des 18. Jahrhunderts.

III. Zu einer Konzeption der Aufklärungsvermittlung

Welche theoretischen Schlußfolgerungen lassen die skizzierten Analysen zur Funktion und Wirkung kultureller Mittler im 18. Jahrhundert zu?

1. Drei Typen kultureller Vermittlung wurden unterschieden:

a) Der institutionell verankerte Akkulturations- und Alphabetisierungsprozeß und seine Träger;

b) Die Phänomene kultureller Imitation, die sowohl bei sozialen Aufsteigern (Domestiken, neues Rentenbürgertum) als auch bei mobilen gesellschaftlichen Gruppen (Kaufleute) zu beobachten ist.

c) Der Prozeß politischer Bewußtseinsbildung, bei dem informelle, institutionell nicht gebundene (Schriftsteller, Journalisten) oder außerhalb ihres eigentlichen Rollenverhaltens stehende Träger kultureller Vermittlung (Beispiele: Advokaten, Curés) im Mittelpunkt stehen. Sind die erstgenannten Prozesse für die gesamte frühe Neuzeit im Rahmen des Vordringens bürgerlicher Zivilisation und der Verbreitung von Schrift- und Buchkultur von zentraler Bedeutung, so scheint der Prozeß politischer Bewußtseinsbildung für das 18. Jahrhundert spezifisch.

2. Im Gegensatz zum Alphabetisierungs- und Akkulturationsprozeß lassen sich Vermittlung aufklärerischen Gedankenguts und dessen pragmatische Umsetzung im Raum politischer Öffentlichkeit nur sehr bedingt quantitativ erfassen. Neben eine Detailanalyse relevanter Kommunikationssituationen – Hinrichtungszeremoniell, Kriminalprozeß, Strafe, Cabaret, Chambrée, Café – muß hier eine Untersuchung der verwendeten sprachlichen Mittel treten. Es wird sichtbar, daß Aufklärungsvermittlung keineswegs ausschließlich von ‚oben' nach ‚unten', von den kulturellen Eliten zur breiten Masse, sondern vor allem schichten- und situationsspezifisch verlief.

3. Es ließe sich durchaus von einem dialektischen Verhältnis zwischen den zwei dominierenden Typen kultureller Vermittlung (a und c) sprechen: Informelle kulturelle Mittler sind anscheinend dann von politischer und sozialer Relevanz, wenn die institutionell verankerten Träger kultureller Vermittlung funktionell und ideologisch ineffizient geworden sind. Die hier in einem ersten Ansatz unternommene systematische Analyse der im Raum politischer Öffentlichkeit zentralen ‚porte-parole

und ihrer Diskurse' ist, das läßt sich bereits sagen, für das Verständnis der Spätaufklärung und der ersten Revolutionsphase (1789–1793)[108] von nicht zu überschätzender Bedeutung.

---

[108] Hierzu die bisher unveröffentlichte Thèse von BERNARD CONEIN, die anhand einer detaillierten Analyse der Septembermassaker des Jahres 1792 die Krise traditioneller Institutionen und ihrer Mittler und das Auftreten informeller Wortführer untersucht; B.C.: Langage politique et mode d'affrontement. Le jacobinisme et les massacres de septembre. Thèse de doctorat 3ᵉ cycle sous la direction de Robert Mandrou, EHESS, décembre 1978, 312 + LXXIX S. (Manuskr.). Vgl. einstweilen Coneins Aufsatz: Le tribunal de la terreur du 14 juillett 1789 aux „massacres de septembre", in: Les révoltes logiques N° 11 (Winter 1979/80), 2–42.

Daniel Roche

Die „Sociétés de pensée" und die aufgeklärten Eliten des 18. Jahrhunderts in Frankreich*

Wer sich mit der sozialen Ideenbewegung des 18. Jhs. in Frankreich beschäftigt, dem ist der Begriff *la république des lettres* geläufig – ein ungenauer und verschwommener, zugleich freilich auch inhaltsreicher und konkreter Ausdruck. Mit ihm glaubt man oft, ein Phänomen erfassen zu können, von dem wir in Wirklichkeit nur mittelbare Zeugnisse besitzen: Äußerungen und Schriften der *gens de lettres* über sich selbst, übrigens meistens Aussagen nur der erfolgreichen und tonangebenden *philosophes*. Tatsächlich bleibt noch fast alles zu tun, um über die Mechanismen dieses Bereiches Klarheit zu gewinnen, dieser mythisch-formellen ‚Gesellschaft', in der die neuen Fähigkeiten der Intelligenz und die wachsenden geistigen Bedürfnisse sozialer Gruppen zum Ausdruck kommen. Ein notwendiger Beitrag zu dieser Forschungsaufgabe ist die Untersuchung der Sozietäten von Gebildeten, deren große Verbreitung und gefestigte Rolle im 18. Jh. sie als besonders ergiebigen Gegenstand der Forschung ausweist. Freilich findet man in diesen Sozietäten weniger die *gens de lettres* und die „Intellektuellen", deren soziologische Untersuchung andere Analysen erfordern würde, als vielmehr die Art und Weise der sozialen Verbreitung der Aufklärung. Im folgenden soll diese Organisation und ihr Funktionieren nach einer dreifachen Fragestellung untersucht werden: Zunächst geht es darum, den sozialen Umfang der ‚Gebildeten' zu bestimmen. Darunter verstehen wir die durch Lesefähigkeit und Diskussionsmöglichkeiten Begünstigten, die wahrscheinlichen Leser, die Studierten, die ihre Bildung erweitern und über sie diskutieren, oder traditioneller ausgedrückt: es gilt ein ‚Publikum' und die ‚Öffentlichkeit' zu rekonstruieren. Danach versuchen wir, die Motivation für das Interesse und die Teilnahme an den kulturellen Aktivitäten zu verstehen und zu erkennen, warum jene Sozietäten und die Freimaurerlogen sich verbreiteten: in der Zeit zwischen der *Krise des europäischen Bewußtseins* (d.h. der Phase der ersten Gründungswelle und ‚aufgeklärter' staatlicher Eingriffe in die Akademien) und dem Sommer 1789, als die Provinzialakademien ihren Elan, die Logen viele Mitglieder verloren hatten und die von der Kultur der Notabeln Ausgeschlossenen das Wort ergriffen. Schließlich sollen die Grundzüge eines kulturellen Verhaltens herausgearbeitet werden, wie es sich äußerte in öffentlichen und privaten Veranstaltungen, in seinen erklärten und bestrittenen Absichten; es gilt das Wesentliche einer Kultur zu begreifen.

* Dieser Beitrag wurde übersetzt von R. Reichardt unter Mitarbeit von Karin Reppel und Peter-Michael Spangenberg.

I. Verlauf und Formen der aufklärerischen Assoziationsbewegung

Die Akademieschriften und die Archive der Gelehrten Gesellschaften und Logen in der Provinz wie in Paris erlauben die Rekonstruktion des soziokulturellen Gefüges der führenden städtischen Oberschichten. Fast 6000 Akademiemitglieder und über 20000 nachgewiesene und identifizierte Freimaurer sind eine ausreichende statistische Basis, um für Frankreich gültige Aussagen zu ermöglichen. Aber die statistische Erfassung der Menschen kann nicht von dem ideologischen Hintergrund getrennt werden, vor dem sich ihre Aktivitäten abspielen. Gewiß ist es mit Recht verbreitete Ansicht, daß die ‚Sozialisation' der Aufklärung den Weg über die Sozietäten der Gebildeten nahm; aber es ist weniger geläufig, den wesentlichen Zusammenhang herzustellen, der zwischen Verhalten, Sitten und Kultur sowie den Ideen besteht. Ist doch dieser Zusammenhang einer der Gründe für den Erfolg der Akademien und Logen; denn es handelt sich fast immer um den Aufstieg und die Integration in eine höhere Einheit der Soziabilität.[1] Angesichts der Auflösungserscheinungen der traditionellen Gesellschaft boten die Akademiebewegung und in geringerem Maße die freimaurerische Ideologie ein erprobtes Modell, in dem mehrere Tendenzen zusammenwirkten: die Praxis eines kulturellen Dienstes, die Bestätigung des elitären Charakters der Gebildeten-Zirkel, die Suche nach einem Ausgleich zwischen den zentrifugalen Kräften der allgemeinen Gesellschaft und dem egalitären Selbstverständnis einer abgeschlossenen Welt, die Praxis gesellschaftlicher Zerstreuung verknüpft mit der Muße der Wohlhabenden und dem Streben nach Nützlichkeit. Der Versuch, die sozialen Verwurzelungen der Akademie- und Freimaurerbewegung zu erfassen, kann nur ein erster Schritt sein zur Untersuchung ihrer gemeinsamen und zugleich verschiedenen intellektuellen Legitimation[2].

Die Verbreitung der Akademien und Logen erstreckt sich auf das gesamte Gebiet des Königreichs und bildet gleichermaßen eine Tradition der Soziabilität und der Kultur. Doch unterliegen die beiden Bewegungen nicht den gleichen Regeln, sondern unterscheiden sich nach Art und Zeit des Auftretens wie nach ihrem sozialen Umfang. Die akademischen Zirkel stellen ein relativ geschlossenes ‚System' dar, dessen größte Ausdehnung sich zwischen 1680 und 1760 vollzieht. Es handelt sich um nur knapp 40 Gründungen mit insgesamt kaum 6000 Mitgliedern im 18. Jh. und etwa 2500, höchstens 3000 Mitgliedern am Vorabend der Revolution, d.h. für die Jahre 1760–1780.

Dagegen ist die freimaurerische Bewegung offen und ohne einschränkende Bedingungen, was die Mitgliedschaft betrifft. Ihren größten Zuwachs erreicht sie nach den 1750er Jahren, ihre Ausdehnung vollzieht sich schnell, man stellt eine steigende Zahl von Logen in Provinzstädten aller Größen fest. Während zwei Drittel der Akademiestädte mehr als 20000 Einwohner zählen, haben drei Viertel jener städtischen Zentren, in denen eine oder mehrere Logen nachgewiesen sind, weniger als 20000

---

[1] MAURICE AGULHON: Pénitents et francs-maçons de l'ancienne Provence, Fayard 1968.
[2] D. ROCHE: Le Siècle des Lumières en Province: Académies et académiciens provinciaux, 1680–1789, t. 1–2, Mouton 1978.

Einwohner. Der Raum der beiden Bewegungen fällt nicht genau zusammen; 1789 gibt es in Paris und in der Provinz fast 700 Logen allein im Rahmen des „Grand Orient" (A. LE BIHAN). In den 40 Akademiestädten zählt man fast 200 Logen; zwischen den Akademien und den Logen bestehen komplementäre wie konkurrierende Beziehungen[3].

1. Gründung und Verbreitung der Akademien

Seit dem 18. Jh. haben die Akademie-Gründungen und die Verbreitung der literarischen und gelehrten Gesellschaften Anlaß zur Diskussion gegeben. Eine um 1762/63 verfaßte anonyme Abhandlung über die Akademien reagierte auf den einige Jahre zuvor von der ältesten der monarchischen Akademien, der Académie française, ausgeschriebenen Wettbewerb über die Preisfrage: „Quelle est l'utilité des sociétés savantes?"[4] In den Schriften und Aufsätzen zu diesem Thema kehren einige Hauptelemente immer wieder: Jede Neugründung bedeutet die Verbreitung einer gewissen Urbanität; sie beruht auf einem offensichtlichen sozialen Zusammenhalt, den die Obrigkeit anerkennt, indem sie fast überall ihre Unterstützung durch die Ausstellung von Gründungsurkunden konkretisiert. Die Gründung bedeutet ferner ein Überwechseln vom nichtorganisierten Stadium zu einer dauerhaften Institution, was jeweils die Mobilisierung der lokalen intellektuellen Kräfte voraussetzt. Die Gründung wird überdies gerechtfertigt durch den Hinweis auf den literarischen Ruhm der jeweiligen Stadt; jedenfalls will die Akademie für diesen Ruhm wirken und wird im Gegenzug öffentlich anerkannt und als Körperschaft mit bestimmten Privilegien ausgestattet. Die ‚Freiheiten' einer Akademie sind untrennbar an die Bestätigung durch eine Obrigkeit gebunden. Politische Macht und Wissen unterstützen sich gegenseitig. Doch es ist auch die chronologische Entwicklung zu berücksichtigen, bei der sich drei Phasen unterscheiden lassen: die Zeit vor 1715, die Jahre von 1715/20–1760 und schließlich die letzten drei Jahrzehnte vor der Revolution.

a) In den ersten Jahren des 18. Jhs. schufen die in der Regierungszeit Ludwigs XIV. gegründeten Akademien in der Provinz eine dauerhafte Tradition. Ihre Gründung erfolgte ohne Koordination und Gesamtplan, aber sie profitierten unbestreitbar von der Neuorganisation der großen Pariser Akademien und erhielten auch eine gewisse Unterstützung durch die königliche Gewalt. In der Tat steht die Académie française unter der unmittelbaren Schirmherrschaft des Königs; die Académie des inscriptions verherrlicht die Leistungen der Monarchie im Münzbild usw. und erhält dazu Vorschriften und finanzielle Mittel; die Académie royale des sciences wird endgültig

---

[3] DANIEL LIGOU: La Franc-maçonnerie française au XVIIIe siècle, in: Information historique 26 (1964), 98–110; ALAIN LE BIHAN: Francs-maçons parisiens du Grand Orient de France, B. N. 1966; ders.: Loges et Chapitres de la Grande Loge et du Grand Orient de France (deuxième moitié du XVIIIe siècle), B. N. 1967; ders.: Francs-maçons parisiens de la Grande Loge de France au XVIIIe siècle, B. N. 1973; PIERRE CHEVALLIER: Histoire de la Franc-maçonnerie française, t. 1: Maçonnerie, école de l'égalité, 1725–1799, Fayard 1974.

[4] B.M. Nîmes, Manuscrit 241, fol. 204 [1763].

Karte 1: Akademiegründungen 1650–1715   Karte 2: Akademiegründungen des
                                        Vor-Enzyklopädismus 1720–1760

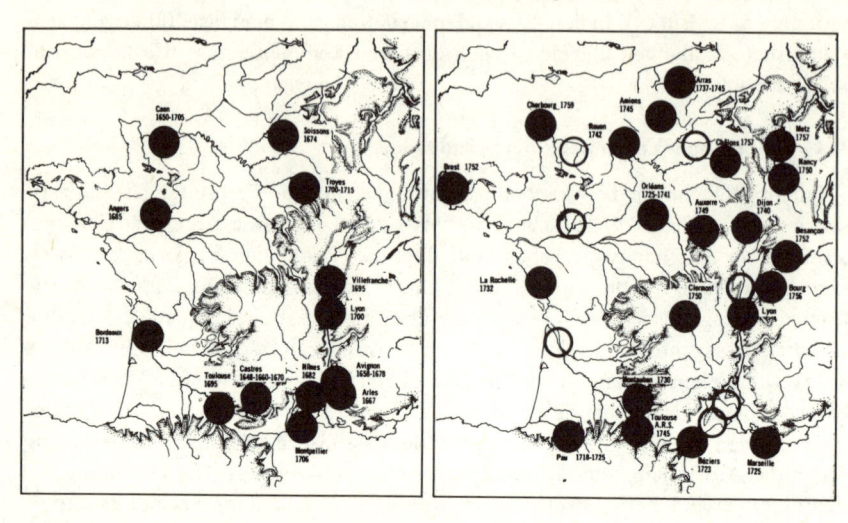

Karte 3: Die letzten Akademiegründungen
1760–1789

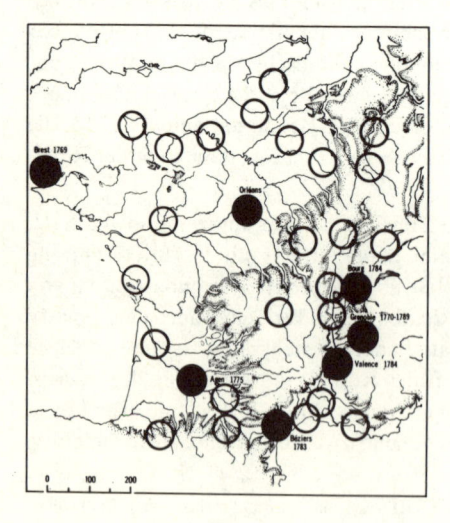

zur staatlichen Institution⁵. Insgesamt bietet dies in Paris geschlossene Bündnis zwischen Monarchie und geistiger Elite der Provinz ein allgemeines Modell sowie Wahlmöglichkeiten zwischen verschiedenen Typen von Statuten. Eine erste Gruppe von Neugründungen – Avignon (1658), Arles (1669), Castres (1660–1680), Soissons (1674), Nîmes (1682), Angers (1685), Villefranche-en-Beaujolais (1695) und die Jeux Floraux von Toulouse (1695) – nahm die Académie française zum Vorbild. Dagegen orientierten sich die Gründungen von Montpellier und Bordeaux (1706/15) an der Académie des sciences, während die neuen Akademien von Caen und Lyon mehr Originalität und eine deutlichere Unabhängigkeit gegenüber der Hauptstadt zeigten: eine zukunftsweisende Haltung⁶.

Die Akademiegründungen dieser Phase weisen im großen und ganzen drei gemeinsame Grundzüge auf. Erstens bedeutete die Breitenwirkung des Pariser Modells in der Provinz vor allem einen Sieg der Kultur und der Sprache der hauptstädtischen Eliten. Das Nacheifern der Provinz ist ein Appell an die monarchische Protektion und zugleich Ausdruck der Hoffnung auf gleichberechtigte Aufstiegsmöglichkeiten. Die Gebildeten in der Provinz hoffen nicht nur auf die Gunst der „beaux messieurs" von Paris, sondern auch auf gleichberechtigten Umgang mit ihnen. Aus diesem Umstand ergeben sich viele Schwierigkeiten, die oft zum Scheitern der Neugründung führten (so in Avignon) oder zum zeitweiligen Einschlafen ihrer Tätigkeit (so in Arles). Zweitens setzt das Bündnis der Mächtigen und der Wissenden die Mitwirkung der lokalen Führungsschicht und die Unterstützung der Obrigkeiten voraus: Bischöfe wie Fléchier in Nîmes, Gouverneure wie La Force in Bordeaux, Intendanten wie Foucault in Caen, auch Parlamente und Stadträte setzten sich für die Gründung ein, meist mit Erfolg. Auch spielte die Fürsprache von Pariser Gelehrten wie Conrart oder Bignon bei den lokalen Initiativen eine große Rolle. Drittens schließlich setzt die Gründung einer Akademie (Näheres s. u.) einen Verhaltenswandel, eine Hinwendung zur *honnêteté*, eine Übernahme von Verantwortung voraus; und dies beinhaltete, zumal in Südfrankreich, eine tiefe Treue zur humanistisch geprägten Neugierde, welche – abgesehen von Montpellier und Bordeaux – überall als Beweggrund der Akademiegründung genannt wird.

b) In der zweiten Phase von 1715 bis 1760 sind ungefähr 20 Neugründungen zu verzeichnen, während die ältereren Akademien ihre Aktivität wiederaufnahmen oder weiterführten. Die meisten Neugründungen fallen in die Zeit nach der Régence und vor 1750. „Le nombre de ces académies augmente de jour en jour, et sans examiner ici s'il est utile de multiplier si fort de pareils établissements, on ne peut au moins disconvenir qu'ils ne contribuent en partie à répandre et à conserver le goût des lettres et de l' étude [...]", stellt die *Encyclopédie* fest⁷, deren Artikel im Rahmen einer nationalen Debatte über die Nützlichkeit der Kulturgesellschaften zu se-

---

⁵ ROGER HAHN: The Anatomy of Scientific Institution: The Paris Academy of Sciences, 1668–1803, Berkeley/London, Univ. of California Press 1971.
⁶ D. ROCHE: Siècle [s. Anm. 2], Bd. 1, S. 20–29; vgl. z. B. den bezeichnenden Text von JULIEN DE HÉRICOURT: De Academia Suessionensi, cum epistoli ad familiares, Montauban 1684.
⁷ Art. „Académie (Hist. Litt.)", in: *Encyclopédie*, Bd. 1, Paris 1751, Sp. 55b.

hen ist. Das aufsehenerregende Echo auf die Abhandlungen von Rousseau trägt in seiner Weise zu weiteren Fragestellungen in dieser Richtung bei. Tatsächlich hat die Akademiebewegung um 1760 fast alle Provinzen erobert. Wenn sich ihre Entwicklung nicht in einer geschlossenen Geschichte zusammenfassen läßt, so sind doch zwei ihrer Merkmale offensichtlich: der Provinzialismus und der Enzyklopädismus.

Die neuen Organisationen profitieren von der Unterstützung der Obrigkeiten: zum einen der Zentralregierung, welche mehr und mehr eine Probezeit verlangt, bevor sie die Gründungsurkunde zuerkennt; zum anderen der lokalen Autoritäten, welche die unerläßlichen Mittler und oft die wirksamsten Schirmherren sind. Man denke an Erzbischof de Belzunce in Marseille, an den Herzog von Villeroy in Lyon, den Fürsten von Condé in Dijon. Aber die neue Tendenz zeigt sich darin, daß sich der provinziale Partikularismus dank dieser lokalen Protektion festigt. Die Akademie strebt danach, wie der Rat der Weisen einer aufgeklärten Verwaltung zu erscheinen, und damit hilft sie, die Entwicklung eines gewissen provinzialen Bewußtseins zu fördern. Die Leute aus der Provinz beziehen sich zwar immer auf Paris, aber nicht ohne Zögern; so bleibt die feierlich proklamierte Verbindung zwischen der Académie française und der in Marseille vorgenommenen Gründung nicht bestehen. Die Provinz hat von nun an weniger Schutz als die Anerkennung der Gleichrangigkeit nötig, sie nimmt ihre Kraft aus dem Netz der Korrespondenten, die die Gelehrtenrepublik wiederbeleben, und profitiert von der Unterstützung ihrer berühmten Männer, die nach Paris abwandern. Die Fontenelles, Montesquieus, Mairans und Lalandes beweisen die Gleichheit der *gens de lettres*, und diese wiederum steht für die Gleichheit der Akademien. Die Übertragung der Schirmherrschaft von den großen Männern auf Institutionen erlaubt es, ohne einen Bruch mit der Hauptstadt vorzunehmen, die provinziale Autonomie zu unterstützen[8].

Dieser Wandel fällt mit einem neuen Verständnis des Wissens zusammen. Der Triumph der Wissenschaften charakterisiert den *Vor*-Enzyklopädismus der Provinzen, nicht erst die 1760er Jahre, wie D. Mornet meinte. Die Verbreitung der Akademien bringt eine neue Systematisierung des kollektiven Wissens mit sich. Dies ist der Triumph der ‚Naturwissenschaften' über die ‚Geisteswissenschaften', der Erfolg des breit gefächerten Wissens über die Spezialisierung; denn die akademische Absicht der allgemeinen Wissensverbreitung verlangt Nicht-Spezialisierung, was zudem der einzige für den Amateur gangbare Weg ist. Die neuen Bezeichnungen bezeugen einen Wandel: Weniger als ein Viertel der neuen Akademien berufen sich in ihrem Namen auf die ‚Geisteswissenschaften'. Sie geben vielmehr der Zielvorstellung allgemeiner Nützlichkeit Ausdruck; eine Vorstellung, welche auch die engen Zirkel des 17. Jhs. kannten, die damals aber esoterisch und auf wenige auserwählte Einzelpersonen beschränkt blieb. Ein – nicht spezialisiertes – Mitglied einer Akademie hatte Zugang zu der neuen Kultur, deren wesentlicher Gesichtspunkt im Triumph des Menschen über die Natur besteht. Das Werk der Gesellschaften besteht also weniger aus Erfindungen oder Produkten als vielmehr aus Wissensanglei-

---

[8] D. ROCHE: Siècle [s. Anm. 2], Bd. 1, S. 31–35; ferner die Fallstudie von ROGER CHARTIER: L'Académie de Lyon au XVIIIe siècle, in: *Nouvelles études lyonnaises*, Genf, Droz 1969, 133–250.

chung und Wissensanwendung, da es ein Gleichgewicht zwischen Theorie und Praxis, Beobachtung und Experiment zu beachten gilt. Infolgedessen begreift man, daß die Akademien außer im Bereich der Moral, nicht auf die Stimme von Rousseau gehört haben, der gegen ihren Optimismus stritt.

c) Die Zeitspanne zwischen 1760–1789 ist von erschöpftem Stillstand, aber auch von Einigungsversuchen gekennzeichnet. Wenig neue Gründungen (Agen, Grenoble, Valence und Orléans), mehrere Wiederaufnahmen (Cherbourg, Arras, Brest, Béziers und Bourg) – von da an existiert in fast allen größeren Städten eine Akademie. Es ist nun wichtig, daß es in diesem Kreise mehrere Anläufe gab, zwischen den Akademien organisierte Beziehungen aufzubauen. Überall entwickelt sich die Korrespondenz zwischen den Gesellschaften. Durch die Zusammenschlüsse entsteht ein nationales Netz, in dem Informationsschriften, Preisausschreiben und Protokolle der einzelnen Sitzungen zirkulieren. In dieser Weise erhält die Gründung der Société royale de médecine eine sofortige Publizität. Zur selben Zeit weitete der Sekretär der Akademie Arras, Dubois de Fosseux, die innerhalb einer Akademie üblichen Beziehungen auf alle französischen Provinzialakademien aus; begünstigt vom Privileg der Postgebührenfreiheit und unter Ausnutzung der Möglichkeit von Rundschreiben brachte sein Korrespondenzbüro eine Fülle unschätzbarer Zeugnisse zusammen, die über die Lage der Provinzen am Vorabend der Revolution Auskunft geben[9]. In die gleiche Richtung zielten in Paris die Bemühungen von Marmontel oder Collet de Jephtor, ferner die in den wichtigsten Zeitschriften veröffentlichten Sitzungsberichte der Akademien, überhaupt der Erfolg des literarischen Frankreich, aber auch das Interesse der immer zahlreicheren provinzialen Anzeigenblätter an der Akademiebewegung. Und anknüpfend an einen Plan des Abbé Yart, Mitglied der Akademie zu Rouen, versuchte Condorcet, Generalsekretär der Académie des sciences, alle Sozietäten der Gebildeten zu einer Einheit zusammenzuschließen. Doch zeigt sein Briefwechsel mit den provinzialen Akademiemitgliedern, daß diese nun ein neues Bewußtsein von ihrer Rolle besitzen. So lehnen sie einen Zusammenschluß nach dem Muster der frühesten Gründungen ab, was Condorcet als unerläßliche Voraussetzung der Versöhnung aller und einer endgültigen Einigung zwischen Paris und den Provinzen betrachtet hatte. Diese Diskussion belegt zwei entgegengesetzte Vorstellungen von Wissenschaftskultur: Nach der einen Auffassung ist Paris der Hauptsitz der Aufklärung; die provinzialen Akademien und Klubs haben sich einer Bewegung anzuschließen, die von einer reformerischen und liberalen Monarchie unterstützt wird. Die andere auf den provinzialen Erfahrungen eines Jahrhunderts beruhende Auffassung beharrt auf der unabdingbaren Ebenbürtigkeit der *gens de lettres*. Und Paris kann die *république des lettres* nicht länger beherrschen, weil sie sich auf zahlreiche in den letzten Jahrzehnten entstandene Ein-

---

[9] LÉON H. BERTHE: Dubois de Fosseux, secrétaire de l'Académie d'Arras, Arras 1969; ders.: Dictionnaire des correspondants de l'Académie d'Arras au temps de Robespierre, Arras 1969; s. a. D. ROCHE: Siècle [s. Anm. 2], Bd. 1, S. 55–65.

richtungen stützen kann: Lesegesellschaften, öffentliche Bibliotheken, Zirkel und Klubs[10].

2. Entstehung und Funktion der literarischen Gesellschaften und Lesekabinette

Wenn man dies zuletzt genannte Phänomen anhand der älteren Materialsammlung D. MORNETS und neuerer Arbeiten von L. TRÉNARD und L. CHÂTELLIER[11] kartographiert, so wird deutlich, daß es sich um eine zweifache Bewegung handelt.

Karte 4: Literarische Gesellschaften und Lesekabinette

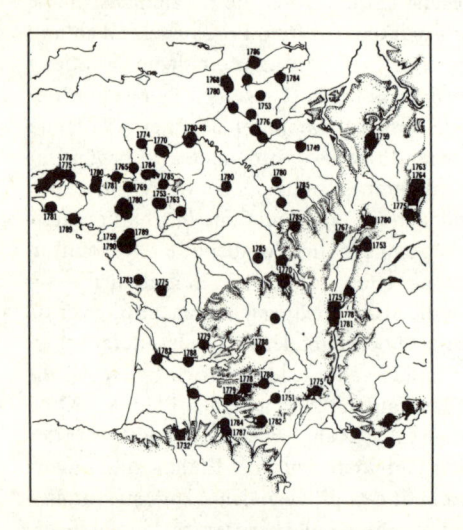

a) Zunächst fällt auf, daß jene *neuartigen Sozietäten* sich in denjenigen Regionen verbreiten, in welchen so gut wie keine Akademien gegründet worden waren: So im Elsaß, wo in Straßburg zwischen 1750 und 1765 die Deutsche Literarische Gesellschaft und die Société de lecture des journaux gegründet wurden, 1767 gefolgt von der Société des belles lettres et de philosophie; in Mühlhausen und Colmar entstanden um 1775 ebenfalls Lesegesellschaften. Das gleiche ist in Westfrankreich zu beobachten, von der Bretagne bis zur Saintonge, von der unteren Normandie bis zum Poitou: wie in Laval und Bayeux schossen hier überall neue Sozietäten aus dem Boden, dies Netz festigte sich unter dem Einfluß der seinerzeit von A. Cochin unter-

---

[10] Zu den *Musées* sei hingewiesen auf die unveröffentlichte Diplomarbeit von MARIE-THÉRÈSE BOUYSSY: Le Musée de Bordeaux, Paris 1967; zu den *Sociétés d'Agriculture* noch immer unersetzt E. JUSTIN: Les Sociétés royales d'agriculture du XVIIIe siècle, Saint-Lô, Selbstverl. 1935.

[11] DANIEL MORNET: Les origines intellectuelles de la Révolution française, 5ᵉ éd., Colin 1954, 294–316; LOUIS TRÉNARD: Le Collège des philathènes de Lille, in: La Tour Saint Jacques, Paris 1960; LOUIS CHÂTELLIER: Un libraire et ses livres à Strasbourg à la fin du XVIIIe siècle, in: Recherches germaniques 6 (1976), 188–204.

suchten ‚Société patriotique bretonne'; solche Sozietäten tauchen auf und verschwinden wieder, werden wiedergegründet und erneut aufgelöst in Nantes, Carentan, Coutances, Niort, Le Havre, Mortain, Quimper und selbst in Saint-Malo. Im Poitou leistete sich ein großer Marktflecken wie Saint-Gilles-sur-Vic den Luxus eines Lesekabinetts für etwa zwanzig Abonnenten. Hinter all diesen Gründungen des dritten Viertels des 18. Jhs. stand zweifellos in erster Linie das Motiv, den lokalen Talenten und Eliten einen Sammelpunkt zu bieten. Der Redakteur der *Affiches de Dijon* kommentierte 1787:

> „On voit dans presque toutes les villes du Royaume des sociétés de cette nature qui se sont formées à l'instar des clubs, Lycées, Salon des arts, Société olympique, et surtout Société philanthropique qui sont à Paris d'une ressource si agréable pour la classe choisie des citoyens de tous les états."

b) Das zweite Kennzeichen dieser Gründungen der Spätaufklärung dürfte darin bestehen, daß sie das vorher bestehende Formennetz der kulturellen Soziabilität erweiterten, indem sie auch die kleinen Städte mit einbezogen: Gewiß wuchs auch in den Mittel- und Akademie-Städten ergänzend eine Generation dieser neuartigen Institutionen heran; aber es waren doch meist Kleinstädte und größere Marktflecken, wo die in Paris (vgl. das Zitat aus den *Affiches de Dijon*) und noch mehr in den Provinzhauptstädten aufgekommene neue Assoziationsform ihr eigentliches Aktionsfeld fand. Wenn sich auch die meisten Lesegesellschaften eine gewisse Organisation und Statuten gaben, so dienten sie doch meistens der spontanen, ungezwungenen Zusammenkunft zum Zweck der Plauderei, der Diskussion, der Zeitungslektüre, des gemeinschaftlichen Abonnements von Zeitschriften, der Information über die Pariser Neuigkeiten und manchmal auch der Gesellschaftsspiele. Ein Vergnügungsverein kann sich durchaus zu einer ‚société de pensée' entwickeln, ein Lesezimmer im hinteren Teil einer Buchhandlung zu einer offiziösen Akademie werden.

Eine systematische Untersuchung dieser Bewegung, die für die geistige Krise der letzten Jahre vor der Revolution grundlegende Bedeutung besitzt, steht noch aus. Sie müßte zunächst ein vollständiges Verzeichnis aller jener Assoziationen erarbeiten, was bei der Allgegenwart und Diskontinuität des Phänomens schwierig sein dürfte. Weiter müßte sie einen Katalog der Gründungsmotive anlegen, worüber manchmal die Namenswahl oder die Änderung eines Begriffs Auskunft geben. Dabei wäre sicher eine frühere Gruppe von Literarischen Gesellschaften, Lesegesellschaften und -kabinetten, Zeitschriftenzirkeln, literarischen Tabakskollegien und Stammtischen zu registrieren, die z. B. im Norden Frankreichs – mitten im Zeitalter der Aufklärung – die Tradition der alten Rhetorikzirkel weiterführte. Darauf folgte, wenn auch vielfach mit ihren Vorgängern zusammenhängend, als zweite Generation die Unzahl der patriotischen, enzyklopädischen, ökonomischen, manchmal auch politischen Gesellschaften: Ankündigung einer allgemeinen Gärung. Schließlich wären die sozialen Umrisse dieser Vereinigungen zu bestimmen, die sich überall aus Gebildeten und der Schicht gutsituierter Leute rekrutierten, welche von den Akademien fasziniert waren, in diesen nach den Statuten einem engen Kreis von ‚Unsterblichen' vorbehaltenen Gesellschaften aber nicht Mitglieder werden konnten.

Die Literarische oder Lesegesellschaft ist nun aber keine bloße Nachäffung der Akademien, sondern deren Weiterentwicklung. Nicht daß sie sich durch ihr niedrigeres, freilich schwer zu bestimmendes geistiges Niveau grundsätzlich von der Akademie unterschiede; ihre Anliegen und oft auch ihre Ausdrucksformen sind vielmehr weithin die gleichen. Doch indem die Lesegesellschaften über die vierzig privilegierten Akademien hinaus etwa hundert städtische Zentren erfaßten und sich in den Kleinstädten aus einer viel schmaleren Schicht gebildeter Notabeln rekrutierten, stießen sie sowohl quantitativ als auch qualitativ in eine neue Dimension vor. Überall gibt es nun Legitimationsinstanzen, die sich um einen Platz unter den Leuten von Geist oder um ‚philosophische' Anerkennung bewerben. Werden die Gründer der neuen Sozietäten nach wie vor von Soziabilität und Bildung motiviert, so sind sie nun doch politisch bewußter als die Akademiemitglieder. Aufgaben im Dienst des öffentlichen Wohls schrecken sie nicht, wobei ihnen der von den alten Akademien geförderte allgemeine Einstellungswandel der Öffentlichkeit entgegenkommt. Nach A. Cochin entwickelt sich in den neuen Sozietäten – mehr als in den alten Akademien – die politische Soziabilität des revolutionären Zeitalters; hier bilden sich die Handlungsgrundsätze einer Aktion, die im Sommer 1789 und in den folgenden Jahren überall siegreich praktiziert werden[12]. In der Bretagne ist dieser Zusammenhang offensichtlich – aber gilt das für das ganze Königreich? Mangels umfassender Feldstudien können wir diese Frage ebensowenig endgültig beantworten wie seinerzeit D. Mornet. Ebenso wie die Akademien postulieren auch die neuen Gesellschaften für sich das Gleichheitsprinzip und sammeln zugleich die Männer aus den besten Kreisen: der kulturelle und soziale *sanior pars* des städtischen Frankreich, erfaßt von einer gemeinsamen Leidenschaft für Diskussion und Meinungsaustausch. Allerdings schränkten die meisten neuen Sozietäten ihre Aktivitäten vor 1789 ein, brachen sie manchmal sogar ganz ab. Sicher bildeten sie ein Milieu intellektueller Begegnungen und förderten das Zusammentreffen verschiedener sozialer Schichten; aber bei ihrer heterogenen Mitgliederstruktur und ihrem Mangel an ideologischer Geschlossenheit dürften sie nur die – freilich entscheidende – Rolle eines Mittlers und Propagators gespielt haben. Vielleicht verbreiteten

---

[12] Vgl. AUGUSTIN COCHIN: Les sociétés de pensée et la Révolution française en Bretagne, 1778 à 1789, vol. 1–2, Paris 1925–1926; sowie FRANÇOIS FURET: Penser la Révolution française, Gallimard 1978. Unter diesem anspruchsvollen Titel überträgt Furet Cochins Konzeptualisierung auf das Phänomen der politischen Soziabilität im allgemeinen, indem er die aufklärerischen Gesellschaften als den Ort interpretiert, in dem sich ab 1789 die demokratischen Grundvorstellungen, Verfahrensformen und Verhaltensweisen entwickeln. Für diese Deutung sprechen D. ROCHE: Siècle [s. Anm. 2] und speziell ders.: Personnel politique et personnel culturel, in: *Vom Ancien Régime zur Französischen Revolution*, hg. v. Ernst Hinrichs, Eberhard Schmitt u. Rudolf Vierhaus, Göttingen, Vandenhoeck & Ruprecht 1978, 496–566. Doch über diese Abstraktheit hinaus kann die Operationalisierbarkeit des ‚Modells' Cochin/Furet nur von einer Fallstudie erwiesen werden, welche den Übergang von den ‚Gesellschaften' alten Typs zu den neuen Formen der Soziabilität konkret verfolgt und deren soziale, kulturelle und ideologische Komponenten im einzelnen untersucht. Dabei sollte man sich deutlich abgrenzen von der unterschwelligen politischen Tendenz Cochins, der den Jakobinismus verurteilte und die aufklärerischen Gesellschaften als Spielform eines Komplotts gegen die traditionelle Gesellschaft und deren Grundwerte betrachtete. Es bleibt zu klären, wie es kam, daß sich die Ideologie der Akademien völlig neu orientierte und die Verhältnisse des Ancien Régime teilweise in Frage stellte, obwohl sie gleichzeitig zutiefst im traditionellen Privilegienwesen verwurzelt war.

diese zahllosen Zirkel nicht so sehr bestimmte Ideen, über die es viele verschiedene Meinungen geben kann, als vielmehr neue Handlungsweisen und Praktiken. Immerhin fand die Provinz in ihnen eine brüchige Einheit[13].

Denn dem gespaltenen Kulturmilieu der Hauptstadt mit seinen verschiedenen Cliquen und Gruppierungen setzten die provinzialen Sozietäten die ethische Utopie der Einheit und Harmonie entgegen. Hinter diesem offensichtlichen Traum steht das Anliegen einer allgemeinen Verbreitung von Bildung, das nicht einer gewissen Größe entbehrt: nach dieser umfassenden Zielsetzung sollen nicht nur Mensch und Natur durch das Wissen versöhnt werden, die Wissenschaften und Künste unendliche Fortschritte machen; sie beinhaltet auch ein geschärftes Bewußtsein der provinzialen Realitäten, einen gewissen – vorromantischen[13a] – Regionalismus, ja eine neue Konzeption der Gesellschaftsordnung.

3. Aufschwung und Ausdehnung der Logen

Es erstaunt nicht, daß diese ganze Debatte sich zu der Zeit entwickelte, als sich die kulturelle Landschaft der Provinzen grundlegend wandelte. Der Aufstieg der Konkurrenz stellte die privilegierte Stellung der Akademien in Frage und zeugt von wachsenden Bedürfnissen im Bereich der sozialen Beziehungen. Unbestritten waren es die *Freimaurergesellschaften,* die gegenüber den Akademien die größte Durchsetzungskraft bewiesen und die größte Bedeutung erlangten.

Karte 5: Provinziale Logengründungen vor 1750

Karte 6: Logengründungen 1750–1759

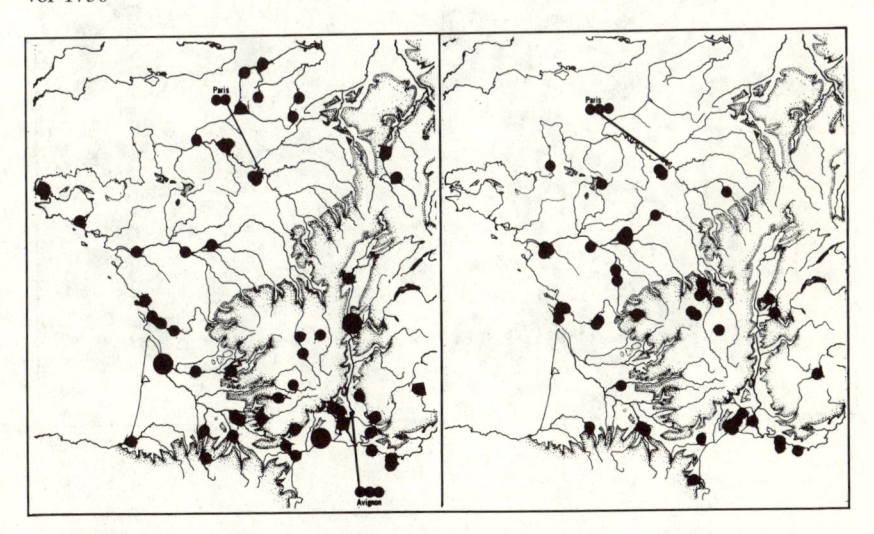

[13] M. Agulhon: Le Cercle dans la France bourgeoise, 1810–1840. Etude d'une mutation de sociabilité, Colin 1977.
[13a] René Taveneaux: Le Jansénisme en Lorraine, 1640–1789, Vrin 1960.

Karte 7: Logengründungen 1760–1769

Karte 8: Logengründungen 1770–1779

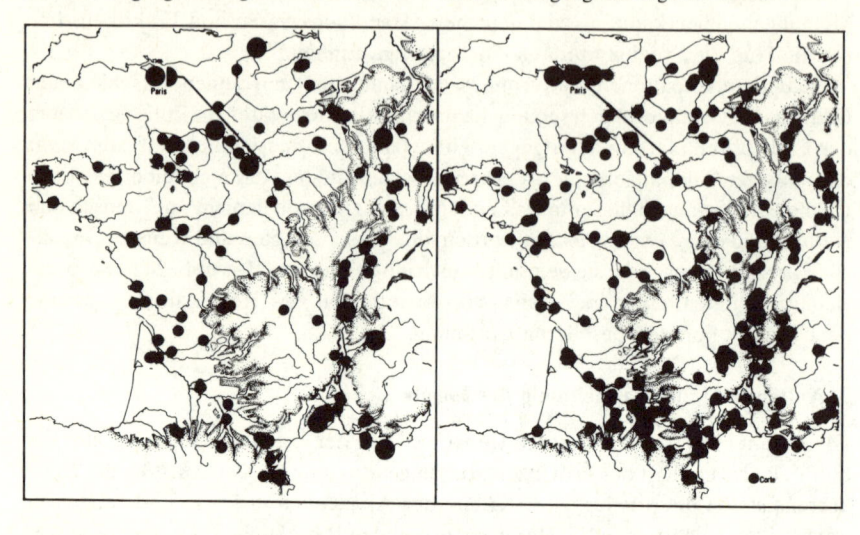

Karte 9: Logengründungen 1780–1789

Karte 10: Logengründungen in Akademiestädten im 18. Jh.

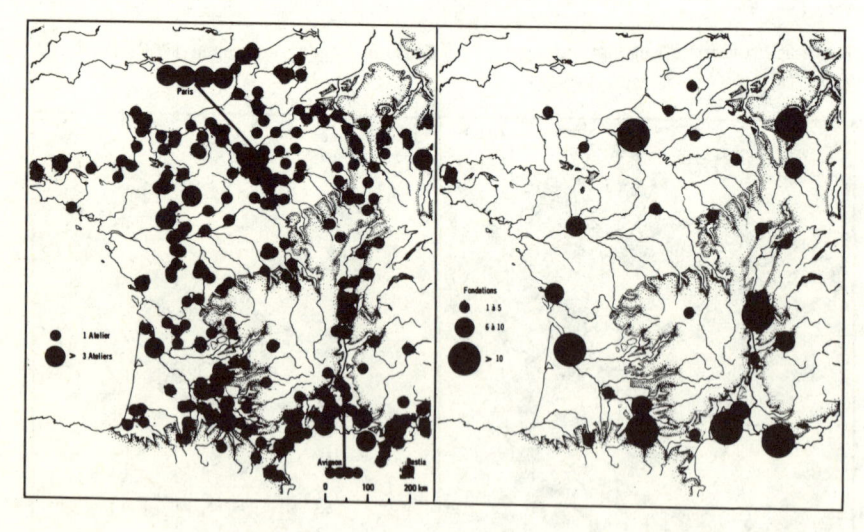

Ursprünglich ein Pariser Phänomen, verbreitete sich die Freimaurerei sehr früh über das gesamte Königreich in einer Jahrzehnt um Jahrzehnt aufsteigenden Linie. Von ungefähr 50 Logen, die vor 1750 gegründet wurden, liegen drei Viertel in den Akademiestädten südlich der Loire, wo sich die Freimaurerei sehr früh durchsetzte. Von etwa 1750 bis um 1770 erreichte die Bewegung alle bedeutenderen städtischen Zentren; die Logen bilden nun nicht nur in der Guyenne, im Languedoc und in der Provence ein immer dichteres Netz; auch im Osten und Südosten knüpfen sie ein enges Geflecht von Beziehungen, das sich vom Rhônegraben und Saône-Tal über die französischen Alpen und den Jura bis zu Maas und Mosel erstreckt. Auch sonst ist die Ausdehnung überall die Regel, und zweifellos ist die Reorganisation des Grand Orient teilweise für diesen bemerkenswerten Aufschwung verantwortlich. 1777 sind mehr als dreihundert Logen aktiv, im Jahre 1789 über siebenhundert, vielleicht sogar doppelt so viele, wenn man die Logen anderer Obedienz hinzuzählt. Dem elitären und zahlenmäßig auf etwa drei Dutzend beschränkten Phänomen der Akademien trat mit der Freimaurerei also eine viel breitere Bewegung entgegen. Ihr Wachstum basiert seit den ersten Gründungen auf verfeinerten Mechanismen. Die Verbreitung der Logen verläuft nämlich immer von den Randprovinzen zum Innern Frankreichs, von den großen zu den kleinen Städten, von der Hauptstadt zur Provinz. Sie bedient sich dabei des Verkehrsnetzes, der Handels- und Heerstraßen, der Wege der Reisenden und der Ideen. Die Freimaurerei schafft ein Netz der Soziabilität, ein wirkungsvolles Beziehungssystem, welches die lokalen Führungseliten sogleich in eine Gemeinschaft von nationaler, ja europäischer Dimension integriert. Die Logen sind zwar weniger eine Institution der politischen Macht als die Akademien, aber pflegen durchaus die gleiche Art von sozialen Beziehungen und Diskussionen. Diese Gemeinsamkeit läßt sich durch eine Untersuchung der Logen in den Akademiestädten genauer ermessen[14].

In der Verbreitung der Freimaurerei haben die Akademiestädte eine nicht unerhebliche Rolle gespielt. Drei Hauptphasen sind zu beobachten. Von den etwa 70 Logengründungen vor 1760 entfallen mehr als die Hälfte auf Akademiestädte; 1761–1770 kommen hier sechzig neue Gründungen hinzu, mit Ausnahme von Agen, Amiens, Chalons, Auxerre, Soissons und Villefranche drang die Freimaurerei nun in alle Akademiestädte vor; nach 1770 wurden auch die restlichen Akademiestädte erfaßt, es entstanden etwa hundert neue Logen, so daß in den Akademiestädten am Vorabend der Revolution insgesamt etwa 150 Logen aktiv waren. In der ersten Phase dieser Entwicklung spielten vier Städte eine wesentliche Rolle: Bordeaux mit den Logen ‚Anglaise', ‚Harmonie' und ‚Amitié'; Lyon mit den ‚Amis Choisis' und der ‚Amitié'[15]; Marseille mit ‚Saint-Jean d'Écosse' und schließlich Toulouse. Diese vier Städte, die alle über 50 000 Einwohner zählen und nach ihrer Funktionsstruktur und ihren städtischen Einrichtungen einen besonders hohen Grad von Differenziertheit und Vielfalt erreicht haben, übernehmen die Freimaurerei bereits zehn Jahre nach Paris, viel schneller und entschlossener als seinerzeit bei den Aka-

---

[14] P. CHEVALLIER: Franc-maçonnerie [s. Anm. 3], S. 149–210.
[15] MAURICE GARDEN: Lyon et les Lyonnais au XVIIIe siècle, Les Belles Lettres 1970, 538–549.

Schaubild 1: Logengründungen in den Akademiestädten

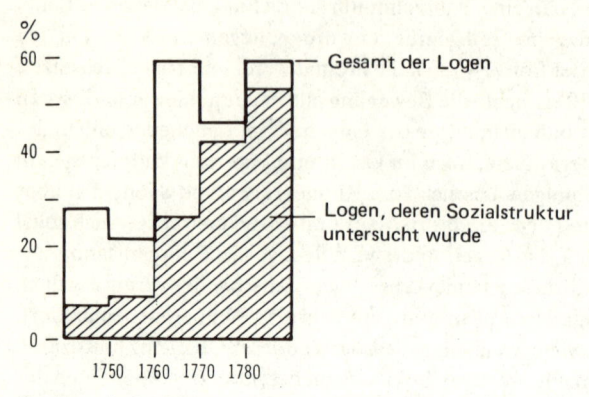

```
%
60 —                 ┌─ Gesamt der Logen

40 —
                      ─ Logen, deren Sozialstruktur
20 —                    untersucht wurde

 0 —
     1750 1760 1770 1780
```

Quellen: A. Le Bihan, Loges et Chapitres (s. o. Anm. 3); Freimaurerarchiv der B. N.

demiegründungen. Von den regionalen Hauptstädten strahlt die Freimaurerei außerdem unmittelbar auf die jeweils umliegende Provinz aus und erfaßt nach und nach alle Städte mit mehr als 10 000 Einwohnern. Dieser Aufschwung hält bis 1789 an, und zwar relativ am stärksten dort, wo die Freimaurerei am frühesten Fuß gefaßt hatte. So wurden in Lyon nach 1781 neun neue Logen gegründet, in Bordeaux und Marseille jeweils elf. Angesichts dieser Neugründungswelle, die erst nach 1785 verebbte, zeigten sich die Theoretiker der Freimaurerei ebenso beunruhigt wie früher die *gens de lettres* und begannen die Vermehrung der Gebildeten-Sozietäten zu problematisieren. In Paris wie in der Provinz gehört der Erfolg der Freimaurerei einer letzten Verbreitungsphase der Aufklärung an. Er zeugt von einer quantitativen Ausdehnung des Einflußbereichs der *Lumières,* dessen Sozialstruktur zu bestimmen bleibt. Wenn die Logen auch in gewisser Weise mit der Rolle der Gelehrten Gesellschaften konkurrierten, so scheinen sie deren Autorität doch nicht in Frage gestellt zu haben. Die Analyse der sozialen Basis dieser beiden Bewegungen wird uns nicht nur die Grenzen der Aufklärungsverbreitung zeigen, sondern auch die Abwehrreaktionen der an ihren Vorrang gewöhnten Gebildeten verstehen lehren, die fürchteten, schon die bloße unkontrollierte Vermehrung der kulturellen Sozietäten und die wachsende Zahl von Aufnahmeanträgen würden ihnen ihre Stellung streitig machen.

II. Die Sozialstruktur der aufklärerischen Gesellschaften

Welchen Stellenwert haben diese beiden Phänomene in der französischen Gesellschaft? Für die Beantwortung dieser Frage bieten sich die letzten Jahre des Ancien Régime an, weil man für sie über ziemlich genaue Bevölkerungszahlen verfügt. In einem Land mit 25 Mio. Einwohnern machen die provinzialen Akademiestädte den fünfundzwanzigsten, sie und die Hauptstadt zusammen den zehnten Teil der Gesamtbevölkerung aus. In diesen Städten zählt die Generation der Akademiemitglieder von 1760 bis 1790 weniger als 3000 Personen, die der Freimaurer weniger als 20 000. Sogar bezogen auf die Schicht der Gebildeten handelt es sich also um eine Minderheit. Wenn man (ohne Berücksichtigung verschiedener Bildungsgrade) die damalige Masse der lesefähigen Franzosen, also des potentiellen Lesepublikums, auf 10 Mio. ansetzt[16], werden die engen sozialen Grenzen des Phänomens, die gerade das Prestige der elitären Zirkel ausmachen, bestätigt. Die Wahl in die Akademie und die Einführung in eine Loge bleiben Zeichen der Zugehörigkeit zu einem geschlossenen und auserwählten Milieu. Das Frankreich der Aufklärung existiert nur an der Spitze der Gesellschaftshierarchie.

Dennoch bestehen zwischen beiden Assoziationsformen beachtliche Unterschiede. Was die Akademien betrifft, so ist die Begrenzung der Mitgliedschaft durch die Statuten institutionalisiert, welche die Zahl der wählbaren Vollmitglieder festlegen. Es überrascht nicht, daß im späten Ancien Régime bei den großen Pariser wie auch bei den Provinzialakademien mehr Bewerber da sind als vorhandene Plätze. Ein deutliches Indiz dafür ist das Ansteigen des Durchschnittsalters der Akademiemitglieder zum Zeitpunkt ihrer Wahl: in den 1730er Jahren lag es unter dreißig, in den 1780er Jahren über vierzig. Nur die in ihrer Zahlenstärke flexiblere Kategorie der korrespondierenden Mitglieder bot eine gewisse Auffangstellung.

1. Zahl und Auswahl der Mitglieder

Die Freimaurerlogen auf der anderen Seite kennen keine statuarische Beschränkung der Mitgliederzahl. Diese war folglich zeitlich wie räumlich großen Schwankungen ausgesetzt. Chronologisch gesehen erreichten die Logen fast alle zwischen 1780 und 1785 ihre größte Mitgliederstärke, doch ging diese am Vorabend der Revolution wieder zurück. Geographisch gesehen brachten sieben Städte, darunter die Hauptstadt, jeweils mehr als 500 Freimaurer auf, während drei Viertel der Akademiestädte jeweils weniger als 200 Freimaurer hatten. Eine Loge zählt also durchaus nicht mehr ‚Brüder' als eine Akademie gebildete Literaten, bei zwei Dritteln der Logen beträgt die durchschnittliche Mitgliederzahl kaum fünfzig Personen, nur die sehr großen Städte (Paris, Lyon, Bordeaux, Marseille, Toulouse) haben Logen mit jeweils über 100 Mitgliedern. Die Verbreitung der Freimaurerei griff zwar viel wei-

---

[16] Im Anschluß an Maggiolo vgl. F. Furet/Jacques Ozouf (Vf. u. Hg.): Lire et écrire. L'alphabétisation des Français de Calvin à Jules Ferry, vol. 1–2, Minuit 1977; s. a. R. Chartier/M.-M. Compère/D. Julia: L'Education en France du XVIe au XVIIIe siècle, SEDES 1976, 87–109.
[17] D. Roche: Siècle [s. Anm. 2], Bd. 1, S. 285–291.

ter aus als diejenige der Akademien, aber auch sie bestand in der Vermehrung *kleiner* Sozietäten. Die Logen halten sich an dieselben Normen des aristokratischen Zirkels wie die Akademien: die Mitgliedschaft in ihnen ist Ausweis der Zugehörigkeit zu einem auserwählten Kreis von Eingeweihten; die Aufnahmekriterien werden immer enger ausgelegt. Eine Hauptfrage der Sozialanalyse der Freimaurer- und Akademie-Bewegung lautet daher: wie wurde der Widerspruch ausgeglichen zwischen dem betonten Ideal der Abgeschlossenheit und der engen Mitgliederauswahl einerseits und dem wachsenden Andrang der Aufnahmewilligen andererseits? Die schrittweise Untersuchung der beiden Gruppen von Sozietäten soll die in dieser Hinsicht zwischen ihnen bestehenden Unterschiede und Ähnlichkeiten genauer feststellen.

Schaubild 2: Durchschnittliche Mitgliederzahlen der Freimaurerlogen

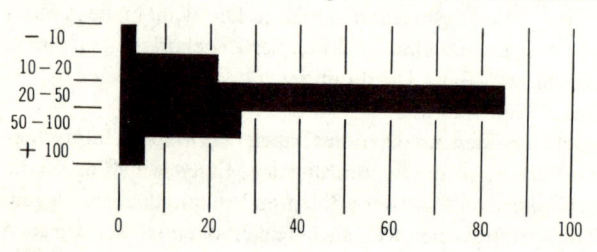

Bei den Akademien sind natürlich die satzungsmäßigen Bestimmungen zu berücksichtigen, welche die Gelehrten Gesellschaften i.d.R. vor allem auf zwei Grundsätze verpflichten: zum einen auf den Grundsatz der inneren Geschlossenheit, der die Mitgliedschaft auf eine kleine Zahl begrenzt und dem Ziel einer erweiterten und offenen *république des lettres* widerspricht; zum anderen auf den Grundsatz, die bestehende soziale Hierarchie zu respektieren und zugleich dem Ideal einer egalitären Sozietät der Talente treu zu bleiben, welche die bestehenden sozialen Unterschiede leugnet. Aus diesen beiden Prinzipien ergeben sich wichtige Konsequenzen. *Die Mitgliederzahl einer Akademie, auf die es ankommt, ist die der ordentlichen Mitglieder; sie liegt immer unter 40.* Die innere Hierarchie der Provinzialakademien folgt den Pariser Vorbildern der Académie des inscriptions und der Académie des sciences (während diejenigen Akademien, welche die Statuten der Académie française übernommen hatten, meist wieder darauf verzichteten): die Mitglieder werden in zwei Kategorien (ordentliche und assoziierte Mitglieder) oder in drei Kategorien (ordentliche, Ehren- und assoziierte oder korrespondierende Mitglieder) eingeteilt. Indem sie so die Unterschiede der geographischen (Wohnsitz) und der sozialen Herkunft berücksichtigen, können die Akademie-Statuten im Innern einer Stände- und Klassengesellschaft einen privilegierten Freiraum schaffen. In der Enklave ihrer geschlossenen Sitzungen können sie die Unterschiede der Geburt und des Besitzes vernachlässigen, die freilich in den öffentlichen Sitzungen ihr volles Gewicht behalten. Man mag nun die Bedeutung dieses ‚Spiels' anzweifeln; aber man kann es auch verstehen als praktische Erprobung der Gleichheit, als Auslöser eines Bewußtseinsprozesses, als Erfahrung eines Jahrhunderts des Kompromisses.

2. Zusammensetzung und Mentalität der Pariser Akademien

Paris bietet hier das glänzendste Bild einer Gesellschaft der Talente, die sich nach den verborgenen Gesetzen des Erfolgs zusammenfindet. Seine drei großen Akademien (die wissenschaftlichen Spezialvereinigungen sollen im folgenden außer Betracht bleiben) sind nicht nur die herausragenden Stätten des kulturellen Dienstes im Auftrag der Monarchie, der Quasi-Verbeamtung der Schriftsteller und Wissenschaftler, sondern auch Stätten der Begegnung zwischen Amateuren der Bildung und professionellen Gelehrten, zwischen der oberen Gesellschaft und den Intellektuellen. Kein Wunder, daß sich alle zeitgenössischen Sittenschilderungen von Duclos bis Mercier mit den Pariser Akademien beschäftigen. Diese weisen im übrigen besonders unterschiedliche Verhaltensweisen auf. Während die Académie française im ganzen Jahrhundert an ihrem Grundsatz festhält, unter ihren Mitgliedern keinen anderen Unterschied als den der Reihenfolge der Aufnahme zu machen, halten sich die Académie des sciences und die Académie des inscriptions an das Prinzip der internen Hierarchie, das den Gegensatz zwischen beruflichem Erfolg und sozialer Herkunft so weit wie möglich auszugleichen sucht: Mäzenatentum und Liebhaberei auf der einen, Erfordernisse der Staatsverwaltung und Mobilisierung der Schriftsteller auf der anderen Seite bestimmen ihr Verhalten. Doch insgesamt bleiben die Gelehrten Gesellschaften von Paris entschieden elitär, wie schon ihre das ganze Jahrhundert hindurch niedrigen Mitgliederzahlen zeigen: weniger als 200 Personen bei der Académie française, um 250 bei der Académie des inscriptions, etwa 800 bei der Académie des sciences, wovon aber mehr als die Hälfte korrespondierende Mitglieder in der Provinz und im Ausland waren. Die Gruppe der ordentlichen Mitglieder, welche alle der Körperschaft verliehenen Privilegien genießen, umfaßt überall nur etwa 40 Personen; die Schwierigkeit, aufgenommen zu werden, erhöht das Prestige dieser Institutionen beträchtlich, die den Auftrag haben, die erfolgreichen und anerkannten Talente aufzunehmen.

a) Eine soziologische Untersuchung der Akademien ist zum großen Teil eine Analyse des Erfolgs in der *république des lettres*. Eine Untersuchung des Zusammenhangs zwischen Standeszugehörigkeit und sozio-professionellen Lagen liefert wertvolle Hinweise auf die Wege des Erfolgs in Paris. Mit Ausnahme der Académie des sciences (nur 7% geistliche Mitglieder gegenüber mehr als 30% in den beiden anderen Akademien) findet man hier überall einen aktiven Klerus, dessen Rolle freilich nach 1750 zurückgeht. In diesem Klerus dominieren durchweg die Bischöfe und die Inhaber der großen Pfründen und Domstifte, aber man findet auch lehrende und gelehrte Geistliche. Im wesentlichen handelt es sich jedoch um den höheren Klerus (amtierende und künftige Prälaten, Äbte, Generalvikare, alle zu drei Viertel Adelige) und Kirchenmänner der Bildung (Theologieprofessoren, Schriftsteller, Gelehrte und Naturwissenschaftler). Ein Mitglied des Ersten Standes wird in die

Akademie aufgenommen in Anerkennung unbestrittener Verdienste (man denke an Fénelon oder Huet), in zusätzlicher ehrenvoller Bestätigung seines Aufstiegs zu hohen Staats- und Kirchenämtern (Fleury, Brienne) oder zur Belohnung für loyale Dienste (Mongin, Boyer, Abbé Alary). Bei solcher Bindung an die politische Macht spielt der Klerus der großen Akademien in den Debatten der Aufklärung eine zwiespältige Rolle.

b) Die zweite Gruppe der Mitglieder bildet ein selbstgewisser Adel: in der Académie française stellt er 38%, in der Académie des inscriptions 40%, in der Académie des sciences 30% der ordentlichen und – was die beiden letztgenannten betrifft – 60% bzw. 80% der gewählten Ehrenmitglieder. Zusammen mit den Geistlichen stellt er überall fast die Hälfte aller und drei Viertel der französischen Mitglieder. Dieser Akademie-Adel ist repräsentativ für die Hocharistokratie und die Spitzen der königlichen Verwaltung. Die Pariser Honoratioren und die aristokratischen Akademiemitglieder bilden eine Art Klub, in dem die bei Hofe eingeführten Adeligen und einige große Familien, in denen die Akademie-Mitgliedschaft praktisch vererbt wird, dominieren: die d'Aguesseaux, Bignons, d'Estrées, Lamoignons und Phélypeaux. Ihnen zur Seite sitzt in den Pariser Akademien eine Gruppe von Edelleuten, die oft weniger adelige Vorfahren, dafür aber mehr Wissen besitzen: ein regelrechter Adel der Gelehrsamkeit – von Buffon und Réaumur über Condorcet, Maupertuis und den geadelten Duclos bis zu Lacurne de Sainte-Palaye und Cisternay du Faye; darunter auch Militärs wie Vauban, der Marschall d'Arcy, Bélidor, Chabert de Cogolin, Borda und La Gallissonnière, die sich der Wissenschaft verschrieben haben (36% der Pensionäre in der Académie des sciences). Im Pariser Akademieadel dominieren die hohen Verwaltungsbeamten und Militärs, der Dienst- und Talentadel, während der Robenadel nie den Ton angibt. Und bemerkenswerterweise war es der Adel, welcher von dem langsamen Laizisierungsprozeß in der Mitgliederstruktur der Pariser Akademien in der zweiten Jahrhunderthälfte profitierte; er war ständig gespalten in Anhänger und Gegner der *philosophes*. In den Pariser Akademien kommt zur ideologischen und religiösen Spannung ein Klassengegensatz hinzu. Ohne ihn ist die Eroberung jener Akademien durch die *philosophes* in den Jahren 1750–1760 nicht zu verstehen.

c) Diese Eroberung war sicherlich das Werk der Bourgeoisie – freilich einer sozial integrierten und teilweise minoritären Bourgeoisie, sieht man einmal von den unteren Rängen der Hierarchie ab. In ihr dominieren Lehrberufe, Ärzteschaft, mit königlichen Pensionen ausgestattete Schriftsteller, Verwaltungsbeamte und Inhaber bürokratischer Sinekuren (Zeitschriftendirektoren, Kommissionsleiter, technische Direktoren, Sekretäre, Bibliothekare usw.). Insgesamt handelt es sich um Professionelle der Bildung, die alle dem selben abgeschlossenen Milieu angehören. Kennzeichen dieses Milieus sind die interne Hierarchie (an der Spitze die Pensionäre, unten die assoziierten Mitglieder und die Kandidaten auf der Warteliste), Privilegienwesen (Vorrechte vor Gericht), besondere Gebräuche und Riten (häufiger Besuch von Salons, regelmäßige Versammlungen, Streitgespräche und interne Kritik). Im großen und ganzen haben wir es weniger mit einer modernen, zukunftsweisenden Bourgeoisie zu tun als vielmehr mit einer sozialen Formation, die sich einerseits auf ein veraltetes Assoziationsmodell beruft, das durch Privilegien und Mäzenatentum einen korporativen Besitzstand garantiert, zugleich aber Elemente eines neuartigen Modells praktiziert; denn als Literat oder Gelehrter erhält man den sozialen Rang, der seinen Leistungen entspricht, und profitiert von den Sicherheiten einer sich liberalisierenden Professionalisierung. Darin besteht die wichtigste strukturelle Zweideutigkeit eines gelehrten und vom monarchischen Staat abhängigen, zugleich aber das Ideal der Kritik und der politischen Opposition propagierenden Bildungsbürgertums. Aus diesem Zwiespalt erwachsen die zahlreichen Spannungen zwischen der Verteidigung des elitären Ideals und den egalitären Zielvorstellungen, zwischen dem Wunsch nach Neuerung und der Notwendigkeit der Ordnungsgarantie in allen Bereichen des Wissens, kurz zwischen Abhängigkeit und Unabhängigkeit. Am Ende dieses Konflikts steht die Kritik der Gelehrten Gesellschaften während der Revolution – eine Kritik, zu deren Entwicklung die Provinzialakademien nicht wenig beigetragen haben.

3. Zusammensetzung und Mentalität der Provinzialakademien

Wer sind diese *provinzialen Akademiemitglieder?* Die Verteilung der Standeszugehörigkeit in den Provinzialakademien zeigt einerseits, wie die Mitgliederstruktur der herrschenden Auffassung von der Gesellschaftshierarchie entspricht, deckt aber zugleich eine andere Realität auf, denn die Ständeordnung verknüpft die soziale Funktion mit dem rechtlichen Status. Die etwa 6000 Mitglieder der Provinzialakademien setzen sich folgendermaßen zusammen: Geistliche 20%, Adelige 37% und Bürgerliche 43%. Die beherrschende Stellung der Privilegierten zusammen ist eindeutig; aber keine der drei Gruppen besitzt alleine ein absolutes Übergewicht; der Dritte Stand verfügt keineswegs über die massive Vormacht, wie nach den gängigen Darstellungen zu erwarten wäre.

Nach diesen allgemeinen Bemerkungen sind die interne Hierarchie der Akademien und die örtlichen Unterschiede zu berücksichtigen. Bei den ordentlichen Mitgliedern bestätigt sich das Übergewicht der Privilegierten und des Adels, der 43% erreicht. Bei den assoziierten Mitgliedern kehrt sich das Verhältnis um; der Dritte Stand besitzt mit 50% eine deutliche Mehrheit. Bei den Ehrenmitgliedern hat der

Tabelle 1: Zusammensetzung der Provinzialakademien nach Ständen

	Klerus		Adel		Dritter Stand		Gesamt
Ordentliche Mitglieder	624	22,1%	1122	39,9%	1061%	37,7%	2807
Ehrenmitglieder	103	17,5%	487	71,2%	74%	11,1%	664
Assoziierte Mitglieder	558	19,08%	763	25,7%	1610%	55,06%	2931
Gesamt	1285	20%	2372	37%	2745	43%	6402

Tabelle 2: Die adeligen und bürgerlichen Mitglieder der Provinzialakademien

	Adelige		Bürgerliche		Gesamt
Ordentliche Mitglieder	1368	49%	1438	51%	2807
Ehrenmitglieder	562	85%	102	15%	664
Assoziierte Mitglieder	847	29%	2084	71%	2931
Gesamt	2778	43,3%	3624	56,7%	6402

Tabelle 3: Sozio-ökonomische Funktionen der provinzialen Akademiemitglieder

	Religion		Gesundheitswesen		Bildung		Regierung/Verwaltung	
Ordentliche mitglieder	624	22,2%	309	11%	114	4%	1465	52,1%
Ehrenmitglieder	103	15,5%	9	1,3%	40	6,02%	465	70%
Assoziierte Mitglieder	558	19,02%	608	20,7%	470	16,02%	992	33,8%
Gesamt	1285	20%	926	14,4%	624	9,7	2922	45,5%

	Wirtschaft		Rentiers		Gesamt
Ordentliche Mitglieder	96	3,4%	199	7%	2807
Ehrenmitglieder	2	0,3%	45	6,7%	664
Assoziierte Mitglieder	61	2%	242	8,2%	2931
Gesamt	159	2,4%	486	7,5%	6402

Adel mit 71% eine überragende Stellung. Die soziale Öffnung der Akademien ist also vorsichtig; sie respektiert das statuarisch festgelegte Ständeprinzip und bleibt der kulturpolitischen Vorstellung des sozialen Zusammenhalts verpflichtet. Die geographischen Unterschiede bestätigen dieses Bild. In allen Provinzialakademien ist die Ehrenmitgliedschaft adeligen und geistlichen Schirmherren und Mäzenen vorbehalten; Angehörige des Dritten Standes finden hier Eingang nur aufgrund ihres literarischen oder wissenschaftlichen Erfolges oder aufgrund ihrer Machtposition in der Verwaltung.

a) Dagegen wird bei der Zusammensetzung der ordentlichen Mitglieder ein Grundmuster deutlich, das – abgesehen von gewissen Verschiebungen bei den Privilegierten – für die Provinzialakademien allgemein gültig ist:

Schaubild 3: Dreiecksdiagramme über das fließende Gleichgewicht der Mitgliedschaft der Provinzialakademien nach Ständen

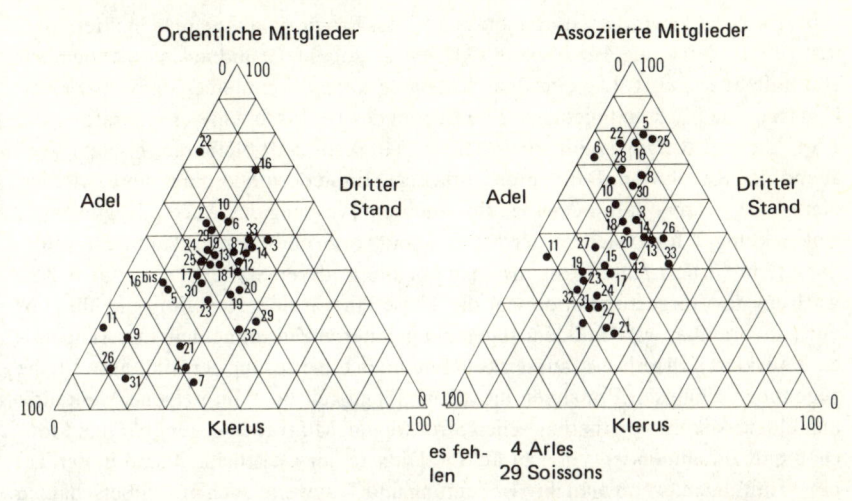

es feh- 4 Arles
len 29 Soissons

Erklärung: 1 = Agen, 2 = Amiens, 3 = Angers, 4 = Arles, 5 = Arras, 6 = Auxerre, 7 = Besançon, 8 = Béziers, 9 = Bordeaux, 10 = Bourg, 11 = Brest, 12 = Caen, 13 = Châlons, 14 = Cherbourg, 15 = Clermont, 16 = Dijon, 17 = Grenoble, 18 = Lyon, 19 = Marseille, 20 = Metz, 21 = Montauban, 22 = Montpellier, 23 = Nancy, 24 = Nîmes, 25 = Orléans, 26 = Pau, 27 = Rouen, 28 = La Rochelle, 29 = Soissons, 30 = Toulouse: Académie des Sciences, 31 = Toulouse: Jeux floraux, 32 = Villefranche, 33 = Valence.

Dieses Grundmuster gilt für drei Viertel der Akademien, deren jeweilige Mitgliederanteile nach Ständen nah bei einem gemeinsamen Mittelwert liegen: der Klerus ist immer mit 15–35% vertreten, der Anteil des Adels liegt nie unter 20% und nie über 45%, der des Dritten Standes pendelt zwischen 30% und 35%. Bei den restlichen Akademien zeichnen sich zwei Nebentendenzen ab: zum einen die überwältigende Mehrheit bürgerlicher Mitglieder in Montpellier, dessen Akademie von der medizinischen Fakultät beherrscht wird; zum anderen die absolute Mehrheit des Adels in den Parlamentsstädten Besançon, Bordeaux, in gewisser Weise Dijon, ferner Toulouse (Jeux floraux) und Pau sowie Arles, Brest und Montauban. Die Zusammensetzung der assoziierten Mitglieder bestätigt diese Tendenzen, wenn auch mit orts- und zeitbedingten Abwandlungen. Insgesamt macht unser Diagramm das Bemühen sichtbar, zwischen den städtischen Führungsgruppen ein Gleichgewicht herzustellen. Ist doch die Welt der Akademien die Welt der Geburtsstände, der Provinzialstände, der korporativen Berufsgruppen, kurz der Obrigkeiten in Verwaltung und Kultur. Die schwer eindeutig abgrenzbare Gruppe der freien Berufe ist zwar vertreten, aber ihre Angehörigen bleiben immer integriert durch Lehrämter (15%) und vor allem durch Funktionen in der Verwaltung, was für 52% aller ordentlichen Mitglieder gilt. Zwei Gruppen sind im Vergleich zu ihrer tatsächlichen Rolle in den Städten unterrepräsentiert: die Geistlichkeit und die bürgerlichen

Großkaufleute und Manufakturbesitzer. Arbeiter, kleine Ladenbesitzer und Handwerker schließlich sind praktisch überall ausgeschlossen.

b) Betrachten wir die Zusammensetzung der Provinzialakademien in ihrer langfristigen Entwicklung, so erweist sich jenes globale Grundmuster als ziemlich gleichbleibend gültig. Die einzelnen Mitgliederkategorien bleiben dem skizzierten Bild treu: die Ehrenmitglieder sind zu Beginn des 18. Jhs. ebenso aristokratisch wie 1789, die von Anfang an offene assoziierte Mitgliedschaft bleibt dies bis zum Vorabend der Revolution. Bei den ordentlichen Mitgliedern allerdings sind zwischen den ersten zwanzig Jahren des 18. Jhs. und dem Ausgang des Ancien Régime zwei Entwicklungen festzustellen: der Dritte Stand vergrößert seinen Anteil ein wenig, der Klerus verliert Anteile zugunsten der beiden anderen Stände. Dies relative Anwachsen des Bürgertums widerlegt die These einer Adels-Reaktion, die übrigens auch unvereinbar wäre mit dem allgemeinen inneren Zusammenhalt der Akademien. Es erklärt sich teilweise aus der zunehmenden Laizisierung der Bildungswelt, die gegenüber religiösen Prinzipien ihre Unabhängigkeit oder ihre eigene Mentalität anmeldet. Abkehr von theologischen Streitfragen, Mißtrauen gegenüber den Mönchen und zunehmender Verzicht auf die Dienste der Geistlichkeit sind in der Tat neue Haltungen, wenn man ihre Bedeutung und Tragweite auch nicht überschätzen sollte. Tatsächlich wird die Gesellschaft der Akademiemitglieder hin- und hergerissen zwischen der Bejahung der kulturellen Rolle des Adels, der sich im Vorsitz der Akademien bestätigt sieht, und einem aufsteigenden Bürgertum, das mehr in seiner traditionellen als in seiner modernen Spielart vertreten ist.

c) Drei Grundzüge kennzeichnen die Mitgliedschaft des Adels in den Provinzialakademien (Tab. 4 und 5). Zunächst ist hier das Ideal einer Verschmelzung von Anoblierten und altem Erbadel verwirklicht; wenn auch im Widerstreben des letzteren der Gegensatz zwischen Anhängern des Verdienstes und Verfechtern des Geburtsrechts teilweise verdeckt fortlebt, so besitzt doch nunmehr der gemeinschaftliche Dienst größere Bedeutung als die adelige Abstammung. Daher rekrutieren sich die adeligen Mitglieder zu so großen Teilen aus der Richterschaft der Parlamente (35%), aus der Armee (32%), aus der Zentral- und Provinzialverwaltung (18%). Nur die als Rentiers lebenden Adeligen und ein kleiner Kreis von Edelleuten mit bürgerlichem Beruf (Ärzte, Anwälte, Literaten, ja Kaufleute) stehen außerhalb dieser öffentlichen Machtfunktionen. Die zahlreichen Mitglieder aus dem adeligen Klerus dagegen kommen meist aus dem gleichen Milieu der Pfründen und des schwer erreichbaren Sozialprestiges.

Zum zweiten ist die Mitgliedschaft des Adels Ausdruck der Wohlhabenheit und sehr wahrscheinlich auch einer wirtschaftlichen Überlegenheit. Selbst wenn die Akademiemitglieder keine bloße Elite des Reichtums vertreten, so erhöht doch der blendende Reichtum der einen das Sozialprestige aller. In den Akademiestädten ist der Zweite Stand unbestritten der mächtigste Grundbesitzer, und seine ökonomische Lage meistert er besser, als man bisher wahrhaben wollte. Viele Akademiemitglieder waren auf ihre Weise ‚Unternehmer', die ihre Geschäfte fest in der Hand

Tabelle 4: Funktionen und Kategorien des Akademie-Adels

	Provinzialadel		Hofadel		Amstadel		Militäradel		Sonstige		Gesamt
Ordentliche Mitglieder	14,7%	165	12,1%	136	48%	539	23%	236	4%	46	1122
Ehrenmitglieder	9,03%	44	32,8%	160	28,1%	137	18,2%	89	11,7%	57	487
Assoziierte Mitglieder	23,9%	183	19,9%	152	20,04%	153	28,8%	220	7,2%	55	763
Gesamt	16,9%	392	18,8%	448	34,9%	829	22,9%	545	6,6%	158	2372

Tabelle 5: Die geistlichen Akademiemitglieder

	Bischöfe		Domherren		Pfarrer, Vikare, geistl. Lehrer		Ordensgeistliche		Gesamt
Ordentliche Mitglieder	8,9%	56	48,5%	303	27,7%	173	14,7%	92	624
Ehrenmitglieder	56,3%	58	20,3%	21	15,5%	16	7,7%	8	103
Assoziierte Mitglieder	3,9%	22	20,9%	117	44,6%	249	30,4%	170	558
Gesamt	10,5%	136	34,3%	441	34%	438	21%	270	1285

hatten und die Möglichkeiten einer Profit-Wirtschaft sehr wohl zu nutzen verstanden. Von daher gesehen erscheint Reichtum als Voraussetzung einer neuartigen Muße, ist wissenschaftliche Betätigung die Frucht materieller Selbständigkeit und erkämpfter freier Zeit. Die Aristokratie findet hier eine neue – geistige – Aufgabe und legt kurz vor der Revolution die Grundlagen einer provinzialen Vorromantik, an der sie auch den Dritten Stand zu beteiligen sucht[18].

Daher bedeutet die Mitgliedschaft des Adels drittens fast immer die Krönung eines gesellschaftlichen Lebens, das Zusammentreffen von beispielhafter Soziabilität und Bildung. Mit anderen Worten: sie ist Bekundung einer neuen Lebensart, welche Sein und Tun, verfeinerte Sitten und kulturelle Verantwortung miteinander versöhnt. Die anerkannte Stellung des Zweiten Standes in den Akademien bringt die Absicht der Monarchie zum Ausdruck, das kulturelle Leben als eine Machtinstitution in eigene Regie zu nehmen: eindeutiges Indiz für den Willen zu sozialer Veränderung, mag diese nun Wirklichkeit oder Wunschbild sein.

d) Die sozio-professionelle Zusammensetzung der bürgerlichen Akademiemitglieder überrascht nicht. Den wesentlichen Teil stellen Staats- und Verwaltungsbeamte, Fachleute, große Talente und Ärzte. Es handelt sich also um die schmale Schicht der städtischen Verwalter, Spezialisten und Obrigkeiten – durchweg in die Ständeordnung und die herrschenden Machtverhältnisse integrierte Männer, die den sozialen Besitzstand wahren und ihr Erbe weitergeben wollen. Sie bilden zugleich ein Milieu der Grundbesitzer und Rentiers, die erwartungsgemäß das Ideal der wirtschaftlichen Vorsicht, des goldenen Mittelmaßes des Reichtums, der Gleichheit der Talente, Leistungen und Verdienste pflegen. Alle diese Akademiemitglieder träumen davon, so zu sein wie jener Held eines von Dreux du Radier in Rouen verfaßten Nachrufes, der sich als Wohlhabender auf einen kleinen, rustikalen, aber doch stadtnahen Landsitz zurückgezogen hat und seine Zeit damit verbringt, an allen möglichen Werken zu feilen: „ein Ratgeber der ehrbaren Leute der Gegend".

Es bleibt das unerwartete Fehlen der Kauf- und Geldleute zu interpretieren. Stellen sie doch während des ganzen 18. Jhs. nicht einmal 5% der bürgerlichen Mitglieder, wobei sie sich überdies auf wenige Orte konzentrieren. Ihr Fehlen oder ihre ausnahmsweise Mitgliedschaft ist weniger Ausdruck einer allgemeinen Ideologie, welche die ‚Kapitalisten' ablehnt, als vielmehr Bestätigung der jeweiligen lokalen Rangordnung und der jeweiligen Skala der städtischen Würdenträger. In einem ersten Drittel von Städten, in denen Handel und Industrie eine geringe Rolle spielen, finden sich unter den Akademiemitgliedern überhaupt keine Geschäftsleute. Anderswo ist ihre Unterrepräsentation wohl eine Folge der Überrepräsentation der traditionellen Gruppen, welche die Stadt beherrschen; dies gilt für ein zweites Drittel von Akademien wie diejenigen zu Bordeaux, Dijon und Montauban, in denen meist die Parlamentsräte und Richter dominieren. Nur in einem letzten Drittel von Akademien wird den Kaufleuten die Ehre der Mitgliedschaft leichter zuteil, sei es in

---

[18] ALPHONSE DUPRONT: Les lettres, les sciences, la religion et les arts dans la société française de la deuxième moitié du XVIIIe siècle, Heft 1–4, CDU 1963–1964.

Tabelle 6: Die bürgerlichen Akademiemitglieder

	Ärzte		Justiz- und Verwaltungsbeamte		Fabrikanten, Kaufleute		Sonstige		Gesamt
Ordentliche Mitglieder	28,3%	301	51%	542	7,7%	82	12,8%	136	106
Ehrenmitglieder	12,1%	9	43,2%	32	1,3%	1	43,2%	32	74
Assoziierte Mitglieder	37,5%	604	27,7%	436	2,5%	41	32,8%	529	161
Gesamt	33,2%	914	36,7%	1010	4,5%	124	25,3%	697	274

	Niederer Klerus		Ärzte		Beamte		Geschäftsleute		Sonstige		Gesamt
Nichtadelige insgesamt	23%	869	26%	914	29%	1010	4%	124	18%	637	3554

Anerkennung ihrer persönlichen Bekanntheit, sei es in Bestätigung ihres starken Einflusses als Gruppe wie z.B. in Marseille[19]. Indem die Akademien solcher Handelsstädte Kaufleute und Fabrikanten aufgrund ihrer wirtschaftlichen Tätigkeit der Mitgliedschaft im Kreis der Gebildeten für würdig befinden, geben sie ein Signal zur notwendigen Versöhnung zwischen *otium* und *negotium*. Damit gelangen die Geschäftsleute zu neuen Ehren, und die bei ihrer Aufnahme gehaltene Laudatio steht in einer Reihe neben der Laudatio auf andere, gleichwertige Talente: darin vor allem besteht die Gemeinsamkeit der bürgerlichen Akademiemitglieder. Die städtische Interessengemeinschaft fördert notwendigerweise die Kundgebungen innerer Geschlossenheit. Somit besteht der dem Verdienst und den fähigen Köpfen angebotene Mittelweg in deren sozialem Aufstieg in die Kultur-Institutionen. Die kulturelle Praxis schafft sich zwar ansatzweise einen privilegierten Freiraum, aber sie kann sich den Konflikten der Gesamtgesellschaft offensichtlich nicht entziehen.

4. Zusammensetzung und Mentalität der Freimaurerlogen

Die Sozialstruktur der *Freimaurerlogen* weist entsprechende Spannungen auf, die allerdings offener hervortreten. Zusammenfassend kann man die Loge als eine zwiespältige Sozietät charakterisieren. Ihre größere soziale Öffnung hat eine ganz andere Zusammensetzung nach Ständen zur Folge, als wir sie bei den Akademien beobachtet haben: der Dritte Stand dominiert unumschränkt, der Adel behauptet einen wichtigen Anteil (22% in Paris, 15% in der Provinz), während der Klerus die Zeche dieser Ausweitung bezahlt (4% in Paris wie in der Provinz). Doch setzen sich diese globalen Angaben aus zahllosen Abwandlungen in den einzelnen Städten zusammen. Dabei zeichnen sich zwei Sondertendenzen ab: in etwa zehn Städten re-

---

[19] D. ROCHE: Négoce et culture dans la France du XVIIIe siècle, in: RHMC 25 (1978), 375–395.

krutieren sich die Logen in starkem Maße aus dem Adel, zumal in den Parlamentsstädten, die schon sehr aristokratische Akademien besitzen; in einigen Städten kommen viele Logenbrüder aus der Geistlichkeit (zu über 10% im Durchschnitt, zu 29% in Angers), und zwar in den eben genannten sowie in jenen Städten, in denen auch die Akademien dem Klerus sehr offen standen. Insgesamt folgt die Aufnahme in die Freimaurerlogen den gleichen Grundsätzen wie die Wahl in die Provinzialakademien. Sie unterliegt einem doppelten Druck: erstens dem allgemeinen Einfluß der jeweiligen führenden Gruppe von städtischen Notabeln und der geschlossenen Haltung der Gebildeten, zweitens dem Willen einer aufsteigenden Gruppe, welche die geistige Macht zu erobern trachtet.

Tabelle 7: Zusammensetzung der Freimaurergesellschaften nach Ständen

	Klerus		Adel		Dritter Stand		Gesamt
Provinz	403	3,9%	1807	14,8%	8257	80,2%	10167
Paris	324	3,9%	1860	22,5%	6108	73,6%	8292
z. Vergleich: Akademiemitglieder nach Ständen	1285	20%	2372	37%	2745	43%	6402

Deswegen weist die ständische Zusammensetzung der Logen je nach den örtlichen Verhältnissen vielfältige Abwandlungen auf. Ihre sozio-professionelle Struktur gibt Anlaß zu weiteren Überlegungen:

a) Logenmitgliedschaft des Klerus. Was zunächst die geistlichen Freimaurer betrifft, so ist ihre Zahl gering (etwa 300 in Paris, ca. 400 in der Provinz), doch sind sie in den Logen Nordfrankreichs deutlich überrepräsentiert. Dieser erste Kontrast verweist vielleicht auf die wichtige Rolle der Protestanten oder ‚neuen Katholiken' in den Logen Südfrankreichs. Doch bleibt es eine Tatsache, daß es trotz aller päpstlicher Verdammungen der Freimaurerei in den Logen eine ganze Reihe von Priestern gibt; allerdings sind diese nicht so zahlreich, wie entgegen der antiklerikalen Historiographie behauptet worden ist; entscheidend ist jedenfalls, daß die Geistlichkeit mit Ausnahme von Kirchenstädten wie Angers, Soissons und Auxerre, wo das ganze Leben im Schatten der Bischofskirche steht, kaum irgendwo eine Schlüsselposition innehat. Schließlich sind Verhaltensunterschiede innerhalb des Ersten Standes zu beachten; die Hauptscheidelinie verläuft dabei zwischen dem höheren Klerus und den geistlichen Würdeträgern einerseits, dem niederen Pfarr- und Ordensklerus andererseits.

Wichtig ist, daß die Bischöfe in den Logen nicht vertreten sind, wenn auch einige spätere Bischöfe Freimaurer waren. Die Prälaten unterstützen also Rom, sei es aus Mißtrauen gegen eine Bewegung, die das Übernatürliche leugnet (s. R. Taveneaux, zit. oben, Anm. 13a), sei es aus Ablehnung der freimaurerischen Esoterik, sei es aus

Tabelle 8: Logenmitgliedschaft des Klerus

	Bischöfe	Domherren	Pfarrer, Vikare, geistl. Lehrer	Ordensgeistliche	Gesamt
Provinz		105 26%	171 42,4%	127 31,5%	403
Paris		109 32,4%	142 45% 4*	73 22,5%	324
z. Vergleich: Akademie- mitglieder	136 10,5%	441 34,3%	438 34%	270 21%	1285

* 4 protestantische Pfarrer

Furcht vor den universalistischen und egalitären Zielvorstellungen der Freimaurerei. Hinter dieser Konfrontation zwischen offizieller Kirche und Logen steht ein Konflikt um das Sakrale, ein Konflikt zweier Grundauffassungen von einer universalen Glaubensgemeinschaft. Generalvikare, Domherren und Äbte richten sich in diesem Punkt weithin nach den Prälaten, allerdings in den Provinzen weniger als in Paris. So sind immerhin Einzelfälle ihrer kollektiven Logenmitgliedschaft zu beobachten, und zwar in Angers und in Besançon.

Den wesentlichen Teil der geistlichen Logenbrüder stellen indessen die Pfarrer, Vikare, geistlichen Lehrer und die Mönche: eine ganz andere Zusammensetzung als bei den Akademien mit ihrer Zurückhaltung gegenüber dem niederen Klerus, zumal den der Mönchsorden. Diese vergleichsweise große Rolle des Ordensklerus wird noch deutlicher bei dem offensichtlichen Logeneintritt ganzer Gruppen, so der Augustinermönche von Angers in die Loge ‚Tendre Accueil' oder der Mitglieder des Benediktinerkollegs von Auxerre in die dortige Loge ‚Vray Zèle'. Im großen und ganzen jedoch waren die Freimaurergesellschaften in viel stärkerem Maße laizisiert als die Akademien. Zugleich waren sie weniger aristokratisch:

b) Mitgliedschaft des Adels. In der Tat sind von den insgesamt etwa 20 000 registrierten Freimaurern nur 3000 dem Adel zuzuordnen, und von ihnen gehören die meisten dem Militäradel an (46% in der Provinz und 60% in Paris gegenüber nur 23% in den Akademien). Darin zeigt sich die große Anziehungskraft des neuen, mit dem Militärleben vereinbarten Soziabilitätsmodells; sein gesellschaftlicher Zweck ist hier wichtiger als seine kulturellen Ziele oder seine geheime Botschaft. Wie die Garnisonsverlegungen die Freimaurerei im Königreich verbreiten, so tragen auch die Ortswechsel der Regimenter dazu bei, daß das Netz der Logen immer fester geknüpft wird. Neben den reinen Offizierslogen, deren Bedeutung nicht zu unterschätzen ist, stellt der Militäradel auch sonst die größte Zahl der adeligen Logenbrüder, gefolgt von den anoblierten Financiers, dem Parlamentsadel und ganz zuletzt den adeligen Verwaltungsleuten.

c) Bürgerliche Logenmitglieder. Doch die überwältigende Mehrheit der Freimaurer stellt eindeutig der Dritte Stand, und zwar vor allem durch die geballten Logeneintritte bürgerlicher Geschäftsleute, Ladenbesitzer und Handwerker.

104 Daniel Roche

Tabelle 9: Logenmitgliedschaft des Adels

	Erbadel		Hofadel		Amtsadel		Militäradel		Sonstige		Gesamt
Provinz	304	20,1%	35	2,3%	335	22,2%	695	46%	138	T,14%	1507
Paris	286	15,3%	120	6,4%	208	11,1%	1129	60,6%	117	6,2%	1860
zum Vergleich: Akademiemitglieder	392	16,3%	448	18,8%	829	34,9%	345	22,9%	158	6,6%	2372

Tabelle 10: Bürgerliche Logenmitglieder

	Arztberufe		Juristen freie Berufe		Geschäftsleute		Handwerker		Sonstige		Gesamt
Provinz	486	5,8%	2730	33,3%	2999	36,2%	1042	12,6%	1000	12,2%	8257
Paris	304	9,3%	2007	36,1%	972	17,5%	650	11,7%	1593	35,4%	5526
z. Vergleich: Akademiemitglieder	914	33%	1010	34,7%	124	4,5%	—	—	697	25,3%	2745

Tabelle 11: Statistische Belege zu Schaubild 4

im Namen enthaltene Thematik	Einheit, Eintracht, Gefühl		Ethik der Aufklärung		Gesellschaft und Politik		Esoterik und Utopie		Religion		Sonstiges Akademiebewegung		Gesamt
Akademiestädte	110	56%	27	13,5%	15	6,5%	18	9%	19	10%	11	6%	200
Paris	52	39%	18	15%	24	17%	12	9%	14	18%	12	9%	132
übrige Städte der Provinz	305	57%	78	14%	42	7%	31	5,5%	69	12%	25	4,5%	550
Gesamt	467	55%	123	14%	81	9%	61	6%	102	11%	48	5%	882

Zusammengestellt aufgrund von A. Le Bihan: Francs-maçons parisiens ...; ders.: Loges et chapitres ...; beides zit. oben in Anm. 3.

Unternehmer, Bank- und Geschäftsleute stellen 36% der bürgerlichen Logenbrüder in der Provinz und 17% in Paris. Handwerker und Ladenbesitzer erreichen die gleiche Stufe (12% in Paris wie in der Provinz). Demgegenüber ist der Anteil der traditionell stark vertretenen gebildeten Ärzteschaft (6% gegen 33% in den Akademien) vergleichsweise gering, wenn auch Architekten, Techniker und Ingenieure ihren Anteil behaupten. Die Logen der Hauptstadt unterscheiden sich insofern von denen der Provinz, als ihre Mitglieder auch aus mittleren Berufsgruppen kommen, die in den Provinzhauptstädten oft kaum vertreten sind: Intellektuelle, kleine Gelehrte, Künstler, Musiker, Journalisten, Schriftsteller, aber auch die oberen Randgruppen der Pariser Arbeiterschaft, ferner Vorsteher und Angestellte der Staatsverwaltung, kaufmännische Prokuristen und Domänenverwalter des Adels (s. A. Le Bihan, zit. oben in Anm. 3). Darüber hinaus sind örtliche Unterschiede in der Mitgliederstruktur der Logen zu berücksichtigen. Bei den großen städtischen Handels- und Gewerbezentren (Lyon, Bordeaux, Marseille, Nîmes, Rouen und auch Grenoble) ist entschieden eine neue Tendenz festzustellen: 50% der dem Dritten Stand angehörigen Logenbrüder kommen aus dem ‚kapitalistischen' Bürgertum. Anderswo überwiegt die Gruppe der traditionsgebundenen Notabeln, sodaß jener grundlegende Unterschied zu den Akademien hier nicht besteht. Doch meistens kommt es nicht zum offenen Bruch; denn die soziale Öffnung der Logen ist wohl nur möglich durch die Anwendung eines Aushilfegrundsatzes: durch die Spezialisierung der Logen auf jeweils bestimmte Gesellschaftsgruppen. Damit aber bleibt die Freimaurergemeinschaft insgesamt trotz ihrer egalitären Erklärungen letztlich doch eine gespaltene und hierarchische Vereinigung. Die Absonderung verschiedener sozialer Gruppen ist überall offensichtlich, vor allem aber dort, wo sich der Druck neuer Schichten im örtlichen Nebeneinander mehrerer Logen niederschlägt.

Zwei bürgerliche Gruppen sind in den Logen immer vertreten, wie die Provence zeigt (s. M. Agulhon, zit. oben in Anm. 1): die Notabeln bzw. die „bourgeoisie d'Ancien Régime" und die Kaufmannschaft. Die Aufnahme oder der Ausschluß anderer Gruppen richtet sich nach dem örtlichen Differenzierungsgrad der Logen. Wo nur eine Loge besteht, wird sie i. d. R. von den traditionellen Führungsgruppen beherrscht, während die unter ihnen stehenden sozialen Schichten ausgesperrt bleiben; ein Beispiel dafür ist die ‚Sagesse', einzige Loge in Valence, die aus 25 Adeligen und 11 Priestern besteht. Wo an einem Ort zwei Logen bestehen, weist die eine im allgemeinen eine aristokratische, die andere eine liberalere Mitgliederstruktur auf; zwischen beiden herrscht nicht immer eitel Eintracht, wie etwa die Reibereien zwischen den adeligen und großbürgerlichen ‚Frères amis' und der kleinbürgerlichen Loge ‚Saint-Julien de l'Aurore' in Soissons zeigen. Wo schließlich drei und mehr Logen existieren, beobachtet man überall eine Art Rückkehr zu den korporativen Ursprüngen der neuen Sozietäten, eine regelrechte soziale Aufspaltung überwiegend nach Berufsgruppen; dies ist der Fall in Lyon (s. M. Garden, zit. oben Anm. 15), in Marseille oder in den Parlamentsstädten.

Aus alldem ergeben sich drei Schlußfolgerungen: Erstens beschränkt sich die soziale Öffnung der Freimaurerlogen im wesentlichen auf die sehr großen Städte, besonders auf die Handelsmetropolen. Zweitens unterscheidet sich ihre Mitgliederstruktur in den Grundzügen nicht von derjenigen der Gelehrten Gesellschaften. Drittens bestehen in den Logen und in den Akademien trotz gewisser Unterschiede durchaus vergleichbare Spannungen und Probleme[20].

III. Die Kultur der aufklärerischen Sozietäten

1. Grundwerte und Zielvorstellungen der Akademien

Für die Akademien wie für die Logen ist die in ihnen praktizierte soziale Integration vor allem die Bestätigung einer Soziabilitätsform, der ein bestimmtes Modell des sozialen Kompromisses zugrundeliegt. Die Gründung einer *Akademie* bedeutet stets zugleich die Übernahme einer neuen Soziabilität, indem sie von den auserwählten Mitgliedern eine regelrechte geistige Bekehrung verlangt. Wer sich bereit erklärt, an den Arbeiten der Gebildeten-Sozietäten mitzuwirken, vollzieht damit den Übergang vom losen Kränzchen zur festen Institution, vom Zeitweiligen zum Zeitlosen, von der Augenblicksregung zum geregelten Verfahren. Schon die ersten Akademie-Historiker haben das sehr wohl erkannt, als sie in großen Zügen Ausgangspunkt und Entwicklung einer Geschichte nachzeichneten, die recht eigentlich die Geschichte eines Bruches ist. Die Akademie distanziert sich stets vom Geselligkeitskonvent des oft galanten und höfischen Salons, von der Abendplauderei der Bürger und Aristokraten. Sei es nun in der Provence, im Languedoc, in der Guyenne, im Soissonnais, in der Normandie, in Burgund oder im Dauphiné – überall entwickeln sich die gelegentlichen geselligen Zusammenkünfte mit der Gründung einer Akademie zu regelmäßigen Freundestreffen, welche unmerklich zu formellen Versammlungen werden. Urkunden der Obrigkeiten suchen den Neugründungen Dauerhaftigkeit zu verleihen und heben sie über das gemeine Volk heraus, indem sie die Abschließung der Gruppe nach außen, ihre ausschließlich männliche Mitgliedschaft dekretieren und ihr einen festen Platz unter den lokalen Gewalten und in der *république des lettres* zuweisen.

Dieser Wandel geht oft mit einer anderen Veränderung einher, nämlich mit der Abkehr von anderen, gewohnten Formen der Zusammenkunft: vom Treffen der Altersgenossen und der Leute desselben Milieus, vom Brauch des gemeinschaftlichen Freundschaftsessens. In der Akademie verdrängt der Grundsatz der kulturellen Nützlichkeit die Formen der kollektiven Muße, welche der Freundschaft, dem Vergnügen und der Freude Ausdruck verleihen. Musizieren, das Lesen von Gedichten, gemeinschaftliches Singen, gelegentliche grobe Späße, wie sie bei Festen unter Freunden vorkommen, müssen den wohlorganisierten, rationalen Sitzungen weichen. Die fortdauernde Praxis der Konzerte und Bankette weist zwar darauf hin,

---

[20] JEAN-CLAUDE PERROT: Genèse d'une ville moderne: Caen au XVIIIe siècle, t. 1–2, Mouton 1975.

daß es sich nach wie vor um Feiern der Notabeln handelt; aber diese prunkvolle Umrahmung der Akademiesitzungen ist nunmehr das Zeichen ihrer Unterstützung durch die Obrigkeiten (den Staat, die Stadtregierung) und verkündet den Anspruch auf kulturelle Souveränität. Dieser Wandel, der während des ganzen Jahrhunderts anhält und überall zu beobachten ist, zeugt von der tiefen Verachtung der Gebildeten für die gewöhnlichen Leute, bei denen noch die ‚fröhlichen Zecher' und ‚freien Furzer' zusammenkommen. Kurz: in den Akademien herrscht Ordnung.

Fragt man nach den Ursachen eines solchen Wandels, so sind dreierlei Umstände zu nennen: die langfristige Verhärtung der Gesellschaftshierarchie, welche das kollektive Handeln erstarren läßt; die durch den starken Einfluß der katholischen Gegenreformation in der Provinz genährte Furcht vor einer Lockerung der Sitten; die große Anziehungskraft von hauptstädtischen Leitbildern, welche durch das erfolgreiche Pariser Buch- und Verlagswesen in alle Winkel des Königreiches verbreitet werden. Da sie erst frischgebackene Verteidiger des Französischen – der Sprache der Eliten – sind, haben die provinzialen Notabeln für ihre Vergangenheit so manche Abbitte zu leisten. Mit ihrer Abkehr von der traditionellen, nunmehr in Verruf geratenen Geselligkeitspraxis (man denke nur an die Denunzierung der Versammlungen der ‚Jeux Floreaux' in Toulouse als wilde Orgien) wollen sie beweisen, daß sie den Makel ihrer Provinzialität nach und nach tilgen. Das Zeitalter der Akademien versteht sich als sittlich gereinigte Ordnung. Um sie zu verstehen, muß man den institutionellen Rahmen betrachten, der ihren fundamentalen Zusammenhalt herstellt und sichert. Tatsächlich wollen die Reglements und Statuten vor allem eine Sozietät der Aussöhnung gründen. Das Geheimnis, das Ritual der Wiederholung, die Genauigkeit der Verfahrensordnung, die Regelung jeder Kleinigkeit kennzeichnen das kollektive Handeln eines Milieus, das innere und äußere Konflikte leugnet. Die Gründungsurkunden der Akademien dienen der Selbstvergewisserung und der Abschirmung; über die Beachtung der von allen anerkannten Regeln ermöglichen sie ein ‚Spiel der Gleichheit' hinter verschlossenen Türen. Dem entspricht, wie oben gezeigt wurde, die innere Hierarchie der Akademien; ihrer Grundvorstellung zufolge nimmt jedes Akademiemitglied den ihm gebührenden Platz ein, weil es aufgrund der erforderlichen Fähigkeiten gewählt worden ist. Dahinter steht die Idee einer dem Einzelmitglied überlegenen, höheren Gemeinschaft, in der vom Schwachen bis zum Starken jeder seine Rolle spielt und jeder das selbe Stimmrecht besitzt. Die Akademie-Satzungen regeln die Beziehungen einer kleinen Minderheit; sie wenden eine egalitäre Konzeption der sozialen Beziehungen auf einige Auserwählte an, ohne die rechtlichen und gesellschaftlichen Schranken zu leugnen. Es spricht für die Tragfähigkeit dieses Modells, daß es innerhalb der Akademien tatsächlich nicht zu offenen Konflikten kam. Poncet de La Rivière in Dijon hat das Ideal der neuen Sozietäten prägnant umschrieben – ein Ideal, das zwar Akademie und Gesamtgesellschaft auseinanderhält, aber durchaus auf eine kollektive Einübung der Freiheit hinausläuft:

> „L'académie est une république habitée par des esprits citoyens qui ne doivent avoir d'intérêt que le sien, entre lesquels doivent régner une émulation sans jalousie, une activité

sans tumulte, une liberté sans licence, une subordination sans esclavage et une seule ambition, celle d'accroître le fond de l'opulence publique par la communication des ses richesses particulières [...]"[21]

Diese weise Zurückhaltung mußte zur Isolierung der Akademien führen, als sich in der Gesellschaft neue, aufstrebende Gruppen zu Wort meldeten. Sie empfanden die Abkapselung der Gelehrten Gesellschaften, vor deren Toren sie sich drängten, als Aberkennung ihrer Verdienste. Angesichts der zunehmenden Beteiligung auch weniger gebildeter Kandidaten an ihren öffentlichen Preisausschreiben, angesichts immer zahlreicherer Mitgliedsanträge flüchteten sich die Akademien im späten 18. Jh. in die Rolle des wachsamen Hüters der Spitzenkultur und erschienen so als fragwürdige Verteidiger der herrschenden sozio-kulturellen Machtverhältnisse.

2. Ideale und Optionen der Freimaurerlogen

Bei den *Freimaurerlogen* sind die gleichen Ideale und Spannungen erkennbar. Auch hier stößt man auf einen latenten Konflikt zwischen dem Modell der eng begrenzten, aristokratischen Mitgliedschaft einerseits, nach dem sich die Mehrheit der Logen richtet, und der Mitgliederschwemme, dem fieberhaften Andrang zahlloser Beitrittswilliger andererseits. Der Erfolg der Logen beruht gerade darauf, daß sie einem doppelten sozialen Bedürfnis entgegenkommen. Zum einen ist die Freimaurerei für die Vertreter der ‚bourgeoisie d'Ancien Régime' wie für das Wirtschaftsbürgertum ein Mittel der Integration in eine herausgehobene, besondere Welt, in der egalitärere Gesetze herrschen als in der realen Gesellschaft und in der sich die Umrisse einer neuen, alternativen Gesellschaft abzeichnen. M. Agulhon (s. o. Anm. 1) hat am Beispiel der Provence gezeigt, wie die Anziehungskraft der freimaurerischen Idee die sozialen Eliten bewog, von den alten Bußbruderschaften in die neuen Logen überzuwechseln. Zu diesem Integrationsideal kommt zweitens die große Anziehungskraft der freimaurerischen Sozialibität. Die Loge eint die Notabeln durch einen neuartigen kollektiven Initiationsritus: eine sittliche, gewiß deistische, jedenfalls entklerikalisierte Handlung, die doch zugleich vom Mysterium umgeben ist, ausgestattet mit allen Verführungskünsten des esoterischen Rituals. Vielleicht bestand das freimaurerische Geheimnis gerade darin, daß es gar kein Geheimnis gab; eine Erkenntnis, welche die Eingeweihten in ganz besonderem Maße herausgefordert und in ihren Bann geschlagen haben dürfte. In der Tat erstrebt die Freimaurergesellschaft einen sozialen Aufstieg auf dem Wege der sittlichen Vervollkommnung, sucht diese Vervollkommnung aber durch Esoterik zu gewährleisten: die Spannung zwischen aristokratischem Ideal und dem wachsenden Zulauf zu den Logen konnte kaum größer sein.

Tatsächlich empfand man das Anschwellen der Freimaurerbewegung als eine Störung der Ordnung. Der Logenbruder Perrichet von Lyon gab der daraus entstehenden Besorgnis in einem Brief an den ‚Grand Orient de France' Ausdruck:

---

[21] A. D. Dijon, Fonds de l'Académie, Reg. IV, Eröffnungsrede der Sitzung vom 13. Nov. 1767.

> Rien n'égale la fureur maçonnique qui règne dans cette ville, une foule d'ateliers dont il serait difficile de connaître le nombre s'élève de tous côtés. On reçoit tout venant sans le moindre examen de caractère, de moeurs, de conduite, mais encore on emploie de basses sollicitations pour attirer ou raccoler qui l'on peut."[22]

Die Akten in den Archiven des ‚Grand Orient' sind voll von solchen Vorwürfen und zeugen von der kollektiven Unsicherheit und Furcht, mit der eine ganze Gemeinschaft auf das Vordringen der kleinen Leute reagierte. Hieraus erklären sich viele der personellen und Gruppenkonflikte innerhalb der Freimaurerbewegung; Konflikte, hinter denen – bei der einen Seite – das Bemühen um eine umfassende Wiederherstellung der Ordnung steht: auf nationaler Ebene soll der Pariser ‚Grand Orient' diese Aufgabe wahrnehmen, auf Ortsebene die großen provinzialen Logen, die sich übrigens ernsthaft um eine wirkungsvolle Kontrolle der Mitgliedschaft kümmerten und hofften, eines Tages die „uniformité essentielle" zu erreichen. Die soziale Heterogenität der Logenbeitritte, der Andrang von Handwerkern und Vertretern anderer als niedrig geltender Berufsgruppen, die sozialen Schranken, welche in der ‚Spezialisierung' der Logen fortlebten – alles stärkte den Wunsch nach strengeren Aufnahmevorschriften und vermehrte zugleich die Konfliktsituationen. In Frankreich bleibt die Freimaurergesellschaft eine Sozietät, in der programmatische Gleichheit und reale Ungleichheit nebeneinander bestehen; und dies ‚Spiel' ist demjenigen der Gelehrten Gesellschaften durchaus vergleichbar. Hier wie dort stellt man sich dem Andrang der ‚unbedarften Leute', die weder Bildung noch einen ordentlichen Stand vorweisen können, entgegen. Leboeuf, Großmeister der Loge in dem Marktflecken La Fère-en-Tardénois bei Reims, gibt 1780 folgende aufschlußreiche Definition der freimaurerischen Gleichheit:

> „Si toute l'heureuse famille des maçons français ne marchait pas à grands pas vers le bonheur d'être non seulement tolérée et avouée (elle l'est depuis longtemps) mais reconnue et adoptée comme l'un des corps les plus utiles à l'Etat, je dirais que l'état et la fortune des frères de ‚Saint Julien de l'Aurore' [so die Loge in La Ferté] sont indifférents [. . .] Mais aujourd'hui que, surtout en France, règne assez généralement de l'honnêteté dans les procédés, de l'aménité dans le discours, je ne vois pas pourquoi un homme, quoique d'un état médiocre, qui courberait facilement et sans effort sous le joug de la subordination, qui se ferait un vertueux devoir de ne jamais oublier ce qu'il doit à ceux qui sont au-dessus de lui, qui mettrait de la noblesse dans sa conduite, de l'honnêteté dans ses moeurs et de la douceur dans ses actions avec ses égaux, ne serait pas digne d'être accueilli chez les maçons."
> Und nach einer Beschreibung der städtischen Gesellschaftshierarchie kommt Leboeuf zu dem Schluß: „il y aurait de la tyrannie à forcer des citoyens d'étendre leur liaison par des rapports secrets qui ne pourraient avoir de suite dans la société civile."[23]

Die Tendenz zur sozialen Homogenität macht die Stärke des aristokratischen Assoziationsmodells aus; gleicher Rang und gleiches Vermögen stärken den inneren Zusammenhalt der Logen: die Mitgliederstruktur dieser Notabeln-Sozietäten unterscheidet sich nicht allzusehr von derjenigen der Akademien. Logen und Provinzialakademien rekrutieren sich aus derselben Elite und geraten durch das Vordrin-

---

[22] Brief vom 15. Dez. 1783, in: B. N., Départ. des manuscrits, Fonds maçonnique: FM² 273 (Grande Loge Provinciale), fol. 51–67.
[23] Rapport vom 17. Okt. 1780, in: ebd. FM² 421 (Frères et Amis), fol. 18–32.

gen der „hommes sans lettre", der Ungebildeten, in die gleichen Schwierigkeiten. Beide verstehen sie sich als Vereinigungen der „êtres marquants", der aus der Menge herausragenden Leute (Baron Tschoudi), und grenzen sich durch Schutzwälle gegen außen ab. Hier wie dort werden die Grundsätze einer neuen Gemeinschaft durch deren elitäres Verhalten als Ideologie sichtbar. Allerdings treten Spannungen bei den Akademien kaum offen hervor, werden Konflikte hier selten bewußt ausgetragen, während in den Logen der Andrang aus den Randgruppen der Notabelnschicht so groß ist, daß offene Konflikte ausbrechen und sich eine Abwehrfront der ‚ehrbaren' Sozialität bildet. Schließlich ist nicht zu vergessen, daß Logen und Akademien gleichermaßen unter dem wohlwollenden Blick der Obrigkeiten *die* Gruppen sammeln, welche den strukturellen Fortschritt der Stadt hauptsächlich tragen (s. J.-C. PERROT, zit. oben Anm. 20). In diesem Bereich spielen immer auch handfeste Klasseninteressen eine wichtige Rolle. Verwaltungsleute, Ärzte, Beamte und Juristen treffen hier mit profitorientierten Geschäftsleuten zusammen, und in den Freimaurerlogen wie in den Akademien sind sich die Notabeln darin einig, daß Macht und Wissen sich verbünden müssen für die Veränderung einer Welt, die den Sorgen der Grundschichten noch gleichgültig gegenübersteht. Wenn die Tätigkeit der beiden gleichwohl verschieden akzentuiert ist – mehr bildungsmäßig bei den Akademien, mehr gesellig-gesellschaftlich bei den Logen –, so bringt dieser wichtige Unterschied die zweifache Polarisierung der Gebildeten der Aufklärungszeit auf eine kurze Formel. Und dieser Unterschied verweist zugleich darauf, daß beide zu demselben – umstrittenen – Ganzen gehören, bei dem jede Frage die Versöhnungsethik berührt.

Die quantitative Analyse von an die 900 Logen-Namen erlaubt es, diese konformistische Ideologie etwas genauer zu fassen. Bei über 450 Logen (56%) ist der Hauptbegriff des Namens Ausdruck eines Strebens nach *Union, Concorde, Amitié* und *Fraternité*. Aus der freimaurerischen Namengebung spricht die Hoffnung auf ein Gesellschaftsleben ohne Kampf und ohne Hindernisse, aus dem das Wort die Übel Zwietracht und Unbildung vertreibt. Die von den Logen-Gründern gewählten Begriffe bilden ein Bündel von Grundwerten, in dem die Transparenz der menschlichen Beziehungen und der Wille zu Vertreibung der Uneinigkeit vorherrschen. In 14% der Fälle entscheiden sich die Logen für eine der Haupttugenden der aufklärerischen Ethik: *Ardeur, Bienfaisance, Fidélité, Tempérance, Prudence*. Die Freimaurerei versteht sich als ‚Schule der Sitten', was die religiöse Ausrichtung von über 10% der Logen-Namen noch unterstreicht. Wenn auch der freimaurerische Heiligenkult noch zu erforschen bleibt, so treten doch auf den ersten Blick zwei Elemente hervor: der esoterische Rückgriff auf Johannes den Täufer und die loyale Hinwendung zur monarchischen Schirmherrschaft Ludwigs d. Hl.

Drei restliche, etwa gleich große Gruppen nicht so häufiger Namen-Begriffe verweisen auf andere Bereiche. Die eine Gruppe besteht aus politischen Normen (9% im Gesamtdurchschnitt, 17% in Paris), die an den Bürgersinn der aufgeklärten Menschen appellieren und die entsprechenden Symbolfiguren beschwören (Henri IV

Schaubild 4: Grundwerte und Zielvorstellungen in den Logen-Namen (vgl. die statistischen Belege in Tabelle 11 S. 104)

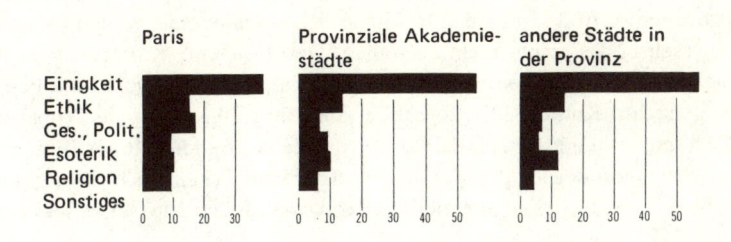

```
                    Paris           Provinziale Akademie-    andere Städte in
                                    städte                   der Provinz
  Einigkeit
  Ethik
  Ges., Polit.
  Esoterik
  Religion
  Sonstiges
              0  10  20  30    0  10  20  30  40  50    0  10  20  30  40  50
```

sowie die Schlüsselbegriffe *Humanité, Egalité, Contrat*). Die zweite Begriffsgruppe (6%) spricht den Eingeweihten-Charakter der Freimaurerei an, ihre utopische Sehnsucht, ihre Suche nach neuen, religionsartigen Kraftquellen; daher auch die zahlreichen Logen mit dem Namen ‚Saint-Jean d'Ecosse'. Die dritte Restgruppe von Namen, die sich auf ‚die Künste', ‚die neun Musen', und ‚die Wissenschaften' beziehen (5%), deutet auf eine enzyklopädische Ausrichtung. Insgesamt überwiegt das Streben nach Einmütigkeit und nach Tugend. So erscheint die Freimaurerloge in dreifacher Hinsicht als integrierende Assoziationsform: durch ihr Streben nach ethischer Vollkommenheit (und damit ihre Ablehnung von Handlungen am Rande der Moral); ferner als Institution des sozialen Aufstiegs (und damit durch den Ausschluß der unteren sozialen Gruppen); und schließlich durch ihre kompensatorische Esoterik (d. h. durch ihren Willen, die Schranken der wirklichen Gesellschaft durch ihr internes ‚Spiel der Gleichheit' zu verdrängen).

3. Die Kultur der Sozietäten

Auch die Reglements und Statuten der Akademien umschreiben, wie oben gezeigt wurde, eine Gesellschaft der Versöhnung. Die jede Einzelheit regelnden Statuten schreiben eine Alltagspraxis vor, die jeden Konflikt leugnet. In den Gründungsurkunden der Akademien findet sich das gleiche Ideal einer geregelten Lebensordnung wie in den Logen-Namen: unbescholtener Lebenswandel, anerkannte Rechtschaffenheit, Ehrbarkeit und Höflichkeit. Hier wie dort wird der Bereich der zwischenmenschlichen Beziehungen in erster Linie der Gesittung unterstellt. Wohlgeordnete Versammlungen und Aussparung aller Themen, über die es zum Streit kommen könnte (die gesamte Religion und Politik), schaffen die Voraussetzung dafür, daß es in den Akademien ruhig zugeht. Eine Analyse des Diskurses der Akademien, durch die Fülle vorhandener Texte erleichtert, kann dazu beitragen, die eigentliche politische und soziale Zielsetzung dieser Akademie-Ideologie besser zu verstehen.

Die Gründungsurkunden der Akademien legen den Verhaltenskonformismus in einer homogenen Sozietät fest. Die anerkannten lokalen Obrigkeiten sowie Forscher und Wissenschaftler erscheinen als Hüter des Wortes im Dienste des Fortschritts. Erster Zweck dieses desakralisierten, weil nicht mehr auf ein jenseitiges Ziel bezogenen Auftrags ist es, den Ruhm des Königs und seine Verdienste um das Gemeinwesen in das rechte Licht zu stellen. Die Akademie-Kultur ist vor allem Ausdruck monarchischer Lenkungsabsichten im kulturellen Bereich. Zwar liegt ihr keine regelrechte Kulturpolitik zugrunde, aber ihre ethisch-soziale Propaganda läuft doch immer hauptsächlich darauf hinaus, die Notwendigkeit des Bündnisses zwischen den führenden lokalen Notabeln und der königlichen Macht zu bestätigen. Genau diese Funktion der Akademien hat der Anwalt Achard de Germanes in einer Rede von 1785 umschrieben:

> „il devrait exister dans chaque pays une institution fondamentale qui commit une classe d'hommes pour imaginer tout ce qui peut contribuer à la félicité de ses habitants, pour combiner tous les rapports du climat, les accidents intérieurs et extérieurs, pour chercher les remèdes à leurs maux, enfin pour indiquer à ceux qui ont l'autorité, la route qu'ils ont à suivre pour réussir dans le plan du bien public."[24]

Ohne die königliche Schirmherrschaft wären die wissenschaftlichen Gesellschaften bedeutungslos, sowohl in Paris als auch in der Provinz; auf beiden Ebenen spielen sie also ihren Part im Konzert der Monarchie. Hieraus wird verständlich, daß sich in der Kritik an den Akademien wachsende soziokulturelle Spannungen manifestieren, und zwar längst vor ihrer völligen Infragestellung während der Revolution. Trotz Phasenverschiebungen in ihrer Entwicklung, trotz Akzentunterschieden der Quellenzeugnisse scheinen Freimaurerei und Akademien ein und derselben Bewegung anzugehören.

Schon das Aufkommen konkurrierender Vereinigungen seit 1760/70 führte zu Spannungen im Kreis der Gebildeten-Sozietäten. Angesichts der wachsenden Zahl von den Obrigkeiten geduldeter Zirkel entwickelte sich ein Gefühl der Rivalität. Doch als besondere Sprengkraft erwies sich die Flut von Aufnahmeanträgen, die nur ungleichmäßig berücksichtigt werden konnten. Zumal in der Hauptstadt stehen sich nun einerseits die in die obere Gesellschaft integrierten Schriftsteller (seien sie *philosophes* oder nicht), Wissenschaftler und Gelehrten, andererseits ein regelrechtes intellektuelles ‚Proletariat' gegenüber – Ergebnis eines Jahrhunderts der Alphabetisierung und des kulturellen Fortschritts. Diese hungerleidenden Versemacher, Publizisten, stellungsuchenden Lehrer, Verlagsgehilfen, für jedermann käuflichen Pamphletisten, Pläneschmiede, Erfinder, verkannten Wissenschaftler, Pornographen und Komödienautoren bilden ein neuartiges, wucherndes Milieu, sehr verschieden von dem der Akademien, zu dem sie nie Zutritt erhalten werden[25].

---

[24] Achard de Germanes: Essai sur les moyens locaux les plus assurés et les moins dispendieux de faire cesser le fléau de la mendicité à Valence, [Valence] 1789.
[25] Vgl. von den zahlreichen Arbeiten von ROBERT DARNTON insbes. seinen Aufsatz: The High Enlightenment and the Low-Life of Literature in Pre-Revolutionary France, in: PP 51 (1971), 81–115.

Dasselbe Phänomen gab es auch in der Provinz – vielleicht nicht so ausgeprägt, weil nicht dieselben Bedingungen bestanden wie in Paris, aber von nicht geringerer Breite. Das zeigt die Beteiligung an den öffentlichen Preisausschreiben der Akademien, die in der *république des lettres* eine so wichtige Rolle spielten. Die Jagd nach Preisen war in der Tat nicht nur ein Mittel, einen beachtlichen Nebenverdienst zu erwerben, sondern auch eine Gelegenheit, bekannt zu werden. Die Akademie-Preisausschreiben verfolgen einen dreifachen Zweck: Sie wenden sich zunächst an einen Kreis von Spezialisten, die sich überall bewerben und wie der Kanonikus Talbert, einer der Rivalen Rousseaus in Dijon, über jedes Thema virtuos zu schreiben verstehen. Sie sind zweitens ein Wettkampf des Nachwuchses, der Übungsplatz späterer Berühmtheiten; das gilt nicht nur für ‚Jean-Jacques‘, sondern auch für zahlreiche Männer der revolutionären Generation wie Brissot, Robespierre, Marat, Laclos, Daunou, Barère und Carnot, um nur einige der wichtigsten zu nennen. Sie sind schließlich drittens der Bereich einer unbestreitbaren sozialen Öffnung. Denn die Teilnehmer an den Preisausschreiben weisen genau die umgekehrte Sozialstruktur auf wie die Akademiemitglieder: wenige Adelige (9%), nicht besonders viele Geist-

Schaubild 5: Anstieg der Akademie-Preisausschreiben

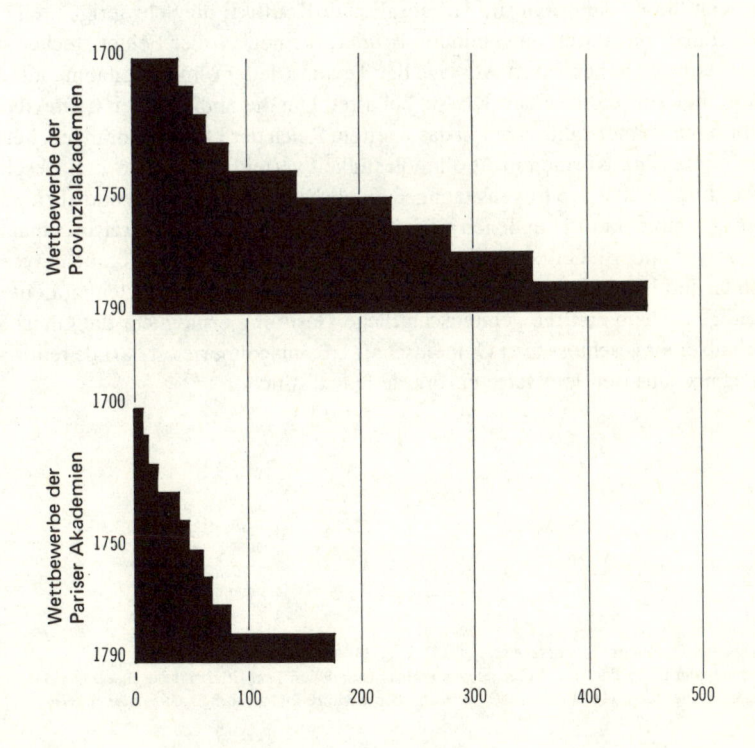

liche (20%), dafür aber um so mehr Bürgerliche, unter ihnen überraschenderweise auch Handwerker, kleine Händler und Landwirte: „zweifelhafte und gewöhnliche Leute", um ein Urteil der Jury der Akademie zu Nancy zu zitieren. Bei solchen Bewerbern entzündete sich der Konflikt mit der Akademie-Kultur an ihrer unzureichenden Beherrschung der Sprache und des Stils; denn die gewöhnliche Ausdrucksweise verrät eine ‚gemeine Seele', der „Fuhrknecht-Stil" verrät einen niedrigen Rang[26]. Damit erwies sich die Welt der Akademien als unfähig, eine neue Schicht erst seit kurzem für die Bildung gewonnener Leute zu absorbieren, und erstarrte – in Paris wie in der Provinz – zu einer Festung der Normen.

Die öffentliche Infragestellung der Logen in den Jahren 1780–1789 ist damit durchaus vergleichbar. Bildung (nicht nur die hohen Grade, sondern auch die einfachen Logenbrüder müssen ordentlich lesen und schreiben können) sowie Höflichkeit und gute Sitten sind stets die beste Gewähr für eine problemlose Aufnahme unter die Eingeweihten. Die Anforderung an die Bildung des Kandidaten ist zwar niedriger als bei den Akademien, aber die Strategie der sozialen Auslese ist die gleiche. Denn dafür ist das Kriterium der Sittenreinheit bei den Logen um so wichtiger. Wie bei den Akademien legt ein Regelkatalog die Pflichten jedes Einzelmitglieds fest und schreibt genau vor, welche Maßnahmen zur Wahrung der freimaurerischen Ethik erforderlich sind. Auch hier geht es darum, die Leidenschaften und bösen Gelüste durch eine soziale Aufwertung in der Gemeinschaft auszutreiben. Jeder interne Konflikt ist daher ein sittlich-moralischer Konflikt; die Schwierigkeiten entstehen immer nur durch ‚ungebildete' Brüder, die noch voller Fehler stecken und keine Gesittung haben: nach Aussage der Texte ist jeder ohne Ausnahme mit den Lastern und Torheiten seiner ‚Klasse' behaftet. Um die ‚unbedarften Leute' davon abzubringen, immer zahlreicher in das gesittete Reich der Logen zu drängen, hat die Freimaurerei ihre Normen nicht ohne Festigkeit verteidigt mit dem Ziel, gesellige ‚Abweichungen' bei den Logensitzungen möglichst zu kontrollieren und allzu weinselige Zusammenkünfte, in denen sich ein echter volksnaher Epikureismus manifestiert, zu verhindern. Galt es doch, die für den Zusammenhalt der Notabeln wesentlichen Grundwerte gegen die übermäßige Freiheit der Logen der kleinen Leute zu verteidigen. Denn erst die gemeinschaftliche Gesittung ermöglicht die Gleichheit innerhalb einer geschlossenen Gemeinschaft. „La maçonnerie est l'art de rendre les gens égaux sans rien leur faire perdre de leur distinction."[27]

---

[26] Belege bei D. ROCHE: Siècle [s. Anm. 2], Bd. 1, S. 338–342, und Bd. 2, S. 137.
[27] Diesen in der Loge ‚Parfaite Union' zu Grenoble entstandenen Text zitiert PIERRE BARRAL: Un siècle de maçonnerie grenobloise, 1750–1850, in: Cahiers d'Histoire 2 (1957), 373–395, hier S. 376.

IV. Zusammenfassung: Konkurrierende Profile der Gebildeten-Sozietäten

Im Rahmen einer gemeinsamen Soziabilität und Kultur prägen sich in Akademien und Freimaurerlogen also zwei verschiedene Formen der Gebildeten-Sozietät aus. Für die Gelehrten Gesellschaften zählen vor allem Kenntnisse, Wissenschaft und Wissenserweiterung; für die Logen vor allem die Zusammenkunft und die moralische Vereinigung, welche in den Augen der Brüder durch die Einweihungsbotschaft und das Geheimnis ihre Authentizität erhält.

Während die Akademien das Hauptgewicht auf rationales Handeln und eine leistungsfähige Sprache legen, geht es den Freimaurerlogen in erster Linie um die sittliche Wandlung des Individuums. In den Logen herrscht die Tugend, in den Akademien dagegen die Nützlichkeit; aber wie auch die Akademie-Kultur eine Ethik enthält, so hat auch die freimaurerische Einweihung eine soziale Seite. Obwohl sie sich also teilweise überschneiden, unterscheiden sich die beiden Assoziationsformen doch auch in ihrer Mitgliederstruktur: die enge Mitgliederbeschränkung der Akademien bestätigt die Geschlossenheit der Notabelnschicht, wobei sich adelige Lebenskunst und bürgerliche Weltbeherrschung verbinden; in den sozial offeneren Logen treffen sich dagegen auch Geschäftsleute und Gruppen, die bis dahin von den Institutionen der Bildung ausgeschlossen gewesen waren. Gerade in diesem letzten Punkt aber kommt die fundamentale Solidarität der Führungsschichten letztlich doch wieder zum Durchbruch, indem sich die durch Reichtum, Muße, Wissen und Macht Privilegierten in den vornehmen Logen sammeln.

Insgesamt sind Logen und Akademien Stätten des sozialen Kompromisses. Ihre Stärke beruht einerseits in ihrer Fähigkeit, die aufsteigenden Talente zu absorbieren, andererseits in der Möglichkeit, die Konflikte der wirklichen Gesellschaft zu überspielen. Letztlich aber können sie sich nicht entscheiden zwischen der Welt der Stände und der überkommenen Treuebindungen auf der einen und der laizisierten Klassengesellschaft auf der anderen Seite. Die Revolution von 1789 machte die Hoffnung auf eine endgültige Aussöhnung der führenden Schichten und auf ihre Sammlung um einen Aufgeklärten Absolutismus zunichte. Der Prüfstein war auch hier das Privilegienwesen. Sobald dieses jedoch beseitigt war, errichtete die bürgerlich geprägte Notabelngesellschaft von neuem jenes Gebäude von Gebildeten-Sozietäten, das die Französische Revolution in der Hoffnung auf eine neue Gesellschaft eingerissen hatte.

Dominique Julia

Staat, Gesellschaft und Reform der Lehrpläne in Frankreich im 18. Jahrhundert*

Wer die Veränderungen ermessen will, die am Ende des 18. Jhs. in das französische Schulwesen eingeführt wurden, für den bedeutet die von d'Alembert im Rahmen des *Encyclopédie-*Artikels *Collèges* (Bd. 3, Paris 1753) verfaßte Anklagerede einen entscheidenden Ausgangspunkt:

> „*Humanités:* on appelle ainsi le temps qu'on emploie dans les *collèges* à s'instruire des préceptes de la langue latine. Ce temps est environ six ans. On y joint vers la fin quelque connaissance très superficielle du grec; on y explique tant bien que mal les auteurs de l'Antiquité les plus faciles à entendre; on y apprend aussi tant bien que mal à composer en latin; je ne sache pas qu'on y enseigne autre chose [...]
> *Rhétorique* [...] En rhétorique on apprend d'abord à *étendre* une pensée, à *circonduire* et *allonger* des périodes, et peu à peu l'on en vient à des discours en forme, toujours ou presque toujours, en langue latine. On donne à ces discours le nom d'*amplifications*; nom très convenable en effet puisqu'il consiste pour l'ordinaire à noyer dans deux feuilles de verbiage ce qu'on pourrait et devrait dire en deux lignes [...]
> *Philosophie.* Après avoir passé sept ou huit ans à apprendre des mots ou à parler sans rien dire, on commence enfin ou on croit commencer l'étude des choses; car c'est la vraie définition de la philosophie. Mais il s'en faut bien que celle des collèges mérite ce nom: elle ouvre pour l'ordinaire par un *compendium* qui est, si on peut parler ainsi, le rendez-vous d'une infinité de questions inutiles sur l'existence de la philosophie, sur la philosophie d'Adam, etc. On passe de là en logique: celle qu'on enseigne, du moins dans un grand nombre de collèges, est à peu près celle que le maître de philosophie se propose d'apprendre au bourgeois gentilhomme: on y enseigne à bien concevoir par le moyen des universaux, à bien juger par le moyen des catégories et à bien construire un syllogisme par le moyen des figures *barbara coelarent, darii, ferio, baralipton,* etc. La métaphysique est à peu près dans le même goût; on y mêle aux plus importantes vérités, les questions les plus futiles [...] Enfin dans la physique, on bâtit à sa mode un système du monde; on y explique tout ou presque tout; on y suit et on y réfute à tort et à travers Aristote, Descartes et Newton[1]."

Das düstere Bild, das hier entworfen wird, ist sicher ungerecht. Doch das soll uns im Augenblick wenig interessieren; der Text von d'Alembert hat das Verdienst, auf Anhieb die zwei wesentlichen Kritikpunkte der Aufklärung bezüglich des Unterrichts an den Collèges sichtbar zu machen: einerseits die ausschließliche Vorherrschaft des Lateinischen, andererseits den überholten und unnützen Charakter der Philosophie. Als Ersatz für dieses seiner Meinung nach veraltete System schlägt d'Alembert eine Erziehung vor, die auf der Kenntnis der französischen Sprache ge-

---

* Dieser Beitrag wurde übersetzt von Armin Biermann und Friederike J. Hassauer-Roos.

[1] *Encyclopédie*, Bd. III, Paris 1753, S. 635.

gründet ist (das Studium der lateinischen Autoren soll „sich darauf beschränken, diese zu verstehen"), auf der Kenntnis der lebenden Sprachen und der Geschichte, darüber hinaus einer Philosophie, innerhalb derer die Logik auf „einige Zeilen" begrenzt ist, die Metaphysik auf „eine Zusammenfassung von Locke", die Moralphilosophie auf die „Werke von Seneca und Epiktet", die Physik „auf die Experimente und die Geometrie, die von aller Logik und Physik die beste ist". D'Alembert empfiehlt im übrigen, den Kindern sehr früh die Geometrie beizubringen, und kommt den Einwänden, die seine Gegener gegen den Enzyklopädismus seines Lehrplans erheben könnten, zuvor: er hebt hervor, daß es durchaus nicht zulässig sei, alle Fächer gleichzeitig zu lehren: sie könnten auch sukzessiv gelernt werden, und manche Kinder könnten sich auf einen speziellen Studienzweig beschränken. Zwischen den Zeilen wird so die Möglichkeit verschiedener „Optionen" sichtbar, die auf eine Pluralität von Ausbildungsgängen hinführt.

Es besteht aller Anlaß zu der Vermutung, daß das von d'Alembert vorgeschlagene Programm und die davon evozierten Debatten im wesentlichen nicht über den akademischen Rahmen hinausgelangt wären, wenn nicht im System des französischen Schulwesens durch das Lehrverbot für die Jesuiten sich eine Bresche geöffnet hätte. Die Ersetzung von etwa 1250 Mitgliedern der Gesellschaft Jesu, welche die Collèges beschickten, hat die Diskussionsbedingungen grundlegend gewandelt. In der Tat setzt die königliche Macht eine allgemeine Reform der Verwaltung der Collèges in Kraft (derjenigen Collèges zumindest, die von weltlichen Priestern unterhalten werden, und nicht von Universitäten abhängen); dies geschieht, indem – durch das Gesetz vom Februar 1763 – die Führung der Institute übertragen wird an Büros, die sich aus lokalen Notabeln zusammensetzen. Wenn das vorrangige Ziel der Reform zunächst in einer Rationalisierung der Schullandschaft durch die Abschaffung der obskuren und armen Collèges und in der Vereinheitlichung der Verwaltungsstrukturen auf nationaler Ebene liegt, kündigt die Präambel des Ediktes die königliche Absicht an, den Blick „nach und nach auf die unterschiedlichen Teile eines so interessanten und so weitreichenden Gegenstandes" zu lenken, und nicht zu vernachlässigen, „was die gute Ordnung, die Instandhaltung und den Glanz der Universitäten, ja selbst deren Reform, falls dieses nötig sei, anbelangt". Es handelt sich also hier um die erste Stufe einer allgemeinen Umgestaltung des gesamten Erziehungssystems. Seit September 1762 fordert das Pariser Parlament – in gewisser Weise den königlichen Plänen zuvorkommend – die fünf Universitäten seines Amtsbereichs auf, ihm innerhalb von drei Monaten Denkschriften zu unterbreiten,

> „contenant les règlements d'études et discipline, qu'elles croiront devoir proposer pour être observés dans les collèges des différentes villes du ressort de la cour, dans lesquels mémoires elles indiqueront les plans les plus propres pour remplir les trois principaux objets de l'instruction de la jeunesse, la religion, les moeurs, les sciences[2]."

Das ist ein Entwurf nationaler Erziehung, der ausdrücklich erwünscht ist. Im Geist der Pariser Parlamentsräte geht es darum, „eine neue Ordnung der Dinge zu

---

[2] Text des Erlasses vom 3. September 1762 im *Recueil de plusieurs des ouvrages de Monsieur le President Rolland*, Paris 1783, S. 12.

schaffen in einem der für den Staat interessantesten Teilbereiche"[3]. Die Provinzialparlamente verfolgen dasselbe Verfahren und schlagen durch die Stimme ihrer Berater, Bevollmächtigten oder ihrer Oberstaatsanwälte nationale Erziehungspläne vor, die dazu bestimmt sind, die Studien in den Collèges ihres Amtsbereichs zu reformieren. Aber eine Debatte von dieser Tragweite konnte nicht allein im Magistratsbereich angesiedelt bleiben, wenn sich schon die ganze Nation betroffen fühlte. Der Ausschluß der Jesuiten steht daher am Ursprung einer Blütezeit von Erziehungsplänen und -vorhaben; das literarische Genre erfährt ein um so größeres Wachstum, als die Erziehung zu einem der wesentlichen Felder wird, auf denen die ‚philosophische' Schlacht ausgetragen wird: erinnern wir uns, daß *De l'Esprit* von Helvétius 1758 erschienen ist, daß in demselben Jahr Condillac Hauslehrer des Infanten Don Ferdinand von Parma wird und daß Rousseau 1762 den *Emile* veröffentlicht. Hier kreuzen sich eine wesentliche ideologische Kontroverse und eine Bewegung konkreter Reformen, die erst durch die Vertreibung jenes Ordens denkbar wurde, der in Frankreich den Schulunterricht in erster Linie trug.

Unser Vorhaben zielt nicht auf eine Bestandsaufnahme der Vorschläge, die in der einschlägigen Literatur über die Erziehung im Laufe der letzten dreißig Jahre des Ancien Régime erarbeitet wurden. In einem bescheideneren Rahmen möchten wir zunächst die Erziehungspläne der verschiedenen Gruppen analysieren, die gegen Ende des Ancien Régime mit der Regelung der Schuleinrichtungen beauftragt waren: auf diese Weise werden die Verzögerungen, aber auch die Neuerungen besser sichtbar. Die Darlegung einiger exemplarischer Konflikte wird es dann erlauben, den Einsatz der Kämpfe zu beurteilen, die sich über der Auswahl der Lehrinhalte abspielen, und eine Bilanz der verwirklichten Reformen zu ziehen – eine ganz provisorische Bilanz, da unsere Untersuchung noch nicht beendet ist.

I. Die Wünsche der Universitäten oder die Macht einer Tradition

In der Überzeugung, „den wahren Weg in Geistes- und Naturwissenschaft" zu verfolgen, verurteilt die Universität von Paris rücksichtslos „alle diese seltsamen und gefährlichen oder oberflächlichen und leichtfertigen Erneuerer" und beglückwünscht sich zu der kürzlichen Verurteilung von Rousseaus *Emile*, der „monströsen und bizarren Produktion" eines

> „homme singulier, orgueilleux et philosophe à sa manière, qui n'attache sa gloire qu'à renverser, s'il le pouvait, dans la religion les vérités les plus sacrées, dans les moeurs les principes les plus purs, dans le gouvernement les maximes les plus fondamentales. Pour les lettres et les sciences s'il en parle ce n'est que pour les blasphémer[4]."

---

[3] ROLLAND: „Compte rendu aux chambres assemblées des différents mémoires envoyés par les universités sises dans le ressort de la cour, en exécution de l'arrêt des chambres assemblées du 3 septembre 1762, relativement au plan d'étude à suivre dans les collèges non dépendants des universités et à la correspondance à établir entre les collèges et les universités", in: *Recueil*, S. 12.

[4] Archives de l'Université de Paris, Karton 15, Stück 89, „Mémoire de l'université de Paris en exécution de l'arrêt de la cour de Parlement du 3 septembre 1762".

Der Studienplan, den die Universität von Paris dem Parlament 1762 vorlegt, beruft sich daher auf die Autorität von Rollin; eingesetzt durch den Rektor, bezeugt er vor allem – ausgehend von den Denkschriften, die ihm die Professoren der verschiedenen Disziplinen vorgelegt haben – die Kraft der Tradition in einem Herzen, das die zeitgenössischen Angriffe kaum berührt zu haben scheinen: so „bilden sich" die Rhetorikprofessoren „nichts darauf ein, sich neue Wege zu eröffnen und unbekannte Methoden für die Unterrichtung ihrer Kunst zu erfinden. Im Gegenteil, sie rühmen sich, auf den Spuren ihrer Vorfahren zu wandeln"[5]. Ebenso besteht der wesentliche, wenn nicht der einzige Gegenstand der Studien in einem Kanon von griechischen und lateinischen Autoren, der sich seit Ende des 16. Jhs. nur sehr geringfügig geändert hat. Alle Übungen – so sehr sie auch von den *philosophes* verschrien wurden – stehen offenbar hoch im Schwange: lateinische Übersetzung von der sechsten Klasse ab, lateinische Verse, lateinische Amplifikationen. Die einzigen Neuerungen im Vergleich zum Statut der Fakultät der Künste von 1598 sind in der Tat schon seit langem durch den Gebrauch eingeführt worden: die Lehre der französischen Grammatik von der sechsten bis zur dritten Klasse, Vorlesung in Rhetorik über die französischen Redner und Dichter (Bossuet, Fléchier, Massillon, Mascaron, d'Aguesseau, der *Art Poétique* von Boileau, *Esther* und *Athalie* von Racine) und Aufsatz in französischer Sprache ... Wenn die Universität von Paris hingegen die Notwendigkeit verspürt, in ihrem *cursus* der Geschichte und der Geographie einen eigenen Platz einzuräumen, geschieht dies im wesentlichen aus Gründen der Konkurrenz, die ihr genau in diesem Punkt die *pensions privées* machen:

> „L'omission d'instruire les enfants de la géographie, chronologie, blason et histoire donne lieu à ces pensions qui s'élèvent tous les jours de toutes parts. Elles sont annoncées par des prospectus pompeux et séduisants ou dans des écrits périodiques en des termes injurieux et offensants pour les plus anciennes et les plus célèbres écoles[6]."

Um über diese „Scharlatane", welche die Eltern betrügen, zu triumphieren, stellt sich Konsens darüber her, diese Disziplinen offiziell einzuführen, wie es schon Rollin empfahl: aber ganz wie bei ihm ist es die Alte Geschichte, die den Löwenanteil einstreicht, während die Geschichte Frankreichs nur in Rhetorik gelehrt wird. Was die Professoren der Philosophie angeht, für die Rivard die Feder geführt hat[7] – so verkünden sie eine vehemente Apologie ihrer Methode:

> „Il est certain que surtout depuis vingt-cinq à trente ans la philosophie des écoles de Paris a entièrement changé de face. On a retranché toutes les questions aussi inutiles qu'épineuses sur lesquelles on pourrait discourir des siècles entiers, sans s'entendre, sans se proposer aucun but utile ou raisonnable."

Sie beglückwünschen sich also zur Abschaffung von Aristoteles und zur Übernahme der „geometrischen" Methode, im wesentlichen der Descartes', da die an

---

[5] Archives de l'Université de Paris, Karton 15, Stück 90, „Plan de l'enseignement de la rhétorique présente par les professeurs de rhétorique de l'Université de Paris".
[6] Archives de l'Université de Paris, Karton 15, Stück 86.
[7] Archives de l'Université de Paris, Karton 15, Stück 91. Wir schreiben die Redaktion des Texts Rivard zu, denn das Wesentliche in den Vorschlägen der Philosophieprofessoren findet sich in seinem *Recueil de mémoires touchant l'éducation de la jeunesse*, Paris 1763, wieder.

Beispielen vorgestellten Kursmodelle diejenigen von Pourchot und von Dagoumer sind. Sie rühmen die von d'Alembert so verspottete scholastische Methode: die syllogistische Methode ist die „natürlichste und vollkommenste", da sie darin besteht, „klare und präzise Definitionen zu geben, den Status der Frage klar festzusetzen, Beweise für das, was man behauptet, beizubringen, Einwände aufzustellen und zu lösen". Schließlich geben diese Professoren vor, einen „einfachen und reinen" Stil des Lateinischen zu verwenden, aus dem alles „Fremdartige" getilgt worden sei. Zu keiner Zeit lassen sie verlauten, daß die Kurse in Französisch gehalten werden könnten, aber sie regen – und Rivard greift diese Frage sehr ausführlich in einer unter seiner alleinigen Verantwortung gedruckten Sammlung auf – die gemeinsame Abfassung eines Philosophie-Handbuches an, das anschließend gedruckt werden sollte; außer einem immensen Zeitgewinn, – da die Hefte nicht mehr in den Klassen diktiert zu werden brauchten – würde dieser neue, gedruckte Philosophiekurs einen dreifachen Vorteil darstellen: er wäre vollkommener als der eines jeden einzelnen Professors, da jeder Teil zunächst durch den Professor geschrieben würde, der meint, er habe darüber „die genauesten und breitesten" Kenntnisse, und anschließend durch die Gesamtheit seiner Kollegen im Rahmen akademischer Versammlungen korrigiert und modifiziert würde; dieser Kurs würde die Freiheit der Meinung eines jeden einzelnen respektieren, indem man die Fragen in drei verschiedene Klassen – gewisse, wahrscheinliche und problematische – einteilen und sich im letzteren Fall damit begnügen würde, „getreu die Hauptmeinungen und die Argumente, auf die sie sich gründen, aufzuzeigen", ohne zugunsten des einen oder anderen Systems zu entscheiden (bspw. in der Physik zwischen Descartes und Newton); schließlich würde der gedruckte Kurs in gewisser Weise eine offizielle Sammlung darstellen – bei neuen Auflagen ständig durch die Professoren verbessert –, die für die Gesamtheit der Provinzen nutzbar gemacht werden könnte und in einzigartiger Weise die Aufgabe der Fragesteller in Examina für den Grad des Magister Artium erleichtern könnte; dabei hätten dann auch die Schüler keinen Ausweg mehr darin vorzugeben, diese oder jene Frage nicht zu kennen. Schließlich zielte der Vorschlag nur darauf ab, die pädagogische Arbeit zu erleichtern:

> „les professeurs associés ne se proposent donc pas de produire quelque chose de nouveau sur le fond; uniquement attentifs à l'instruction et à l'avancement de leurs élèves ils se réduisent à profiter des principaux ouvrages qui ont paru sur les matières philosophiques pour composer des éléments plus parfaits que ceux qu'ils donnent chacun en particulier."

Die Pläne, die von den anderen Universitäten vorgelegt werden, bieten nur geringe Unterschiede im Vergleich zu dem der Pariser Universität. In Perpignan verschiebt man lediglich den Beginn des Unterrichts lateinischer Übersetzung auf die vierte Klasse, und man rechtfertigt diese Entscheidung durch eine Passage, die wörtlich aus Rollins *Traité des Etudes* abgeschrieben ist: diese Übung ist „geeignet, die Kinder durch eine langweilige und wenig nützliche Arbeit zu quälen und ihnen Abscheu vor einem Studium einzuflößen, das ihnen von seiten der Lehrer meist nichts als Strafpredigten und Züchtigungen für die vielen und fast unvermeidlichen Fehler, die sie machen, einbringt"⁸. Die juristische Fakultät in Rennes verkündet ihrerseits eine schwungvolle Lobrede auf die lateinische Übersetzung:

„si un enfant n'est pas exercé tous les jours sur les principes de la syntaxe latine par des thèmes, il oubliera bientôt ces principes, et il apprendra sans méthode à entendre les auteurs latins par l'explication; d'ailleurs, comme une partie des écoliers peut être dans la suite obligée de parler latin par état, il faut leur apprendre à le parler et par conséquent à le composer⁹."

Dagegen wünscht die Fakultät das Abfassen lateinischer Verse, „das außerhalb des Collège nicht von Nutzen sein muß", auf ein vernünftiges Maß zurückzuschrauben, ebenso die Lehre der griechischen Sprache abzuschaffen, „weil es in kaum einem Kurs zwei Schüler gibt, die sich ihr mit Erfolg widmen", sowie einen systematischen Geschichts- und einen Geographieunterricht ab der fünften Klasse einzurichten bis hin zur Rhetorik, die zweimal wöchentlich gelehrt werden soll. Die Fakultät empfiehlt – und dieses Anliegen findet sich wieder beim Generalstaatsanwalt La Chalotais – eine enge Bindung zwischen Rhetorik und Logik, wobei man auf zwei wesentlichen Teilbereichen insistiert: den Figuren des Diskurses und dem syllogistischen Denken einerseits, der rednerischen Dispositio und der philosophischen Methode (im Sinne der *Logique de Port-Royal*) andererseits; indem die bretonischen Juristen dieser Fragestellung ein Fünftel ihrer Denkschrift widmen, offenbaren sie die vorrangige Bedeutung, die sie ihr zusprechen. Sie wünschen, daß die in der Metaphysik erörterte Analyse des menschlichen Verstandes die verschiedenen Verfahren berücksichtigt, die den Ursprung der Ideen behandeln: Descartes, Malebranche, Locke, wobei den Schülern „die Freiheit" überlassen bleiben soll, „dasjenige der drei Verfahren zu wählen und sogar in den öffentlichen Schulübungen zu vertreten, das ihnen am wahrscheinlichsten erscheine". Die Moralabhandlung „sollte dort aufhören, wo die Jurisprudenz beginnt", das heißt, sie sollte „die Prinzipien des Naturrechts, die Grundlagen der bürgerlichen Gesellschaft, der politischen Autorität, der Ungleichheit unter den Menschen und der Unterscheidung der Güter" entwickeln. Dieser Kurs sollte beendet werden durch eine „Skizze der Beweise der christlichen Religion", was unerläßlich sei, um die Jugend in ihrem Kampf gegen die Ungläubigkeit zu bestärken. Die Lehre dieser philosophischen Inhalte solle in Latein und nach syllogistischer Methode wie scholastischer Argumentation fortgesetzt werden, „um die jungen Leute in der Gewohnheit, lateinisch zu sprechen, zu vervollkommnen". Dagegen würde im darauffolgenden Jahr die Physik vollständig in Französisch gelehrt: hier würde eine Parallele von Cartesianismus und Newtonianismus dargelegt, die den Schülern die Freiheit der Wahl ließe, und dank der Gründung eines Physiklaboratoriums könnte man die Experimentalphysik entwickeln.

Das bretonische Programm erscheint somit ein wenig offener als das der Universität von Paris, besonders im Bereich der philosophischen Lehre. Aber man konnte

---

[8] A. D. Pyrénées-Orientales, D 13, Stück 6, „Mémoire pour l'université de Perpignan", o. J. [1762]. Der hier zitierte Text befindet sich in Buch II, Kapitel III des *Traité des Etudes*.

[9] A. D. Ille-et-Vilaine, 1 B K 2, „Mémoire sur l'instruction de la jeunesse dans les collèges présenté à la cour par les facultés de droit de Rennes en exécution de l'arrêt du 23 décembre 1761". Alle folgenden Zitate sind diesem Text entnommen.

natürlich von den Plänen, die die Universitäten vorlegten, für unabhängige Kurse keine revolutionären Vorschläge erwarten. Die Universitäten als selbstbezogene Körperschaften – stolz auf ihre mehrere Jahrhunderte alte Vergangenheit – sind zunächst Wächter der Tradition; dies ist übrigens eine Eigenschaft, welche sie mit den Parlamenten teilen, und die seit jeher bestehenden Bande zwischen der Welt der Gerichtsbarkeit und den Gelehrten des Quartier Latin haben zweifellos nicht wenig dazu beigetragen, eine deutlich recht ähnliche Sichtweise der Reform hervorzurufen.

II. Die Parlamente und die Studienreform

1. Die Grundvorstellungen der Obergerichte

Dennoch schuldet das berühmteste Parlamentsvorhaben der Philosophie der Aufklärung viel: der außergewöhnliche Widerhall des *Essai d'éducation nationale ou plan d'études pour la jeunesse* von René-Louis Caradeuc de La Chalotais, Generalstaatsanwalt des Parlamentes zu Rennes, ist ebenso bekannt wie die Begeisterung, die Voltaire bei der Lektüre dieses Werkes ergriff, das der Autor ihm zugesandt hatte. Der Plan, den Caradeuc de La Chalotais seinen Parlamentskollegen vorschlägt, beruft sich in der Tat ausdrücklich auf den „philosophischen Geist" seiner Zeit. Nach einer heftigen Anklagerede gegen die in den Collèges praktizierte Ausbildung – „die Jugend möchte, wenn sie in die Gesellschaft eintritt, fast alles das vergessen, was die sogenannten Lehrer ihr beigebracht haben"[10] – bezieht sich der Generalstaatsanwalt explizit auf die sensualistische Philosophie von Condillac, um die Unterrichtung der Kinder auf „sinnlich wahrnehmbare und wiederholbare Beispiele" zu gründen, auf eine Rückkehr zum „Wahren" und zum „Wirklichen", auf die „Kenntnis der existierenden Dinge"[11] und nicht auf die Wörter: daher die Bedeutung „dessen, was man sieht, was man berührt, was man wiegt, was man mißt, was man abbildet, was man beschreibt"[12]. Vom fünften bis zehnten Lebensjahr sollen die Kinder folglich eingeführt werden in die Geschichte, die Geographie, die Naturgeschichte; sie sollen daran gewöhnt werden, „die einfachen Maschinen" zu erkennen, „welche die Bewegung hervorbringen und erleichtern, um die sinnlich wahrnehmbaren Wirkungen des Hebels zu erkennen, sowie der Räder, Flaschenzüge, Schrauben, des Winkels und der Waage"[13]; sie sollen „frühzeitig vertraut werden mit Weltkugeln, Karten, Sphären, Thermometern und Barometern"[14], sollen Reißzeug besitzen und den Gebrauch von Lineal und Kompaß lernen. Insgesamt soll die

---

[10] CARADEUC DE LA CHALOTAIS: Essai d'éducation nationale ou plan d'études pour la jeunesse, o. O. 1763, S. 14 f.
[11] Ebd. S. 39–44.
[12] Ebd. S. 48.
[13] Ebd. S. 61.
[14] Ebd. S. 64.

Lehre der unteren Klassen des Collège im wesentlichen eine Erziehung durch Anschauung und Berührung sein, während eine Einführung in die Grundlagen der Geometrie („die Landmesser messen, was sie sehen, berühren, durchlaufen"[15]) die beste Lehre zum Erwerb des Scharfsinns sei, der grundlegenden Eigenschaft für gutes Denken. Caradeuc de La Chalotais läßt den Sprachunterricht im Alter von zehn Jahren beginnen; seines Erachtens sollen Latein- und Französischunterricht aber parallel verlaufen, wobei die Muttersprache als die wichtigere im Leben den Zugang zur toten Sprache darstellen soll: „von hundert Studenten gibt es nicht einmal fünfzig, für die Latein notwendig wäre, und es gibt kaum vier oder fünf, denen später von Nutzen sein würde, es zu sprechen oder zu schreiben"[16]. Der Autor erwägt sogar die Möglichkeit eines Studiengangs ohne Latein; manche Kinder, die weder Latein noch Griechisch benötigen, sollten lediglich Französischklassen besuchen: „Ich würde es nicht als schlecht ansehen, wenn diese Regelung sich einbürgern könnte"[17]. Im übrigen sollte der Sprachunterricht auf zwei oder drei Jahre reduziert werden, gefolgt von einem Jahr Rhetorik. Das Wesentliche soll das Übersetzen und Auslegen der besten Autoren sein, derer des reinsten Lateins, um durch die Übung den Geschmack zu vervollkommnen, der als ein eigener Sinn betrachtet werden kann: es geht darum, einen kultivierten Geist heranzubilden, der leicht erkennbar ist an seiner „Art, sich auszudrücken, zu urteilen, zu sprechen, zu schreiben". Die lateinische Kultur wird hier also nur in ihrem Bezug zu dem speziellen Typ von Gesellschaftlichkeit gesehen, den sie schaffen soll: „oft verraten eine Anspielung, das Zitat eines bekannten Verses die Geistesbildung, und man erkennt leicht den Menschen, der in der Umgebung der guten Autoren gelebt hat, wie man in Gesellschaft den erkennt, der in guter Umgebung gelebt hat"[18]. Durch das Sprachstudium erwirbt das Kind zunächst eine Lebensweise, einen sozialen Habitus. Caradeuc de La Chalotais verurteilt daher die „kindlichen" Übertreibungen, die „Anhäufungen von Befehlsfiguren", die „Paraphrasen", und zieht es vor, die Schüler in „Zusammenfassungen", „Analysen" (das heißt Résumés von Texten) und Gegenstandsbeschreibungen zu üben. Dabei läßt er sie Briefe „über das, was ihnen wirklich passiert ist, über ihre Beschäftigungen, ihre Hobbies, ihre Sorgen" verfertigen; „sie sollen eine Zeremonie, ein Fest, an dem sie teilgenommen haben, nacherzählen". Über diese Studien hinaus, die dazu bestimmt sind, „das Sprechen und Schreiben mit Genauigkeit und Präzision zu lernen"[19], sieht er praktische Arbeiten vor, welche es den Schülern ermöglichen, Maschinen zusammenzusetzen und zu zerlegen, die Feldmesserei zu praktizieren oder Gelände zu vermessen, er sieht weiterhin vor: Unterricht in sozialer und politischer Geographie, eine Einführung in die modernste Kritik, basierend gerade auf Texten von Voltaire.

Die Aktualität des dargestellten Programms hat auch auf Anhieb den Beifall der

---

[15] Ebd. S. 65.
[16] Ebd. S. 69.
[17] Ebd. S. 71.
[18] Ebd. S. 81.
[19] Ebd. S. 83.

Gruppe der *philosophes* hervorgerufen. Aber kann La Chalotais als repräsentativ für das parlamentarische Milieu, dem er seinen Plan unterbreitet, angesehen werden? Die von Jean Meyer durchgeführte Untersuchung der Bibliotheken bretonischer Parlamentsmitglieder legt eine verneinende Antwort nahe[20]. Wenn die bretonische Parlamentskultur auch eklektisch und unterschiedlich ist, so weist sie doch sowohl ein Übergewicht des literarischen (Autoren der Antike wie Klassiker des 17. Jhs.) wie des historischen Schwerpunkts auf; der den Wissenschaften eingeräumte Part hält sich oft sehr in Grenzen, außer bei einigen Persönlichkeiten, die jedoch die Ausnahme zu sein scheinen. Infolgedessen können La Chalotais' Pläne – wie wichtig sie auch im Kampf für eine Reform des klassischen Unterrichts gewesen sein mögen – nicht als Ergebnis gemeinsamer Überlegung einer Körperschaft betrachtet werden: sie spiegeln lediglich die Überzeugung eines Magistraten wider, der im Lager der Aufklärung steht.

Die Denkschrift, welche Guyton de Morveau, Oberstaatsanwalt im Parlament der Bourgogne, 1764[21] seinen Kollegen vorlegt, oder diejenige, die der Präsident Rolland d'Erceville[22] 1768 dem Pariser Parlament unterbreitet und in der er für den Lehrplan der Collèges wichtige Verbesserungen vorschlägt, sind zweifellos eher repräsentativ für die kulturellen und pädagogischen Traditionen ihres Milieus. Keiner von beiden möchte den *cursus* der humanistischen Sprachstudien abwandeln; beide verteidigen mit Nachdruck den fundamentalen Stellenwert der alten Sprachen in der Erziehung; sie beklagen übereinstimmend, daß das Griechische in Verruf geraten ist. Der Generalstaatsanwalt des Parlaments von Aix, Ripert de Montclar beklagt sich gleichermaßen in einem Schreiben an den Rektor der Pariser Universität: „Ich habe der Lehre der griechischen Sprache kräftig das Wort geredet, und darüber sind hier wenige Leute meiner Meinung. Ich bitte Sie inständig, mir zu sagen, wie und in welchen Klassen Ihrer Meinung nach dieser Unterricht gehalten werden sollte"[23]. Betreffs der gebräuchlichen Methoden nimmt Guyton de Morveau einfach in seinem Bericht die Kritikpunkte und Richtlinien wieder auf, wie sie seit der zweiten Hälfte des 17. Jhs. durch die Pädagogen von Port-Royal wie Lancelot, von Claude Fleury in seinem *Traité du choix et de la méthode des etudes* aus dem Jahre 1687, oder von dem Universitätsprofessor Charles Rollin in seinem berühmten *Traité des Etudes* (1726 und 1728 zum ersten Mal erschienen) formuliert werden. Der Unterricht in den alten Sprachen soll eher aus dem Gebrauch bestehen als aus lächerlichem Auswendiglernen; zudem sollen die Schüler sich nach Aneignung der Grundlagen der französischen Grammatik sowie der lateinischen und griechischen Deklinationen und Konjugationen, der Auslegung und Übersetzung der besten Autoren als fundamentaler Übung widmen. Das Aufsatzschreiben in Latein – beliebte Ziel-

---

[20] J. MEYER: La noblesse bretonne au XVIIIe siècle, Paris 1966, Bd. II, S. 1161–1177.
[21] GUYTON DE MORVEAU: Mémoire sur l'éducation publique avec le prospectus d'un collège suivant les principes de cet ouvrage, o.O. 1764.
[22] Text, dessen Titel bereits in Anm. 3 zitiert wurde. Er wurde am 14. Mai 1768 dem Parlament von Paris vorgelegt und in weiten Teilen vom Autor in der Ausgabe von 1783 umgearbeitet.
[23] Archives de l'Université de Paris, Karton 15, Stück 97. Der Brief ist nicht datiert, aber wahrscheinlich im Juli 1763 geschrieben.

scheibe der Enzyklopädisten – ist dennoch nicht völlig ausgeschlossen: „uns genügt nicht allein das Verständnis des Lateinischen, es gibt eine Unmenge von Gelegenheiten, in denen wir gezwungen sind, es zu sprechen"[24]. Rolland indes plädiert klar für die endgültige Abschaffung der Übersetzungen und appelliert an die Autorität Rollins zur Stützung seiner Ansicht: „dieser berühmte Mann hat sich nur unter Mühen zugunsten der Übersetzungen entschieden; er glaubte, er schulde der Anhänglichkeit seiner Umgebung diese Schonung, aber seine persönliche Meinung war für die Abschaffung der Übersetzungen"[25]. Ripert de Montclar, Anhänger der gegen den traditionellen Lateinunterricht vorgebrachten Kritiken, wünscht, daß die „Wissenschaft der Wörter, die Kenntnis des Mechanismus der Sprachen das unmerkliche Werk der Zeit, der Gewohnheit und der Reflexionen" sei; die Schüler sollten sich dabei vor allem dem „Kennenlernen des Grundes der Dinge" widmen. Außerdem wünscht er zum Beispiel, daß die Erklärung von Hesiod, der *Georgica* von Vergil, und von Columella zur „Erhellung der Parallele zwischen der Agrikultur der Antike und der unsrigen"[26] diene. Der burgundische Oberstaatsanwalt hingegen schließt sich den Standpunkten seiner Kollegen von Aix und Paris an, wenn er eine verallgemeinerte Ausbildung der französischen Sprache in den Collèges fordert: direkt durch den Gebrauch von Texten von Grammatikern des 17. und 18. Jhs. (Ménage, Vaugelas, des Abbé d'Olivet), die es ermöglichen sollen, die Feinheiten der Sprache besser zu erfassen und sich den Geschmack durch Kritik heranzubilden; indirekt durch die Tatsache, daß „der gesamte Unterricht, der darauf abzielt, das Gedächtnis zu schmücken oder für den Geist Kenntnisse zu erwerben, in der Muttersprache abgehalten werden soll"[27]. Folglich sollen die Rhetorikbeispiele wie die Abhandlungen, die während dieser Klasse verfaßt werden, in Französisch gehalten sein; die Übungen sollen an einem nützlichen Zweck orientiert sein, und man soll den feierlichen großen Reden das „familiäre" Genre vorziehen, d. h. Erzählungen von Ereignissen, Briefe, Überlegungen zu einer Ansicht. In gleicher Weise soll der systematische – für das Verständnis der Antike unverzichtbare – Mythologieunterricht wie der Geschichtsunterricht in Französisch abgehalten werden.

Alle ‚parlamentarischen' Pläne weisen der Geschichte einen fundamentalen Stellenwert zu. Nach Ansicht des Generalstaatsanwalts im Parlament von Aix soll die Einführung historischer und geographischer Kenntnisse in den Schulunterricht es ermöglichen, „dieses Studium mit dem der Sprachen zu verbinden und sie wechselseitig konkurrieren zu lassen"[28]. Anstatt sich mit „der Erklärung von Begriffen und der Bildung von Konstruktionen" im lateinischen Satz aufzuhalten – einem „trokkenen und abschreckenden" Studium –, sollte man lieber verstärkt die Neugier der

---

[24] GUYTON DE MORVEAU: Mémoire [s. Anm. 21], S. 146.
[25] ROLLAND: Recueil [s. Anm. 2], S. 126 f.
[26] Dem Parlament von Aix vom Generalstaatsanwalt vorgetragene Anklagerede, um anzuordnen, daß „die Fakultät der Künste Beauftragte ernennt, um den Lehrplan, den das Collège der Universität verfolgen soll, zu erarbeiten", 15. Juni 1763, publiziert bei E. MECHIN, Annales du Collège Royal Bourbon d'Aix, Bd. III, Aix und Paris 1892, S. 207–210.
[27] GUYTON DE MORVEAU: Mémoire [s. Anm. 21], S. 27.
[28] Archives de l'Université de Paris, Karton 15, Stück 97.

Schüler wecken durch die Untersuchung der Anfänge und der Ausweitung der römischen Republik, ihres Niedergangs und der „Gründe der Revolutionen, die sie durchgemacht hat";

> „[on cherchera] avec méthode dans ses meilleurs écrivains, ses usages, ses moeurs, sa police, sa politique, son gouvernement, l'ordre de ses comices et de ses tribunaux, l'établissement de ses colonies, les prérogatives des villes qui sous la domination avaient leurs propres lois, l'état de ses finances, ses monnaies, son architecture civile, militaire et navale, les fonctions de son sacerdoce, sa mythologie, ses fêtes, ses systèmes sur l'astronomie et la cosmographie[29]."

Wer würde hier nicht einen aufmerksamen Leser Montesquieus erkennen, der darauf bedacht ist, daß „das philosophische Studium der Geschichte in seinen verschiedenen Teilbereichen" zur Basis der Erziehung" werde? Im Dienste dieser, in ihren Methoden neugestalteten Geschichte der Antike schlägt das Parlament von Aix sogar eine visuelle Pädagogik vor: „Warum sollte man den Kindern nicht einmal Kunstwerke und Medaillen vor Augen führen?" Freilich befinden wir uns hier in der Provence, auf einem Boden, wo die Spuren der Römer zahlreich sind. Guyton de Morveau und der Präsident Rolland teilen dieselbe entscheidende Neigung für die Geschichte und fordern zumindest für die großen Collèges einen Fachprofessor, der mit dieser Disziplin beauftragt werden soll. Aber sie bestehen auf der notwendigen Kenntnis der nationalen Geschichte als der Basis einer bürgerlichen und moralischen Erziehung; hier weichen sie sowohl von ihrem Kollegen aus Aix als auch von den universitären Vorhaben ab, die der antiken Geschichte das Primat zuerkennen:

> „Les jeunes gens qui fréquentent les collèges savent le nom de tous les consuls de Rome, et souvent ils ignorent celui de nos rois; ils connaissent les belles actions de Thémistocle, d'Alcibiade, de Decius, d'Hannibal et de Scipion etc., ils ne savent pas celles de Du Guesclin, de Bayard, du cardinal d'Amboise, de Turenne, de Montmorency et de Sully, etc., en un mot des grands hommes qui ont illustré notre nation et dont les exemples et les actions étant plus analogues à nos moeurs et plus rapprochés de nous, leur feraient plus d'impression[30]."

Die Einstimmigkeit der Wünsche läßt offensichtlich die kapitale und traditionelle Rolle der Geschichte in der ‚parlamentarischen' Kultur klar erkennen; das wird bereits spürbar in den Anweisungen, die der Kanzler d'Aguesseau zu Beginn des XVIII. Jahrhunderts an seinen Sohn richtete[31]. In der Tat nehmen die Geschichtswerke immer noch den ersten Platz in den Bibliotheken der Pariser Parlamentsräte des 18. Jhs. ein und erreichen damit fast ein Drittel der Buchproduktion; die Geschichte Frankreichs ist dabei sehr breit repräsentiert[32].

Die Einstellung der *parlementaires* gegenüber einer Reform des Philosophieunterrichts ist differenziert. Am kühnsten fordert der Wissenschaftler Guyton de Morveau schlicht und einfach die Abschaffung des Gebrauchs des lateinischen philosophischen „fremden Jargons" und der scholastischen Methode durch Fragen und Antworten. In der Logik beabsichtigt er die „bekannten Phantastereien" von Wil-

---

[29] E. MECHIN: Annales [s. Anm. 26], S. 207f.
[30] ROLLAND: Recueil [s. Anm. 2], S. 105.
[31] Bibliothèque nationale, Département des Manuscrits, Nouvelles acquisitions françaises, 1991.
[32] F. BLUCHE: Les magistrats du Parlement de Paris au XVIIIe siècle (1715–1771), Paris 1960, S. 289–296.

helm von Ockham und Duns Scotus zu beseitigen; nicht einmal die Kategorien des Aristoteles nimmt er von seinen Verurteilungen aus: es geht darum, die Kunst des Denkens zu lernen, ohne sich mit dem „bedauernswert dummen" Studium der syllogistischen Dialektik aufzuhalten. Im Physikunterricht soll die aristotelische Physik ganz von der Wahrheit der Hypothesen überzeugen, die zur Entdeckung eines Prinzips führen sollen". Im Verlauf der zwei Jahre Philosophieunterricht soll ein festgelegter Mathematikkurs die Hälfte des Unterrichts der Schüler in Anspruch nehmen[33]. Ripert de Montclar, der den Philosophieunterricht auf die „großen Collèges" beschränken will, optiert ebenfalls entschieden für eine „auf dem Experiment basierende" Physik und wünscht die Anwesenheit eines Mathematik- und Astronomielehrers, „um diejenigen zu vervollkommnen, welche im Physikjahr ein erstes Geometriewissen erworben haben"[34]; die „exakte" Logik, die er unter seinen Wünschen nennt, solle die „unnützen Spitzfindigkeiten" mißachten, nicht aber verschmähen, „was die scholastische Methode an Vorteilhaftem zu bieten habe, um den Scharfsinn und die Präzision der Gedanken zu fördern"[35]. Was den Präsidenten Rolland angeht, so beschränkt er die Schaffung eigener Lehrstühle für Mathematik und Experimentalphysik einzig auf die Collèges der großen Städte, auch wenn er überzeugt ist von der „Notwendigkeit, dem Mathematikstudium mehr Zeit einzuräumen". Im Gegensatz zu seinem burgundischen Kollegen erachtet er es als nützlich, den Philosophieschulen „ihren alten Gebrauch" des Lateins zu belassen, da die Philosophie das Tor zur höheren Ausbildung öffne, wo der Unterricht ständig in lateinischer Sprache gehalten werde; er unterstreicht, daß trotz einiger unnützer Dinge, auf die ohne weiteres verzichtet werden könne, „die Erfahrung" die scholastische Methode „oft gerechtfertigt habe" und daß „die Präzision, die sie fordere, nicht wenig zur Urteilsbildung und zum Denkenlernen beitrage"[36].

Insgesamt folgen die ganz und gar maßvollen Innovationen, die von den Parlamentariern zur Modifikation des weiteren Studienverlaufs vorgeschlagen wurden, deutlich einer jansenistisch orientierten pädagogischen Tradition, die von Port-Royal bis Rollin einen unbestreitbaren Einfluß auf das Magistratsmilieu ausgeübt hat: sie trägt einem Schwerpunkt auf der schönen Literatur Rechnung (die immer noch mindestens ein Fünftel der Bibliotheken der Pariser Parlamentsräte ausmachte), – gleichmäßig aufgeteilt in eine solide Einführung in die lateinischen und griechischen Autoren, und die Kenntnis der klassischen französischen Literatur, der der Geschichte zuerkannten Bedeutung und des Bezugs auf die *Logique de Port-Royal* (hier besonders der vierte Teil, der die wissenschaftliche Methode definiert). Vielleicht kann man beim Präsidenten Rolland am ehesten die Haltung des Parlaments-Milieus angesichts einer Reform der Erziehung ablesen: dieser gibt in der Tat vor, weder „das bestehende öffentliche Erziehungssystem zu zensieren, noch ein neues vorzuschlagen"; vielmehr will er sich lediglich durch die „höheren Einsich-

---

[33] Vgl. GUYTON DE MORVEAU: Mémoire [s. Anm. 21], S. 222–273.
[34] Archives de l'Université de Paris, Karton 15, Stück 97.
[35] E. MECHIN: Annales [s. Anm. 26], S. 209.
[36] ROLLAND, Recueil [s. Anm. 2], S. 139–142.

ten" seiner Kollegen und „gerade durch diejenigen der Universitätsmitglieder, die man in dieser Angelegenheit unbestritten zuerst zu Rate ziehen kann"[37], Aufklärung verschaffen. Allenfalls wirft er dem Plan, den die Universität von Paris dem Parlament unterbreitet hat, eine zu große Vereinheitlichung vor:

„J'y vois tous les jeunes gens entrer dans la même carrière, suivre le même cours de classes dans le même nombre d'années et dans un espace étroit, tendre tous au même genre et au même degré de connaissances; et cependant parmi les jeunes gens réunis dans le même collège, j'en vois de différentes conditions, qui doivent remplir des emplois différents et dont la destinée doit être aussi variée que leur naissance et leur fortune. Les connaissances nécessaires aux uns peuvent être inutiles pour les autres et la différente portée des esprits, la variété des talents et des goûts ne permettent pas à tous d'avancer d'un pas égal et d'avoir de l'attrait pour les mêmes sciences; faut-il que celui qui n'a ni goût pour l'étude des langues, ni besoin de les cultiver reste sans culture et sans instruction? Les écoles publiques ne sont-elles destinées qu'à former des ecclésiastiques, des magistrats, des médicins et des gens de lettres? Les militaires, les marins, les commerçants, les artistes sont-ils indignes de l'attention du gouvernement et parce que les lettres ne peuvent se soutenir sans l'étude des langues anciennes, cette étude doit-elle être l'unique occupation d'un peuple instruit et éclairé?[38]"

Wenn Rolland sich auch auf den Boden einer ökonomischen Rationalität des Unterrichtswesens begibt, so ist er sich doch der Enge der Aussichten, welche die klassischen Studien bieten, und der Notwendigkeit völlig bewußt, berufsorientierte Studiengänge zu entwickeln, die „jedem Stand und jedem Geist die Kenntnisse vermittelten, die sie benötigten", um für die Gesellschaft kein Talent verloren gehen zu lassen. Dennoch beabsichtigt er darum nicht, „die Soldaten, die Seeleute, die Kaufleute und die Künstler daran zu hindern, sich den gelehrten Sprachen zu widmen". Infolgedessen in einem schwer aufhebbaren Widerspruch gefangen, faßt Rolland nur eine sehr fragmentarische Lösung ins Auge, um den Schulunterricht den wissenschaftlichen und technischen Wissensansprüchen seiner Benutzer angemessener zu gestalten: er schlägt vor, daß in den mit vollständigen Universitäten versehenen Städten – das heißt nach seinem Plan nur in den Hauptstädten, „welche aufgrund ihrer Größe, ihres Reichtums und ihrer Lage als Standorte der Wissenschaft prädisponiert erscheinen" und deren Zahl man beschränken könnte auf die Städte mit Sitz eines obersten Gerichts, welches in der Lage wäre, „die Studien unmittelbar zu überwachen"[39] – alle Wissenschaften für ihre Lehre einen besonderen Professor, getrennt nach: Religion, Geschichte, Mathematik, Zeichnen, Navigation und Fremdsprachen, haben sollten. Zweifellos könnten die Eltern und die Lehrer in diesen privilegierten Provinzhauptstädten „die Erziehung gemäß den Talenten und Erfordernissen der jungen Leute abstimmen"; wenn jede Disziplin wiederum in verschiedene Niveaus gegliedert wäre, könnte jeder Schüler frei den Unterricht, den er besuchen möchte, wählen; nur „der Teil der Erziehung, der die Moral betrifft", sollte für alle derselbe bleiben – ein dehnbarer Vorschlag, der genau dem der *Ecoles centrales* der Revolution entsprach[40]. In Wirklichkeit vermindert die Beschränkung

[37] Ebd. S. 114.
[38] Ebd. S. 114f.
[39] Ebd. S. 20f.
[40] Ebd. S. 116f.

solcher Studiengänge auf die fünfzehn größten Städte des Königreiches einschneidend die Tragweite der Neuerung eines solchen Vorschlags. In der Tat bestimmt hier eine administrative Vorstellung die Reform der Erziehungsinhalte: Rolland d'Erceville, der Kommissar, der im Ressort des Pariser Parlaments mit der Überwachung der Verwaltungen derjenigen Collèges betraut ist, welche der Reform des Ediktes vom Februar 1763 unterstanden, ist vor allem daran interessiert, einen hierarchisch gegliederten schulischen Bereich zu schaffen, eine Pyramide von zweckmäßig über die französische Landkarte verteilten Lehranstalten, deren Gipfel die Universität von Paris als „Zentrum und Hauptort der öffentlichen Erziehung" sein soll, von wo die Aufklärung ausgeht. In einer solchen Perspektive, die das kulturelle Angebot nach Bevölkerungsstärke und Reichtum bestimmt, ist es logisch, daß die tiefgreifendsten Modifikationen des Erziehungswesens auf die wichtigsten Zentren beschränkt bleiben.

2. Die Beschwerden der mittleren provinzialen Gerichte

Spiegeln die Parlamentsvorhaben, welche wir soeben vorgestellt haben, lediglich die pädagogischen Standpunkte der höchsten Gerichte, oder überliefern sie in einem weiteren Rahmen die Bestrebungen der Gesamtheit der Gerichtsbeamten? Die Denkschriften, die von den Beamten der Präsidial-, Landvogtei- und Seneschallgerichte anläßlich der Amtsenthebung der Jesuiten an die Parlamente gesandt wurden und von denen Rolland sich bei seinem Plan teilweise beeinflussen ließ, stellen in gewisser Weise pädagogische „Beschwerdeschreiben" (*cahiers de doléances*) dar[41]. Die Beamten beabsichtigen eine Umwälzung des *cursus* der Studien nicht mehr als ihre unmittelbaren Vorgesetzten; die Autorität, auf die sie sich dabei vorzugsweise beziehen, ist der *Traité des Etudes* von Rollin, und in Poitiers wie in Rennes gestehen sie der lokalen Universität die fundamentale Aufgabe zu, den Plan zu entwerfen, der „auf das Detail jedes Teilbereichs der Erziehung" eingehen soll. Alle wünschen einstimmig, daß ab der ersten Klasse des Collège das Studium der französischen Sprache mit dem der lateinischen Schritt halten solle; für angebracht hält man es, den Kindern möglichst früh „die Fähigkeit, richtig zu schreiben", einzugeben, indem man ihnen die Kenntnis von „Akzenten, Zeichensetzung und Orthographie" beibringt: wie es die Präsidialgerichtsbeamten formulieren, „man sieht nur allzu oft, daß geschickte und respektable Menschen in allen Ständen ohne Geschmack lesen und mangelhaft schreiben". Hier wurzelt diese orthographische und grammatikalische Tyrannei, der im Laufe des 19. Jhs. eine so schöne Zukunft versprochen ist ...
In der Lehre des Lateinischen sind Übersetzungen entweder systematisch abge-

---

[41] Die folgenden Zitate und Bezugnahmen sind den folgenden Dokumenten entnommen: baillage d'Autun, o. J. [1763], Archives communales de Chalon-sur-Saône, GG 55; cour des monnaies, sénéchaussées et présidial de Lyon, Juni 1762, A. D. Rhône, D 259; présidial d'Orléans, o. J. [1762], Archives de l'Université de Paris, Karton 15, Stück 99; présidial de Rennes, o. J. [1762], A. D. Ille-et-Vilaine, 1 B k 2; présidial de Tours, Sitzung vom 18. März 1761, A. D. Indre-et-Loire, Serie B, registre des délibérations du présidial. Der bereits zitierte *Recueil* von Rolland liefert übrigens wertvolle Angaben über den Inhalt einer bestimmten Anzahl von Denkschriften von Justizbeamten, Auxerre, S. 394; Montbrison, S. 717; Moulins, S. 565; Orléans, S. 580; Poitiers, S. 693.

schafft, wie es die Beamten des Präsidialgerichts von Autun vorschlagen – „es geht darum, das Latein zu verstehen, nicht es zu sprechen" –, oder diese Übersetzungen sind stark reduziert: so schlagen die Beamten des Seneschallgerichts von Lyon vor, die Übung auf drei Klassen zu beschränken (die vierte, dritte und die zweite Klasse) und sie im wesentlichen auf die Nachahmung der antiken Autoren zu gründen, ausgehend von ausgewählten Passagen bereits besprochener Schriftsteller; dabei haben sie das Verfassen von Texten in der Schule ohne Wörterbuch und Preise nur für die zweite Klasse im Blick; in Orléans wünscht man, daß die Übersetzungen „zu Hause, und nicht im Klassenraum" angefertigt würden. In der Tat soll sich bei allen – wie die Nuancen ihrer Betrachtungen auch aussehen mögen – die Hauptanstrengung auf die Übersetzung und Erklärung klassischer lateinischer Autoren richten (die Lehre der griechischen Sprache wird – nebenbei bemerkt – nur in Tours und Orléans gefordert, was ein offensichtliches Symptom für ihr fast allgemeines Verschwinden ist). Aber weit davon entfernt, als Erneuerer erscheinen zu wollen, berufen sich die Beamten von Tours auf die Autorität von Tanneguy Lefebvre, Professor an der protestantischen Akademie von Saumur in der zweiten Hälfte des 17. Jhs., Vater der bekannten Hellenistin Madame Dacier, dessen *Méthode pour commencer les humanités grècques et latines* erst 1731 erschienen war:

> „Je me garderai bien", schrieb Tanneguy Lefevre, „de suivre la manière que l'on sent ordinairement qui est de commencer par la *composition*, c'est-à-dire par les thèmes; il n'y a rien selon moi qui nuise si fort à l'enfant [...] il faut commencer par l'explication, c'est-à-dire par la version de vive voix qui soit nette et simple."

In Autun sind die Mitglieder des Landvogteigerichts der Ansicht, daß die Abschaffung der Übersetzung die Lehre der lateinischen Sprache beschleunige und es erlaube, die Zahl der Sprach-Schuljahre auf drei zu reduzieren. Der Kanon der beibehaltenen Autoren ist besonders der der Universität von Paris; lediglich in Lyon schlägt man diskret eine geringfügige Abweichung von der Norm für die dritte Klasse vor: die Textgrundlagen für die Aufsätze „sollen Columella, Celsus und Vitruv entnommen werden: vielleicht hilft diese Art von Arbeit, ihre Neigung für die Agrikultur, die Medien oder die Architektur klären". So kann das Studium der klassischen Sprachen also einer Berufsorientierung dienen.

In gleicher Perspektive soll die Rhetorik, der alle Denkschriften eine gewichtige Rolle zuschreiben, auf im wesentlichen französischen Beispielen beruhen und den Gebrauch lateinischer Rede ausschließen: die Schüler sollen über „die verschiedenen Töne und die Schönheiten ihrer eigenen Sprache" nachdenken; der Lehrer soll – „ähnlich wie die Biene emsig das Elixier und den Duft der Blumen aufsaugt – sich an der Beute der berühmtesten Redner bereichern, und während er sie seinen Schülern beibringt, soll er diese in eine Art Trunkenheit und Verzückung tauchen". Daher die systematische Verwendung der Grabreden von Bossuet und Fléchier, der Predigten von Bourdaloue und Massillon, der Reden von d'Aguesseau. Dieses der schönen Literatur und der Beredsamkeit zugestandene Übergewicht schließt hingegen die Forderung nach Nebenfächern, im wesentlichen der Geschichte, nicht aus. In Moulins wird gefordert, daß jede Woche eine Klassenstunde ab der dritten Klasse der Geschichte Frankreichs gewidmet werde; in Orléans fordern die Beamten des Landvogteigerichts, daß man den Kindern „einige Grundelemente der Geschichte und der Geographie" beibringe (aber der Präsident Rolland bedauert, daß keines der von der Rechtsprechung gepriesenen Bücher die Geschichte Frankreichs behandele), in Montbrison wird die Geschichte des Vaterlandes auf dieselbe Ebene gestellt wie die Kenntnis der französischen Sprache, und der Unterricht dieses Fachs wird im wesentlichen aus der Perspektive moralischer Ausbildung betrachtet: die Geschichte ist für die Beamten sehr wohl nach dem alten Sprichwort die *magistra vitae*. Es handelt sich darum, „durch den Bericht über die Tugenden der großen Männer ihres Landes" in den Kindern „das Verlangen zu wecken, es ihnen gleichzutun"; währenddessen soll „eine oberflächliche Kenntnis ihrer Provinz, dann ihres Königreichs und anschließend des Restes der Hemisphäre" vermitteln.

In Lyon haben schließlich die Beamten des Seneschallgerichts einen minutiösen Plan entwickelt, der die Einführung in die Geschichte ab dem Eintritt ins Collège vorsieht (hier ist die siebente Klasse für die Kinder bestimmt, „die gut lesen können und zu schreiben beginnen", um sie auf den Unterricht des Lateinischen vorzubereiten); in den Unterklassen sollen die neuen, von Madame Leprince de Beaumont redigierten Schulbücher als Basis dienen (siebente, sechste, fünfte Klasse); darüberhinaus – der Geschichtsunterricht wird bis zur dritten Klasse durchgeführt, der Geographieunterricht endet in der fünften – sollen die Universalgeschichte von Bossuet, die Zusammenfassungen der Geschichte Frankreichs des Präsidenten Hénault oder des Abbé Velly, und sogar die *Considérations sur les causes de la grandeur et de la décadence des Romains* von Montesquieu verwendet werden; die Lehrbeauftragten werden dazu angeregt, „kurze Bemerkungen über den Wandel der Sitten und der Regierungen, über den Geist der verschiedenen Nationen" zu machen; die Wichtigkeit dieser Arbeit wird durch die Preise deutlich, mit denen in jeder Klasse die besten Schüler ausgezeichnet werden sollen. Als einzige unter ihren Kollegen verbannen die Beamten von Tours den Unterricht über die französische Geschichte und die Geographie in die Logikklasse, wo sie jedoch zwei Drittel des Jahres ausfüllen soll.

Die Wünsche der Magistrate angesichts einer Reform des Philosophieunterrichts konvergieren beinahe vollständig: es handelt sich darum, wie die Beamten von Auxerre schreiben, nicht weiterhin „mit leeren Unterscheidungen und nichtsnutzigen Fragen ausgefüllte Hefte abzuschreiben und zu lernen". Daher der Wunsch, daß im Bereich der Logik „für immer die Universalien, die Kategorien, die Figuren *barbara coelarent* beseitigt werden, deren Name allein schon abschreckt, und ebenso die vielen anderen Bedeutungslosigkeiten zu verbannen, die – weit davon entfernt, den Geist der Jugend zu fesseln – diese nur abstoßen und ihr mißfallen"; die *Logique de Port-Royal* wird in Orléans ebenso gelobt (wo man ebenfalls die von Johann Christian Wolff empfiehlt) wie in Lyon (wo man die Lockes hinzufügt, „aus der alles Untragbare gestrichen werden soll"); aus der Sicht der Beamten von Autun soll die Logik eine Einführung in die Geometrie darstellen: ihr wesentliches Ziel soll daher darin bestehen, den Geist zum richtigen Denken zu schulen, zur „Präzision in den

Ideen und zur Exaktheit in den Definitionen". Was die Physik betrifft, so zeigt die Mehrzahl der Denkschriften ihre Vorliebe für eine „auf dem Experiment basierende" Lehre; in Orléans empfiehlt man als Grundlagentexte den alten *Traité de Physique* des Cartesianers Rohault (allerdings versehen mit den Anmerkungen des Newton-Schülers Samuel Clarke, der darin häufig geradezu eine Widerlegung leistet), die *Introductio ad veram Physicam* des Newtonianers James Keill und die *Mémoires* der Akademie der Wissenschaften; die Bewegung soll gelernt werden ausgehend von dem *Traité de la percussion ou choc des corps* von Mariotte, die Hydrostatik mit Hilfe des *Traité de l'équilibre des liqueurs* von Pascal, die Astronomie in der *Introductio ad veram astronomiam* des Newtonianers Keill, die ausgehend von den Werken von Huygens und Newton selbst, die Elektrizität ausgehend von den Experimenten des berühmten Abbé Nollet, der ordentlicher Professor für den Lehrstuhl für Physik am Collège von Navarra ist. Man kann von einer sehr modernen Orientierung sprechen, welche die Beamten von Orléans einer Philosophie geben wollen, die „alle Trugschlüsse der alten Schule" vermeiden soll. In ähnlicher Weise preist der Staatsanwalt des Königs im Präsidialgericht von Tours neben den Büchern des Abbé Nollet die *Histoire naturelle* von Buffon und „die Sammlung mechanischer Künste, an der momentan gearbeitet wird"; bezeichnet dieser Titel die *Encyclopédie* oder die *Descriptions des arts et métiers* der Akademie der Wissenschaften, die seit 1761 erscheinen? Wie dem auch sei, diese Wünsche bescheinigen deutlich das Eindringen von wissenschaftlichen und technischen Entdeckungen in das juristische Milieu. Überschätzen wir indes die Rolle der Neuerungen nicht: derselbe Staatsanwalt des Königs hält unbeirrt am Gebrauch des Lateins für den Philosophiekurs fest und begnügt sich mit der Forderung, daß die „Dispute" in französischer Sprache ablaufen sollen, „weil Diskussionen in der Volkssprache in den schulischen Übungen mehr Wettstreit unter den Leuten – und folglich auch mehr Wetteifer hervorbringen würden"; im übrigen fällt die letzte Überlegung des Präsidialgerichts noch abseits dieser Vorschläge, da sie sich darauf beschränkt, „eine öffentliche und französische Fragestellung über vier Artikel der Erklärung des Klerus von Frankreich" von 1682 zu verlangen. Was die Beamten des Präsidialgerichts von Rennes angeht, so überlassen diese „der Klugheit der Diözesanbischöfe die Entscheidung der Unterrichtsinhalte in den Bereichen Logik, Sittenlehre und Metaphysik – der Gegenstandsbereiche, über welche die Schüler, welche sich auf den Priesterberuf vorbereiten, vom Bischof befragt werden, um die niederen Weihen zu erhalten". Hier wird Philosophie also nur betrachtet als Vorbereitung fürs Priesteramt und ist daher vollständig der Macht der Kirche unterstellt. Nur zwei Denkschriften unter unseren Texten verlangen explizit eine Philosophie in der Landessprache: die des Landvogteigerichts von Montbrison, die möchte, daß „die Regeln des Denkens auf Französisch erklärt werden und daß diejenigen Argumente verbannt werden, die nur Disputanten, nicht aber Philosophen hervorbringen", sowie die Denkschrift des Landvogteigerichts von Autun, die ihre *Défense et illustration de la langue française* auf die Spitze treibt: „Warum soll ein Franzose nur über die trockenen und abstoßenden Prinzipien einer toten Sprache zur Wissenschaft des Denkens gelangen können?"

Der Stellenwert, den die Denkschriften der Mathematik zuschreiben, zeigt denselben Mangel an Kühnheit. In drei von vier Texten, die diese Disziplin fordern, soll sich der Unterricht auf die Philosophieklasse beschränken, was seinen Einfluß auf diejenigen Schüler beschränkt, die bereits am Ende des *cursus* angelangt sind. In Tours wünscht der königliche Staatsanwalt einen Einjahreskurs, der am Ende der Physikklasse einzuschieben wäre; in Autun und Orléans plaziert man die Geometrie erst im zweiten Semester der Logikklasse, selbst wenn man – wie in Autun – anerkennt, daß die Mathematik „von besonderem Nutzen für alle Tätigkeiten in Agrikultur, Handel und einfacher Hauswirtschaft" ist; lediglich die Beamten des Seneschallgerichts von Lyon sehen einen Kurs in Arithmetik und praktischer Geometrie ab der zweiten Klasse vor – einen Stoff, dem sie genügend Wichtigkeit einräumen, um ihm einen Preis in dieser Klasse und eine öffentliche Übung in Rhetorik zu widmen, während „Elemente aus Algebra und Geometrie" aus der Philosophie herausgenommen werden sollen. Wenn auch der Anteil der Mathematik alles in allem bescheiden bleibt, so erscheint diesen Juristen eine noch so kurz gefaßte Einführung ins nationale Recht unerläßlich: die Beamten des Seneschallgerichts von Poitiers wünschen „das Studium des öffentlichen Rechts, das der Nationen und unserer kostbaren Freiheiten"; die Beamten des Landvogtei-Gerichts von Montbrison schlagen Dispute vor, die über „Fragen des öffentlichen Rechts" argumentieren; in Lyon möchte man die Schüler der Rhetorik „über das Wesen und die Funktionen verschiedener Gerichte" unterrichten und „die allgemeinen Gesetze des Königreichs und unsere heilsamen Maximen" des Gallikanismus darlegen. In Orléans soll – und diese Vorschläge schließen an die Vorstellungen eines Caradeuc de La Chalotais an, der die Lektüre dieser Autoren im Blick hatte – das Studium der Moral mit der Abhandlung von Grotius über *Le droit de la guerre et de la paix* und durch die von Pufendorf über *Le droit de la nature et des gens* und *Les devoirs de l'homme et du citoyen*. Denselben Vorschlag finden wir in Autun, wo das Landvogteigericht eine Abhandlung über das Naturrecht ans Ende des Studienablaufs stellt: „eine bei uns so vernachlässigte Wissenschaft ... einer der wichtigsten Unterrichtsgegenstände" der Jugend; „jedes Moralsystem, jeder Plan einer guten Gesetzgebung" – und die Beamten beziehen sich hierbei explizit auf *L'Esprit des Lois* von Montesquieu – entsteht aus der Vernunft und ihrer Vervollkommnung durch den Gebrauch aller unserer Fähigkeiten. Als Grundlage jenes Rechts, das die verschiedenen Nationen regiert, das aber ebenso im Innern eines Staates die Konventionen zwischen Individuen regelt, erweist sich das Naturrecht also als ein unerläßliches Studium für „jeden Menschen, der das Alter der Vernunft erreicht hat, welche Standesart auch immer ihm sein Geschmack oder seine Fähigkeiten anraten": der Magistratsbeamte, der Soldat, der Kaufmann, der Familienvater oder einfach der ehrenhafte Mann" werden im Naturrecht die Entwicklung jener Rechtschaffenheit finden, die alle Welt sich vornimmt, die aber nur dann wirklich nützliche Wirkungen hat, wenn sie aufgeklärt ist".

Insgesamt wünschen die Beamten also nur eine teilweise Veränderung des traditionellen *cursus* und bleiben im Grunde dem Studium der klassischen Sprachen als dem wesentlichen Grundriß des Schulsystems treu. Selbst wenn sie mitunter – wie in Tours, Orléans oder Autun – ein lebhaftes Interesse an den wissenschaftlichen und technischen Entdeckungen des Jahrhunderts bekunden und ohne zu zögern d'Alembert zitieren (der Artikel *Collèges* in der *Encyclopédie* wird in Autun angerufen, um sehr diskret zu verstehen zu geben, daß der neue nationale Lehrplan die Rhetorik der Philosophie hintanstellt) oder Montesquieu, teilen sie die gemäßigten Ansichten des Präsidenten Rolland. Sie beziehen vielmehr eine Position, die sich sehr von den Kühnheiten von Caradeuc de La Chalotais zurückhält, der damit inmitten seines Milieus nur um so isolierter erscheint. Muß das verwundern? Die Magistratsbeamten plädieren hier für eine Erziehung, die eine geeignete – d. h. identische – Reproduktion der eigenen Körperschaft gewährleistet. Sie sind sich mitunter sogar der Inkonsequenzen bewußt, in die ihre eigene Position sie bringt: so erkennen die Beamten des Seneschallgerichts von Lyon an, daß die wesentliche Aufgabe ihrer Stadt weniger darin bestehe, ,,ebenso meisterhafte Gelehrte und Literaten heranzubilden wie in der Hauptstadt", sondern Kaufleute, die fähig sind, ,,mit den Ausländern, die Stoffe aus unseren Manufakturen beziehen, eine Korrespondenz in der Muttersprache eines jeden von ihnen zu unterhalten", und sie schlagen vor, öffentliche Lehrstühle für die deutsche und die englische Sprache einzurichten; sie weigern sich aber, diese in den *cursus* des Collège zu integrieren. Ebenso fassen sie neben den beiden traditionellen Collèges die Schaffung einer ,,Art Militärschule" ins Auge, ,,wo die Adeligen und die Bürger, die sich dem Waffendienst widmen, ihre Übungen machen sollen", wo ,,es öffentlichen Unterricht in Geographie, Heraldik, Astronomie und Mythologie geben würde"; man würde dort ,,einen Geschichts-, einen Französischlehrer und einen in den Interessen verschiedener Länder versierten Lehrer" einsetzen, und die Schüler würden das Lateinstudium erst mit Erreichen des vierzehnten Lebensjahres beginnen. Ein solcher Vorschlag ist freilich ein *a contrario*-Geständnis der Aufklärung des Konsenses über die klassischen Sprachstudien ...

III. Collèges in den Vorstellungen der Städte

Die Stadtverwaltungen haben im allgemeinen – obwohl sehr darauf bedacht, die Anwesenheit eines Collège in ihren Mauern zu erhalten – kaum ihre Ansprüche bezüglich einer Modifikation der Erziehungsinhalte verlautbaren lassen. Sie sind mehr mit unmittelbaren Verwaltungsfragen (wer ersetzt die Jesuiten?) oder mit Finanzfragen (welche Geldquellen gibt es für die städtischen Einrichtungen?) befaßt als mit im strengen Sinne pädagogischen Problemen, für die sie sich oft inkompetent erklären. Ihr Schweigen auf diesem Gebiet ist daher in der Tat ein Plädoyer für den traditionellen *cursus* des Studiums der klassischen Sprachen. Die seltenen Denkschriften, in denen sie ihre Wünsche in dieser Sache zu äußern wagten, lassen vermuten, daß ihre Haltung sehr stark von Funktionen abhängig ist, die der Stadt

Reichtum und Macht sichern: die Magistratur in Rennes, der Handel in Lyon[42]. So bleibt man in Rennes, der Hauptstadt einer Provinz mit Landständen, einer Parlaments- und Universitätsstadt also, wo das Bürgermeisteramt „die monströsen Fehler der Methode, die man in die Schulen eingeführt hat" scharf kritisiert, völlig dem Studium der griechischen und lateinischen Sprache verhaftet; die Veränderungen, die man vorschlägt, sind direkt angeregt von den Autoren, die sich seit langem gegen die von der Universität oder den Jesuiten übernommene pädagogische Routine erhoben haben: Tanneguy Lefebvre und der Abbé Pluche sind hier die verpflichtenden Bezugspersonen. Daher die enge Verwandtschaft, die leicht erkennbar ist, zwischen den Vorschlägen, die das Bürgermeisteramt verlautbaren ließ, und denen, die wir bereits bei den Justizbeamten kennengelernt haben: die Weigerung, die „junge und zarte" Seele der Schüler „unter dem enormen Gewicht der Regeln und angeblichen Prinzipien zu erdrücken, die in Rudimenten, Partikeln und anderen Büchern verzeichnet sind, die das Schreckgespenst der Jugend und die Geißel der Vernunft sind"; das Primat der Erklärung von Autoren, das allein es erlaubt, „ein Gespräch mit diesen großen Genies anzuknüpfen", sich „an ihren Gedanken, ihrem Stil" zu nähren und „gleichsam die Blume ihrer Urbanität" zu pflücken; der Ausschluß des lateinischen Verses und die Begrenzung der Übersetzungen auf „einige ausgewählte Stücke in der letzten Klasse der Sprachstudien, um den Stil der jungen Leute auszuprobieren und sie an das Lateinisch-Sprechen zu gewöhnen"; das Lernen durch den Gebrauch – viele Übungen, wenige Regeln – sollte es also erlauben, die Zahl der Sprachklassen auf drei zu reduzieren, ein Vorschlag, den La Chalotais in seinem Plan aufnimmt, sowie die Kenntnis der Mythologie auszubilden und der „Altertümer", d. h. „die Sitten der Antike, ihre öffentlichen und privaten Lebensweisen, ihre Zeremonien, ihre Bräuche, ihre Feste, ihre Gesetze". Alle hier geäußerten Wünsche sind uns also bekannt und unterstreichen die soziokulturelle Osmose, die sich in der bretonischen Hauptstadt zwischen Schöffen und Magistratsbeamten etablierte. Man stellt übrigens bezüglich des Philosophie- und des Rhetorikunterrichts Äußerungen fest, von denen La Chalotais sich ganz gewiß in seinem *Essai d'Education nationale* anregen ließ: die *Logique de Port-Royal* sollte das wesentliche Lehrbuch für die Logikklasse sein „nach Entledigung alles dessen, was ein Rest an Gefälligkeit gegenüber der alten Philosophie dort noch an Abstraktem übriggelassen hatte"; die Metaphysik ist befreit von „einem Gewebe von Hirngespinsten und Absurditäten wie den *Universalien*, den *metaphysischen Kategorien,* den *Virtualitäten"* und soll sich künftig auf „die Erklärung der Axiome und ersten Grundsätze der Wissenschaften mit den verschiedenen Darlegungen der Göttlichkeit und der Unsterblichkeit der Seele" beschränken, indem man „einige Anmerkungen über das Wesen der Seele und der Ideen" anfügt. Die gänzlich experimentell ausgerichtete Physik soll sich den Kurs des Abbé Nollet zum Vorbild nehmen; mit dem Eintritt in den Be-

---

[42] Der Lehrplan wird am 3. Juni 1762 auf der Generalversammlung der Gemeinde Rennes durch den königlichen Staatsanwalt, den Syndikus Le Meur verlesen und am darauffolgenden 12. Juni endgültig verabschiedet, gemäß der positiven Meinung einer aus Deputierten gebildeten Kommission, die alle Ränge der Gemeinde vertreten (wie ehemalige Bürgermeister, die Kirche, der Adel, die Rechtsanwälte, die Notabeln, die alten Hauptleute), A. D. Ille-et-Vilaine, 1 B K 2.

reich der Logik sollen die Schüler auch den öffentlichen Mathematikunterricht besuchen, der von dem Professor des Lehrstuhls in Rennes, eingerichtet durch die bretonischen Stände, abgehalten wird. Dieser Vorschlag schließt an die andernorts von Guyton de Morveau gemachten Pläne an; darüber hinaus sollte ein Lehrstuhl für Hydrographie – identisch mit dem bereits in Brest existierenden – in der bretonischen Hauptstadt geschaffen werden; er sollte Schüler anziehen, die aus der gesamten Haute-Bretagne kämen, um die Kunst der Navigation zu erlernen. Schließlich sollte die Rhetorik, der man wünschenswerterweise zwei Jahre widmen würde, erst nach der Philosophie gelehrt werden: in diesem Punkt wagen sich die Schöffen von Rennes, die betonen, daß „die Kunst des Überredens die Kunst des Denkens voraussetze", weiter vor als die Magistrate des Präsidialgerichts, indem sie einen von d'Alembert im Artikel *Collèges* der *Encyclopédie* geäußerten Wunsch aufnehmen. Genau wie letzterer bedauern sie die Berechtigung „gebräuchlicher, fast zu Sprichwörtern gewordener Ausdrücke: *„Amplifikationen nach Art der Collèges"; „das riecht nach Collège"; „dumm wie ein Schüler, der frisch vom Collège kommt"*, und sie schlagen vor, die Schüler nicht in „lächerlichen Amplifikationen" zu üben;

„mais dans des récits de choses d'usage, dans des descriptions de machines, de fêtes, de jardins, de promenades, dans des relations de faits sérieux ou comiques, de voyages, etc. on pourrait les envoyer dans l'atelier d'un peintre, dans la boutique d'un orfèvre, dans le laboratoire d'un chimiste, dans une manufacture, dans un arsenal etc., on leur ferait rapporter par écrit ce qu'ils auraient vu, ce qui les aurait frappé, par là ils ne seraient plus embarrassés comme ils le sont à rendre leurs idées et à écrire deux mots sur les choses les plus ordinaires."

Es handelt sich hier um wirkliche Unterrichtsstunden über *Dinge*, und wir haben bereits gesehen, welchen Standpunkt Caradeuc de La Chalotais sich aus diesen Vorschlägen zu bilden wußte, indem er sie in einen Gesamtrahmen von Reflexionen stellte, der deutlicher durch die Aufklärung angeregt war. Selbst wenn die bretonischen Schöffen nach dem Muster der Gesamtheit der Justizbeamten ihre Überlegungen im Rahmen des traditionellen *cursus* anstellen, kann nicht geleugnet werden, daß sie ihrerseits manche Kritikpunkte wieder aufnehmen, die von der Aufklärung bezüglich der Rhetorik- und Philosophielehre ihrer Zeit formuliert worden waren.

Wünsche einer mehr modernistischen Richtung sind andernorts entworfen: 1763 fordert die Stadt Nîmes, in der Tuchhandel eines der wichtigsten Gewerbe darstellt, die Integration der Mathematik und der lebenden Sprachen in den *cursus*[43]; was die Schöffen von Lyon angeht[44], so wollen sie die jungen Leute „auf alle Berufe des bürgerlichen Lebens vorbereiten"; eine einfache Änderung der klassischen Studien würde keine Antwort auf diese Forderungen darstellen, und man faßt einen völlig neuen Lehrplan von fünf Jahren Dauer ins Auge: die Philosophiestudien sollen gestrichen werden; die mit vierzehn Jahren ins Collège eintretenden Schüler sollen le-

---

[43] Archives communales de Nîmes, 00 104, Denkschrift vom 11. August 1762.
[44] „Mémoire du prévôt des marchands et échevins de Lyon à Nosseigneurs du Parlement", 8. Februar 1763, A. D. du Rhône, D. 258, Stück 15; vgl. L. TRENARD: Lyon de l'*Encyclopédie* au préromantisme, Paris 1958, Bd. I, S. 92 f.

sen und schreiben können und die Arithmetik beherrschen: im Laufe der ersten zwei Jahre sollen sie vier Stunden täglich Unterricht in Mathematik, Anatomie, Chemie, Seefahrts- und Steuerungskunde erhalten; bei Interesse können sie darüber hinaus zwei Stunden täglich einen Unterricht „gelehrter" Sprachen (Griechisch und Latein) besuchen. Während der folgenden drei Jahre soll die Geschichte Gegenstand des Hauptfaches werden, die lebenden Sprachen (Deutsch, Italienisch, Spanisch) Gegenstand der Nebenfächer. Man besteht besonders auf der Geschichte Frankreichs und der von Lyon; das letzte Jahr sollte freilich speziell der Kirchengeschichte gewidmet sein, mit einer „besonderen Abhandlung über die Geschichte der gallikanischen Freiheiten" zum „Kennen-, Lieben- und Schätzenlernen der Religion", und um „den Franzosen vor jeglicher ultramontaner Ansteckung" zu bewahren. Durch diese fünf Jahre „ernsthaften Studiums anstelle des alten Unsinns" hoffen die Lyonneser Schöffen den jungen Leuten „alle die schönen Kenntnisse" beizubringen, „die zur Robe, zum Degen, zum Handel und zu den Künsten gehören, und die schließlich dazu beitragen können, einen gebildeten, tugendhaften Bürger, einen dem Vaterlande nützlichen Familienvater heranzubilden". Man erkennt hier die Diskrepanz zwischen den Erziehungserwartungen der Kaufleute von Lyon und den oben genannten juristischen Traditionen: wenn sie auch mit den Justizbeamten eine auf Geschichte, insbesondere auf National- und Lokalgeschichte, gegründete Bildung teilen, so wollen sie die Erziehung ihrer Kinder doch für praktisches Wissen öffnen, was ihnen für die Übernahme des väterlichen Kontors oder der väterlichen Manufaktur nützen kann: Mathematik und lebende Sprachen.

Die zwischen 1763 und 1770 von den verschiedenen organisierten Körperschaften der bürgerlichen Gesellschaft geäußerten Wünsche erlauben, wie uns scheint, eine bessere Beurteilung der Trägheitsmomente, die sich einer tiefgreifenden Umformung der Erziehungsinhalte entgegenstellen. Die Beamten – zugleich Verwalter und erste Nutznießer des Erziehungssystems – stimmen mit den Hochschullehrern in der Aufrechterhaltung eines *cursus* überein, der weithin vom Studium der antiken Sprachen beherrscht ist, öffnen ihn hingegen mehr der französischen Sprache und der Geschichte. Sie sind empfänglicher für die Entdeckungen des Jahrhunderts als die Professoren und fassen einen Ausbau des wissenschaftlichen Unterrichts (Mathematik, Physik, Naturgeschichte) ins Auge, wollen ihn hingegen auf den Rahmen der Philosophieklasse beschränken, was den Bereich möglicher Veränderungen bedeutend einschränkt. In der Tat spielen sich genau hier in den letzten dreißig Jahren des Ancien Régime die Kämpfe um das Eindringen der Aufklärung in das Erziehungssystem ab. Dagegen wird den Erziehungserwartungen anderer sozialer Gruppen – militärisch oder im Handel beschäftigter Adel – zu keiner Zeit Rechnung getragen, was vielleicht erklärt, warum sich die Neuerung im wesentlichen außerhalb der traditionellen schulischen Einrichtungen vollzogen hat.

IV. Reformansätze und Konflikte in der Schulpraxis

1. Die Militärschulen

Paradoxerweise geht die kühnste Anwendung eines enzyklopädischen Lehrplans auf eine Initiative der Monarchie zurück. Die 1776 vom Kriegsminister, dem Grafen von Saint-Germain gegründeten Militärschulen sind – soviel steht fest – das interessanteste pädagogische Experiment gegen Ende des Ancien Régime. Die Zeitgenossen haben sich darin nicht getäuscht: der Mathematiker Sylvestre François Lacroix, der eine beachtliche Rolle in der Organisation der *Ecoles centrales* der französischen Revolution spielte (er war Leiter eines der Büros der Exekutivkommission des öffentlichen Schulwesens, bevor er selbst Lehrer an einer Zentralschule in Paris wurde), erkennt 1805:

> „La fondation des *écoles militaires* fut une grande expérience pour perfectionner l'enseignement public. Le gouvernement s'écarta, en faveur des jeunes élèves destinés spécialement à la profession des armes, de la routine et associa l'étude des mathématiques, de la physique, de l'histoire et de la langue maternelle à celle des langues anciennes, renfermée dans de justes limites[45]."

Die 1776 gegründeten Militärschulen führen den ursprünglichen Versuch, den die Schaffung der Königlichen Militärschule von Paris 1751 darstellte, fort und wandeln ihn ab. Die letztgenannte Schule, die auf Anregung des Finanzmannes Pâris-Duverney und Madame de Pompadours gegründet worden war, entsprach einer doppelten Zielsetzung: für die Monarchie ging es zunächst darum, einen spezifischen Studiengang einzurichten, der dazu bestimmt war, die zukünftigen Offiziere einer modernen Armee gründlich auszubilden „auf eine Weise, daß das alte Vorurteil, allein die Tapferkeit mache den Kriegsmann aus, nach und nach dem Geschmack an militärischen Schulen wich"; aber gleichzeitig setzte die neue Einrichtung eine Reihe von Maßnahmen in Gang, welche vorsahen, den Zugang zum Offizierskorps einzig dem Adel vorzubehalten. Das Edikt vom Januar 1751 gestattete daher fünfhundert Söhnen von armen Adeligen, die vor dem Genealogen des Königs vier Adelsgenerationen väterlicherseits nachgewiesen hatten, den Eintritt in die Königliche Militärschule von Paris: „Was können wir nach den Erfahrungen, die unsere Vorfahren und wir selbst mit dem Einfluß allein der Ehrenprinzipien auf den französischen Adel gemacht haben, dann nicht alles erwarten, wenn alle diejenigen, die ihm angehören, ihm die durch eine glückliche Erziehung gewonnenen Erkenntnisse hinzufügten?" Die Befürworter des Unternehmens wollten also gleichzeitig den verarmten Adel entlasten (sie erkannten den Waisen im Krieg gefallener Väter die Priorität zu: sie waren zu „Kindern des Staats" geworden) und eine Pilotstudie starten, die „auf die gesamte Körperschaft übergreifen" könnte und „denjenigen Vätern als Modell dienen könnte, die in der Lage sind, ihren Kindern die Erziehung zu verschaffen"[46]. Die warmherzige Aufnahme, deren sich die königliche Initiative

---

[45] S. LACROIX: Essais sur l'enseignement en général et sur les mathémathiques en particulier, Paris 1805, S. 57 f.
[46] Präambel des Edikts vom Januar 1751.

sogleich in den aufgeklärten Kreisen der Hauptstadt erfreute – sowohl in den Salons als auch in den Akademien –, liegt in der Modernität des dort verbreiteten Unterrichts begründet. Schon 1755 vertraut Diderot Pâris de Meyzieu, dem Generaldirektor der Studien und Intendanten der Königlichen Militärschule, einen *Encyclopédie*-Artikel *Ecole militaire*[47] an: letzterer legt die Lehrinhalte dar, wo man ebenso Grammatik wie lebende Sprachen (Italienisch und Deutsch) findet, Mathematik – allerdings beschränkt auf „das, was einen direkten und unmittelbaren Bezug zur Kriegskunst besitzt" –, Geographie und Geschichte, Naturrecht, Taktik und militärische Ordnung, aber ebenso Körpertraining (Tanz, Fechten, Schwimmen, Reiten). Der Artikel *Education* desselben Bandes der *Encyclopédie*, der aus der Feder des Grammatikers Dumarsais stammt, weiß nicht genug Lobreden über die neue Einrichtung zu halten:

> „Nous avons dans l'école militaire un modèle d'éducation auquel toutes les personnes qui sont chargés d'élever des jeunes gens devraient tâcher de se rapprocher soit à l'égard de ce qui concerne la santé, les aliments, la propreté, la décence, etc., soit par rapport à la culture de l'esprit. On n'y perd jamais de vue l'objet principal de l'établissement et l'on travaille en des temps marqués à acquérir les connaissances nécessaires à cet objet[48]."

Die 1776 vom Grafen von Saint-Germain durchgeführten Reformen folgen drei Hauptmaximen: sie entsprechen zu allererst einer finanziellen Forderung; die Verwaltung der Königlichen Militärschule erweist sich als äußerst kostspielig aufgrund ihrer Lage in der Hauptstadt und der Zahl der Angestellten der Einrichtung: die Zerstreuung der Stipendiaten des Königs (übrigens sechshundert an der Zahl) auf zwölf Collèges, die von Kongregationen und religiösen Orden unterhalten werden, die über eigene Quellen verfügen, soll den Staat von beachtlichen Aufwendungen entlasten, selbst wenn die Monarchie sich verpflichtet, den Direktoren der Collèges regelmäßig die Pensionen der Stipendiaten zu zahlen. An zweiter Stelle gilt es ein Erziehungsmodell für die Gesamtheit der Eliten zu schaffen, egal welcher Herkunft: Handel, Finanz, Robe oder Erbadel. Die jungen Adeligen werden nicht mehr abgesondert in einem Gewächshaus erzogen, das sie zusammenfaßt, sondern sie werden verteilt zu fünfzig oder sechzig pro Schule. Die königliche Absicht ist es:

> „leur procurer en les mêlant avec des enfants des autres classes de citoyens le plus précieux avantage de l'éducation publique, celui de ployer les caractères, d'étouffer l'orgueil que la jeune noblesse est trop aisément disposée à confondre avec l'élévation et apprendre à considérer sous un point de vue juste tous les ordres de la société[49]."

Schließlich möchte der Graf von Saint-Germain den Schülern ein einheitliches Unterrichtsprogramm erhalten: er verfaßt ebenfalls einen für alle Militärschulen geltenden Lehrplan, bei dem er seine Inspiration ebenso aus der entstehenden Orthopädie wie aus der vielzähligen, der nationalen Erziehung gewidmeten Literatur seit der Vertreibung der Jesuiten bezieht. Es geht darum, „widerstandsfähige Körper, aufgeklärte Geister und ehrenhafte Herzen zu schaffen"[50].

---

[47] *Encyclopédie*, Bd. V, Paris 1755. S. 307–313.
[48] Ebd. S. 403.
[49] Regelung, die die neuen königlichen Militärschulen betrifft, vom 28. März 1776, Akte I, Artikel 13.
[50] Lehrplan für die Schüler der königlichen Militärschulen vom 28. März 1776. Alle folgenden Zitate sind dort entnommen.

Die „in den modernen Einrichtungen zu sehr vernachlässigte" physische Erziehung erweist sich als besonders unerläßlich für zukünftige Militärs, da sie „den Körper schulen, den Charakter festigen und den Mut anregen soll, der vielleicht ebenso eine Tugend der Erziehung wie eine Gabe der Natur ist". Daher der Wunsch nach der Herrschaft eines spartanischen Lebens: die Nahrung soll „gesund und einfach" sein; eine strenge Körperhygiene soll die Schüler daran gewöhnen, sich täglich mit kaltem Wasser zu waschen; man soll Gleichgültigkeit gegenüber den Witterungshärten der Jahreszeiten ausbilden durch „häufige Spaziergänge und bei jedem Wetter", wobei sie „oft mit nacktem Haupt und mittelmäßig bekleidet" gehen sollen, während die Luft in den Klassenzimmern und Hörsälen häufig erneuert und die Öfen „stets sehr mäßig warm" gehalten werden sollen; eine einzige Decke soll für jedes Bett, „bestehend aus einer einfachen Pritsche mit einer Strohmatte und einer Matratze" genügen. Ein Kodex der Ertüchtigung tritt an die Stelle des Kodexes der guten Manieren und der Höflichkeitsformen des XVII. Jahrhunderts; daher rührt eine dynamischere Pädagogik, die weite und bequeme Kleidung empfiehlt, „die nicht die Gelenke behindert", welche Übungen und Spiele anpreist, „die geeignet sind, Beweglichkeit und Kraft zu steigern – wie Lauf, Sprung und Kampf", sowie eine allmähliche Gewöhnung an die Schwimmkunst und eine „größere Freiheit in den Erholungsstunden, da die Jugend Bewegung braucht". Dagegen sollen die Vergnügungsübungen wie Tanz-, Fecht- und Musikunterricht nur während der Erholungsstunden gegeben werden, da es sich um „Gegenstände der Zerstreuung und des Vergnügens" handele, und man kommt überein, den Kindern „richtige Vorstellungen vom Unterschied zwischen Pflicht- und Vergnügungsstunden" zu vermitteln. Insgesamt soll diese „kräftigende und anstrengende" Erziehung die jungen Leute auf den Waffenberuf vorbereiten, wo man – in untergeordneten Graden – mit „wenig Bequemlichkeit" leben muß.

Das vom Grafen von Saint-Germain definierte geistige Programm entspricht den Erziehungserwartungen eines d'Alembert oder eines La Chalotais: die Lateinkenntnisse „sollen sich darauf beschränken", den Schülern „die Einsicht in die klassischen Autoren zu geben, aber es sei unnütz, diese zu weit voranzutreiben und vor allem die Zeit damit zu vertun, die Schüler Verse oder rhetorische Amplifikationen anfertigen zu lassen". Die Schüler, die sich einem anderen als dem Soldatenberuf zuwenden wollen und dafür eine Vertiefung des Lateinstudiums benötigen, sollen auf andere Collèges überführt werden: falls es sich um Stipendiaten des Königs handelt, sollen diese auf das Collège von La Flèche geschickt werden, das einhundert Schüler des Königs aufnehmen soll, die vorhaben, in die Verwaltung oder den Klerus einzutreten. Dagegen „soll man sich vor allem dem Studium der französischen als der nützlichsten Sprache zuwenden, deren Vernachlässigung sträflich wäre". Zu diesem Basisunterricht kommt die Lehre der deutschen Sprache hinzu, die „mehr am Gebrauch orientiert denn theoretisch" sein und durch die Anstellung deutscher Bediensteter erleichtert werden soll, zusätzlich durch die Auflage, daß die Schüler untereinander deutsch sprechen sollen. Die Geschichte und die Geographie sollen zusammengezogen und ihr Studium parallel geführt werden, um im Geist der Schüler einen „rascheren und haltbareren" Eindruck zu hinterlassen. Die Geographie „soll hauptsächlich durch die Augen, d. h. vermittels Globen und Karten gelehrt werden"; Saint-Germain empfiehlt zu diesem Zweck, billige Karten zu drucken, „damit jeder Schüler einen tragbaren Atlas verfügbar hat". Mathematik und Zeichnen schließlich sollen beschränkt werden „auf das, was notwendig ist für das Verständnis der verschiedenen Teile der Militärkunst": ihre Arbeiten auf diesem Gebiet sollen auf das Festungswerk, die Absteckung eines Lagers und die Militärtopographie bezogen sein. Betreffs der Philosophie sollen lediglich Moral und Logik „in den Lehrplan der Schüler Eingang finden, aber man soll darauf achten, sie in ihren Grenzen zu halten und sie dafür von allem metaphysischen Ballast befreien, der sie zu oft entstellt hat".

2. Die Schule von Sorèze

Die Einführung wissenschaftlicher Disziplinen in den Unterricht liegt also an der Kreuzung eines technischen Erfordernisses – der notwendigen Modernisierung einer Armee, deren Schwäche sich in den Niederlagen des Siebenjährigen Krieges gezeigt hatte – und eines sozialen Projektes begründet (die militärische Laufbahn dem Blutsadel vorzubehalten, während man gleichzeitig eine für die Gesamtheit der Eliten gemeinsame Erziehung beibehält). Zum ersten Mal schreibt der Monarch – nicht nur, wie er es 1763 getan hatte – eine einheitliche Verwaltung der Schuleinrichtungen, sondern auch den spezifischen Inhalt der Studien derer vor, die zum Staatsdienst berufen sind. Dieses pädagogische Experiment fügt sich somit in den Rahmen eines Aufgeklärten Absolutismus französischer Art ein: das Ministerium von Turgot. Die Wahl der beibehaltenen Collèges war nicht zufällig; insbesondere die Entscheidung, sechs der neuen Einrichtungen den Benediktinern der Kongregation von Saint-Maur (von daher rührt noch in demselben Jahr 1776 eine Statutenänderung derselben für eine notwendige Anpassung der Ordensregeln an die Lehraufgaben) zurückzugeben, ist auf das nationale Ansehen, das das Collège von Sorèze binnen kurzem erlangt hatte, zurückzuführen[51]. Die Benediktinerabtei in dieser kleinen Stadt des Languedoc hat in der Tat ab 1759 in ihren Mauern ein Elitepensionat eingerichtet (die Pension beträgt dort seit jeher fünfhundert Pfund), dessen Programm im wesentlichen die Wünsche aller derjenigen erfüllt, die die Routine der Collèges verurteilen. „Warum gibt es kaum noch Gefühl und Kraft im öffentlichen Unterricht?" verkündet der Redakteur des „Lehrplans", eines für die Eltern bestimmten Prospektes.

„C'est que depuis près de deux siècles on ne s'applique qu'à étudier des mots et à s'en former une confusion dans l'esprit. Ne serait-ce pas la plus grossière de toutes les illusions de s'imaginer être la lumière du monde parce qu'on aurait acquis une certaine facilité de com-

---

[51] Vgl. J. FABRE DE MASSAGUEL: L'Ecole de Sorèze de 1758 au 19 fructidor an IV (5. September 1796), Toulouse 1958 (hier besonders der Bericht über die Einrichtung der Militärschule, veröffentlicht in der Provinz, S. 209–211); ders.: L'enseignement à l'école de Sorèze sous Louis XVI, in: *Actes du colloque international de Sorèze 1976. Le règne de Louis XVI et la guerre d'Indépandance américaine*, Dourgne, 1977, S. 299–343.

biner des expressions et de leur donner une tournure assez séduisante pour en imposer aux ignorants⁵²?"

Tatsächlich führten die Mauristen in Sorèze in drei wesentlichen Punkten Neuerungen bezüglich des traditionellen *cursus* der Collèges ein. Zuerst verlängern sie ihn, indem sie die Schüler ab einem Alter von sechs Jahren aufnehmen und zwei Grundschulklassen vorsehen (Anfänger und siebente Klasse, die wiederum in mehrere Untergruppen aufgeteilt werden), in deren Verlauf die Kinder mit dem Lesen in Französisch beginnen, mit der französischen Aussprache (eine den zahlreichen kleinen Spaniern, die aufgrund des Rufs der Einrichtung jenseits der Pyrenäen anwesend sind, vorbehaltene Übung), den Anfängen der lateinischen Grammatik und der heiligen Geschichte; das Lesen soll mittels einer der berühmtesten „amüsanten" Methoden, die im 18. Jh. erfunden wurden, gelernt werden: dank des in den Jahren 1720 bis 1730 von Louis Dumas gegründeten *Bureau typographique* wählt, gebraucht oder ordnet das Kind wie der Setzer einer Druckerei Karten, die Buchstaben und Laute tragen. Zweitens werden die klassischen Studien selbst gemäß den Prinzipien gelehrt, die von der Mehrheit der Autoren von Lehrplänen vorgeschlagen worden sind. Der Stellenwert der Übersetzung ist gesunken: „Man übersetzt vom Französischen ins Lateinische erst ab ungefähr der dritten oder zweiten Klasse, wenn die Schüler die Fügung des Lateinischen genügend beherrschen, um keine Gallizismen zu produzieren"⁵³. Vorrang wird der Auslegung der Autoren gegeben, ausgehend von einer Sammlung ausgewählter Textpassagen. Die zwei Klassen klassischer Studien (die ab 1773 in „Rhetorik, erstes Jahr" umbenannt werden) und Rhetorik werden zu einem Kurs über schöngeistige Literatur, in dem abwechselnd die verschiedenen Genres von Poesie und Beredsamkeit untersucht und in dem die Beispiele aus der modernen Literatur entlehnt werden: so führt man in den *Exercices publics* von 1774 genauso *Mérope, Zaire* und *La Henriade* von Voltaire an wie die Tragödien von Crébillon, die Komödien von Regnard, die lyrische Poesie von Jean-Baptiste Rousseau⁵⁴. Von der siebenten bis zur dritten Klasse stellen Geschichte und Geographie, welche vom Hauptlehrer einer jeden Klasse unterrichtet werden sollen, künftig einen wesentlichen Part dieser Einrichtung dar: insbesondere die geographische Beschreibung des alten und modernen Europa, sowie Frankreichs, dessen politische und Verwaltungsrädchen mit großer Genauigkeit dargelegt werden sollen. Betreffs der Philosophie soll eine Befreiung von „tausend Nutzlosigkeiten" stattfinden, „die – weit davon entfernt, dem Geist Genauigkeit und Beharrlichkeit zu geben – nur dazu dienen, diesen zu verführen und zu verderben"⁵⁵. Tatsächlich tauchen in der Folge der *Exercices publics* des Pensionats von Sorèze Logik,

---

[52] *Plan d'éducation exécuté avec succès par les bénédictins de la Congregation de Saint Maur*, gedrucktes Textstück, Pau 1764, A.D. Pyrénées-Atlantiques, C 1302, S. 1f.
[53] Ebd. S. 9. Tatsächlich macht man, wie die Verteilung der Preise von 1773 zeigt (die als erste erhalten ist), von der vierten Klasse ab lateinische Übersetzungen.
[54] Die hier vorgelegte Analyse geht aus von einer Sammlung von *Exercices publics* der Schule von Sorèze, die heute noch in den Archiven des Instituts erhalten sind; die Serie setzt 1761 ein und ist bis zur Revolution komplett.
[55] *Plan d'éducation exécuté avec succès* ... [s. Anm. 52], S. 11.

Moral und Metaphysik, die entsprechend dem Lehrplan in Latein gelehrt werden, vor 1777 gar nicht auf; wenn ihnen seit diesem Datum (und lediglich bis 1783) vier Seiten des Programms der Schulübungen (das aus durchschnittlich einhundert Seiten besteht) gewidmet sind, so liegt die Ursache dafür in der bisherigen Kritik, die ein Pariser Universitätsprofessor an den Lehrkörper von Sorèze gerichtet hatte, begründet – einer Polemik, auf die wir noch zurückkommen werden. Damit ist der begrenzte Stellenwert benannt, der diesem Teil der Philosophie in der Erziehung von Sorèze beigemessen wird, wobei allerdings hinzuzufügen ist, daß der Akzent auf dem Naturrecht und dem Recht der Nationen liegt. Im Gegensatz dazu ist die Physik stets präsent, und „man faßt nur den Teil der allgemeinen Physik ins Auge, der notwendig ist für kontinuierliche und gesicherte Fortschritte in der Ausbildung der einzig nützlichen und interessanten – der Experimentalphysik"[56].

Schließlich gibt es in diesem Grund*cursus* Innovationen, welche die Originalität von Sorèze ausmachen und ihr ohne jeden Zweifel ihre sehr große Ausstrahlung gesichert haben. In der Tat wird den Schülern eine ganze Reihe von „Wahlfächern" angeboten, wobei sie sich ganz nach ihrem Geschmack (oder ihren Zukunftsplänen) – jeder seinem Niveau entsprechend – aufteilen können, um die angebotenen Übungen zu verfolgen: lebende Sprachen (Englisch, Deutsch, wozu 1775 Italienisch kommt), die griechische Sprache, Mathematik, Neigungsübungen (militärische Übungen, Reiten, Vokal- und Instrumentalmusik, Tanz, Zeichnen, Schreiben), wozu die Benediktiner weltliche Lehrer herangezogen haben. Die Plastizität dieser Formel besaß etwas, um jene Eltern zu verführen, die weniger danach strebten, ihren Kindern die Neigung zu einer reinen Latinität zu verschaffen, sondern sie lieber für den Dienst der Krone vorbereiten wollten. Im übrigen waren seit 1763 Studiengänge ohne Lehre des Lateinischen geschaffen worden, um ihren Erziehungserwartungen zu entsprechen:

> „plusieurs personnes ayant désiré que leurs enfants fussent uniquement occupés à suivre les exercices établis dans ce collège, tels que sont les mathématiques, le dessin, la musique, la danse et l'écriture, etc., et qu'on les dispensât de l'étude de la langue latine soit parce qu'ils en sont passablement instruits, soit parce que à raison de leur âge et de leur destination au service, ils ne peuvent donner un temps suffisant à une étude de si longue haleine on a cru devoir condescendre à leurs désirs[57]."

Die Geschichte, die Geographie, die französische Sprache und die Heraldik, welche den „modernen" *cursus* darstellen, wurden beibehalten, um den Geist „mit Kenntnissen über ihre Standessituation" auszustatten, – Kenntnisse, „die notwendig sind für den Stand, zu dem sie bestimmt sind". Die französische Sprache soll hier „anhand von Richtlinien" gelernt werden, ausgehend „von einer kurzen Zusammenfassung der von allen Sprachen aufgenommenen Prinzipien, indem man eine Vorstellung von den acht Wortarten vermittelt, die Eingang in den Aufbau jeden

---

[56] Ebd. S. 12. Alle öffentlichen Schulübungen enthalten seit 1768 eine Physikübung. Die Naturgeschichte kommt ab 1775 hinzu.
[57] *Exercices littéraires des écoliers du collège de Sorèze pour l'année MDCCLXIII*, Toulouse, 12. September 1763, S. 21.

menschlichen Sprechens finden"[58], mit anderen Worten: die allgemeine Grammatik. Von diesem Augenblick an ist die Erziehung von Sorèze also bereits auf die Ausbildung künftiger Offiziere hin orientiert, was der ständig zunehmende Stellenwert der Mathematik deutlich beweist. Von 1766 bis 1768 benutzt man die ersten drei Bände des Kurses von Damus, des Prüfers der Militärschulen für Artillerie und Pionierwesen. Ab 1769 wird dieser ersetzt durch den *Cours de mathématiques à l'usage des gardes du pavillon et de la marine*, den Bezout, Prüfer der Marinewachen, soeben herausgegeben hat; dazu kommt ab 1744 der Kurs des Abbé Bossut, eines Mathematiklehrers an der Pionierschule von Mézières. Der zunächst auf die Arithmetik, die Geometrie und die Algebra beschränkte Unterricht wird ab 1772 um Differential- und Integralrechnung sowie Mechanik, ab 1774 um Kegelschnitte erweitert. Erscheint die Lehre des Festungswerks 1763 isoliert, ist sie 1770, 1771, 1773, 1775 vorhanden; in diesem umfaßt sie einen wichtigen, der Taktik gewidmeten Abschnitt. Schließlich ist in den Jahren 1773 und 1774 ein Artilleriekurs verzeichnet. Vor ihrer offiziellen Umformung in eine Militärschule funktioniert Sorèze in der Tat wie eine Vorbereitungsschule für die großen technischen Einrichtungen des Staates.

Von daher erscheint die Auswahl dieser Einrichtung durch den Grafen von Saint-Germain völlig plausibel. Nicht weniger logisch nimmt sich übrigens die Polemik aus, die 1777 zwischen dem Abbé Chrétien Le Roy, einem alten Rhetoriklehrer am Collège des Kardinals Lemoine in Paris, und Dom Ferlus, einem Lehrer derselben Klasse an der Militärschule von Sorèze entstand.

Die von dem Pariser Universitätsprofessor formulierten Vorwürfe bezüglich der Übungen von Sorèze rekapitulieren sehr gut die Gesamtheit der durch die *Alma mater* artikulierten Beschwerden betreffs des neuen *cursus*[59]. Zu allererst erscheint der der Geographie gleich zu Studienbeginn eingeräumte Platz übertrieben groß:

„La géographie est donc d'un mérite bien singulier pour qu'on la mette de niveau avec le catéchisme, la lecture et les premiers principes du latin. On ne parle dans ce collège que géographie. On en étourdit les enfants: et que peuvent répondre des enfants sur la géographie, puisqu'ils savent à peine lire [...] Quelle nécessité, je vous le demande, mon cher Prieur, qu'ils sachent à leur âge autant de géographie. Ce sont les principes du français qu'il leur faut inculquer alors, les rompre aux déclinaisons et aux conjugaisons latines [...] La géographie toute crue se réduit à des mots dont il ne reste rien dans l'esprit des enfants."[60]

---

[58] Ebd. S. 23.
[59] [Chrétien Le Roy]: *Lettre d'un Professeur émérite de l'Université de Paris, en réponse au R. P. D. V. . . . Prieur de . . . Religieux Bénédictin de la congrégation de Saint Maur: sur l'Education publique, au sujet des Exercices de l'Abbaye royale de Sorèze*, Bruxelles 1777. Die Kritik des Abbé Le Roy bezieht sich auf die Broschüre über Schulübungen aus dem Jahre 1775. Das Buch von Le Roy entfacht eine Debatte von nationalem Ausmaß, da Fréron darüber einen sehr positiven Bericht verfaßt, in: *Année littéraire* 1777, Bd. 5, Brief Nr. VIII, S. 173–212, wo er „die Runde der neuen Philosophen" tadelt und sich über die schnelle Ausbreitung der Privatinstitute entrüstet, „enzyklopädische Häuser, in denen man den jungen Leuten alle Sprachen, Künste und Naturwissenschaften beibringt, und die sie fast immer verlassen, ohne etwas zu wissen." Eine zeitgenössische anonyme Broschüre *Première lettre adressée aux pères de famille de Dauphiné, Provence et Languedoc au sujet de l'éducation de leurs enfants* (Bibliothèque de Grenoble, Fonds dauphinois, Q 171, 19 Seiten), verurteilt gleichermaßen das Zunehmen der Pensionate und wiederholt zur Unterstützung seiner These lange Auszüge aus dem Bericht von Fréron.
[60] Ebd. S. 213–216.

Dagegen die in der Pariser Universität verwendeten Bücher: wie die *Fables* von Phaedrus oder von La Fontaine, der *Grand Catéchisme* oder die *Moeurs des Israélites et des Chrétiens* von Fleury, die *Bible de Royaumont,* die *Histoire de France* von Le Ragois, „das ist doch etwas wert!" Da haben wir also kurioserweise die Umkehrung der wichtigen, von den *philosophes* gegen die traditionelle Lehre der Collèges artikulierten Anklage! Daraufhin entrüstet sich der sechzigjährige Latinist stürmisch über die Schande von Studiengängen ohne Latein:

„Qoi, des écoliers dans un collège pour y apprendre toute autre chose que le latin! Et dans un collège de bénédictins! eux qui se sont toujours distingués par l'étude des langues savantes [...] Sans le latin, un enfant ne peut entrer dans l'état ecclésiastique ni aspirer à aucune charge dans la judicature, bien moins encore penser à la médecine."

Le Roy ist sich zweifellos der Tatsache bewußt, daß sein Argument nicht ganz überzeugt: er weiß genau, daß die Mehrheit der Schüler von Sorèze dem Militärdienst zustrebt. Zudem beruft er sich sofort auf das Statut der Militärschulen:

„le roi veut qu'on enseigne aux élèves les langues française et latine. Cette langue devient donc nécessaire à un jeune homme qui se destine aux armes. Ainsi des parents, par cette privation réduisent leurs enfants au seul négoce; et encore combien de négociants se font honneur d'entendre cette langue? C'est donc un aveuglement impardonnable dans des parents de trancher ainsi sur la vocation de leurs enfants et de leur préparer pour la suite les regrets les plus amers."[61]

Schließlich ruft das Fehlen fundamentaler Philosophieinhalte in den *Exercices publics* von Sorèze die größten Vorbehalte von seiten des Pariser Universitätsprofessors hervor, und unser Autor prangert die Manie des Aufzählens, die alles erfaßt, an: die Physik wird für die Mehrheit der Menschen nur ein „Gegenstand einfacher Neugier" sein; eine Nation, die einzig aus „Geometern" besteht, wird wohl einmalig sein[62]; die Scholastik „wird immer die beste Art, zu denken, darstellen"[63]. Daher:

„quand des élèves de Sorèze auraient dans leur tête la description de la terre tout entière jusqu'à celle des moindres hameaux, qu'ils possèderaient l'histoire de l'univers qui grossit tous les jours sans en devenir plus certaine, que leur serviront toutes ces connaissances, s'ils n'ont pas les principes d'une bonne logique, ceux d'une solide métaphysique et de la plus saine morale. On ne vante aujourd'hui que les vérités expérimentales: on ne veut voir partout que la matière. Les uns se perdent dans les astres, les autres s'égarent en voulant pénétrer jusqu'au pôle; une infinité s'abîment dans un océan de frivolités: on a beau voyager, calculer, on ne se retrouvera jamais que dans la science des moeurs, l'unique philosophie, quoi qu'en puissent dire ou penser nos matérialistes. Encore une fois sera-ce la plus sublime géométrie qui inspirera l'amour de la justice aux magistrats, le courage d'exposer sa vie à des militaires, la compassion pour les misérables aux hommes opulents? Si le grand talent du *numéraire* est le seul qui mérite notre application, bientôt il n'y aura plus de différence entre nous et les nations les plus barbares. C'est là que nous conduisent les déclamations continuelles contre les bonnes études. Les Pères de Sorèze en ont été intimidés; ils ont voulu arranger les leurs au goût de nos philosophes modernes."[64]

Tatsächlich praktiziert Le Roy über die gesamte Länge seines Buches das als Verschmelzung wohlbekannte polemische Verfahren: er versteht es darzulegen, daß die

---
[61] Ebd. S. 216f.
[62] Ebd. S. 227.
[63] Ebd. S. 279.
[64] Ebd. S. 222.

Übungen von Sorèze die Anwendung des von d'Alembert in seinem Artikel *Collèges* der *Encyclopédie* definierten Programms darstellen. Der Abbé Sabatier de Castres, ein Schützling von Helvétius, verschafft in der Tat diesem Text einen zweiten Frühling, indem er ihn von neuem in seinem *Dictionnaire de littérature* von 1770 veröffentlicht. Für den Pariser Universitätsprofessor manifestiert der Lehrplan von Sorèze die hinterlistige Unterwanderung durch ‚philosophische' Ideen: „Möchte man es glauben? Euere Väter verdanken Herrn d'Alembert diesen Plan, sie geben vor, dort die ganzen Humanwissenschaften, alle Künste zu lehren, nach denen die Weltleute am neugierigsten sind"[65]. Dom François Ferlus, Rhetoriklehrer in Sorèze (und von 1791 bis 1812 Direktor dieser Schule) antwortet seinem Gegner sehr ausgelassen[66]; um die Lacher auf seine Seite zu bringen, unterstreicht er die lächerliche Pedanterie der Pariser Universität:

> „On admire avec quelle complaisance vous répétez à chaque page: ‚Vous faites mal... nous faisons bien... je ferais mieux...' Il me semble que j'entends ce vieillard de la comédie de Térence qui vante à son valet l'excellence de ses préceptes et la sainteté de sa conduite: mais le valet qui n'est pas un sot, le persifle par une parodie charmante. Comme nous ne jouons pas la comédie, je n'ai garde de ridiculiser un vieillard octogénaire. Je vais donc encore feuilleter, feuilleter, feuilleter."[67]

Aber der spöttische Ton stützt eine stringente Argumentation. Ferlus spürte die Gefahr, die der Vorwurf, dem philosophischen Clan unterworfen zu sein, für die Schule von Sorèze birgt. „Ich appelliere bei diesen gehässigen Beschuldigungen an die Öffentlichkeit, die uns mit ihrem Vertrauen ehrt... Ich appelliere auch an den Landesvater, der uns würdig erachtet hat, die Kinder des Staates zu erziehen"[68]. Der Autor ordnet also seinen Vorschlag anhand einer doppelten Beweisführung an: einer Trennung der Sache von Sorèze vom Programm von d'Alembert unter Betonung der religiösen Orthodoxie des Instituts, sowie einem Nachweis der ausgezeichneten Qualität der Pädagogik von Sorèze, die – weit davon entfernt, die Methode der Universität zu mißbilligen – diese lediglich zu vervollkommnen wußte, indem das Unnötige verkürzt und unverzichtbare Inhalte hinzugefügt wurden. Es ist wahr, daß die Schüler von Sorèze keine lateinischen Verse verfassen:

> „Les Pères de Sorèse connaissaient aussi bien que vous, Monsieur, le mérite de la poésie latine, mais ils connaissent encore mieux le prix du temps. Ils savent ce qu'il en coûte au commun des écoliers pour enchâsser dans la mesure d'un vers la pensée la plus commune; et ils trouvent que tout bien composé, les jeunes gens ont des choses plus intéressantes à faire ou plus utiles à apprendre."[69]

Was schließlich bedeutet es, wenn die Schüler von Sorèze weniger gute Latinisten sind als ihre Kollegen von Paris (Le Roy gab vor, daß ein Rhetoriker des languedocschen Instituts nicht einem Schüler der vierten Klasse in der Hauptstadt gleichkomme):

---

[65] Ebd. S. 67.
[66] [FERLUS]: *Réponse à la Lettre d'un Professeur émérité de l'Université de Paris au sujet des Exercices de l'Ecole Royale Militaire de Sorèze par un Professeur émérité de cette même Ecole*, o. O. 1777.
[67] Ebd. S. 79f.
[68] Ebd. S. 92.
[69] Ebd. S. 83.

„Eh bien vos élèves seront d'excellents grammairiens, de parfaits latinistes, des littérateurs accomplis; et au bout de tout cela, peut-être des pédants bien ennuyeux. Pour les nôtres il en sera d'eux comme du jeune homme de la comédie de Térence; ils sauront un peu de tout: ‚et tamen omnia mediocriter'. Avec cela ils seront intéressants, aimables, recherchés des sociétés pour leurs talents et leurs petites connaissances; en un mot, on verra en eux les vrais nourrissons des muses et dans les vôtres les élèves de Mr Bonbinet."[70]

Bezüglich des *cursus* ohne Latein plädiert Ferlus mit Nachdruck für ‚nicht schuldig'; denn die in Sorèze eingeführte Innovation erfolgte nicht „aus Prinzip" – die Benediktiner sind ebenso wie die Universität dem Lateinischen verbunden –, sondern unter dem Druck der pädagogischen Erfahrungen:

„On présente souvent à notre école des jeunes gens dont l'éducation a été entièrement négligée; ils savent à peine lire à douze ans; ils n'ont que peu de temps à passer parmi nous; ils ont besoin de beaucoup de connaissances, et ils n'en ont absolument aucune. Que feriez-vous, Monsieur? Donnez-nous un conseil. Forceriez-vous ces grands enfants à prendre les rudiments? Mais ils seraient à peine arrivés en quatrième, que la nécessité de la fortune, l'arrêt irrévocable de leur destination les appelleraient aux armes. Ils ne sauraient rien de ce qu'ils devraient savoir ou toutes leurs connaissances se borneraient à quelques mots de latin. Leur refuseriez-vous l'entrée de l'école? Cela serait dur, et à pure perte pour eux comme pour nous. Iraient-ils étudier le latin ailleurs? Non certainement: ils resteraient dans leur ignorance et ils porteraient au service toute la grossièreté d'une éducation rustique et toutes les vices de l'oisiveté. Et plût à Dieu! que les parents sentissent comme nous le mérite du latin et le prix de cette étude! [...] Il est encore d'autres jeunes gens qu'une incapacité absolue doit éloigner de toute étude qui demande du travail et de l'intelligence; il en est d'autres enfin qu'une obstination invincible, un dégoût incurable rendent absolument déplacés dans les classes latines: ils y sont comme les frelons dans la république des abeilles. Après avoir épuisé toutes les ressources, n'est-il pas de la prudence de leur ouvrir un asile. N'est-il pas plus consolant de les voir marcher à grands pas dans un chemin facile que d'être forcés de les traîner sans cesse dans les sentiers escarpés et dans des routes épineuses."[71]

Übrigens werden diese „Französisch"-Klassen in engen Grenzen gehalten, so daß „das Privileg nicht in Mißbrauch ausartet", und sogar im Innern des Collèges bleiben sie mit einer negativen Konnotation behaftet in bezug auf den edlen Studiengang der Latinität: „sie werden fast zum Schandfleck, und das genügt, dem Fortschritt des Übels Einhalt zu gebieten"[72]. Man erfaßt sehr wohl in den Verteidigungsverfahren von Dom Ferlus das überwältigende Gewicht des Kulturmodells der Humanwissenschaften: die Benediktiner müssen sich wegen der Neuerung, die den Militärschulen ebenso beim Adel wie auch bei den Handelseliten den Erfolg sichert, rechtfertigen.

3. Zwei exemplarische Fehlschläge: Embrun und Langres

Dennoch hat die Umwandlung des traditionellen *cursus* in Sorèze von drei wesentlichen Trümpfen gegenüber den Collèges profitiert. Es handelt sich zunächst um eine *Privat*initiative, die auf dem Reichtum der Mittel gegründet ist, über die die Benediktinerabtei verfügt (und in diesem Punkt hat die Erhöhung der Agrarpreise im

---
[70] Ebd. S. 87.
[71] Ebd. S. 88 f.
[72] Ebd. S. 90.

18. Jh. den Benediktinerorden insgesamt beachtlich bereichert, da er einer der großen Grundbesitzer des Königreichs ist); die Benediktinerpensionate – zum größten Teil auf dem Lande oder in Kleinstädten gelegen – erfreuen sich einer sehr großen Freiheit in der Festsetzung ihres *cursus*, da sie weder einer städtischen Kontrolle unterworfen sind (die Städte sind in keiner Weise an ihrer Finanzierung beteiligt) noch einer Kontrolle durch ein Verwaltungsbüro (da die Kongregationen von der 1763er Reform ausgeschlossen sind). Die Umformung des Instituts in eine Militärschule hat in der Folgezeit diesem Privatunternehmen eine *öffentliche* Bestätigung eingebracht, da dem Programm der Benediktiner der königliche Kontrollstempel gewährt wurde. Schließlich mündet die wissenschaftliche Modernität dieses Lehrplans in eine spezifische Berufsausbildung ein: die Militärlaufbahn im Dienste des Königs.

Die städtischen Collèges verfügen über keinen dieser Vorteile. Sie unterliegen der Kontrolle eines Verwaltungsbüros, dessen Vorsitz in den Bischofsstädten der Prälat innehat und das im wesentlichen aus Notabeln besteht, die juristischen Berufen angehören. Die von Kongregationen oder regulären Orden getragenen Collèges sind in der Tat dieser Aufsicht entzogen; sie unterliegen freilich einem Druck von seiten der lokalen Autoritäten: der Stadtrat kann mit der Aufhebung seiner Subventionen drohen, die Eltern – meist Notabeln – können sich spontan zusammenschließen, gegen diese oder jene Methode protestieren oder Intrigen gegen den einen oder anderen Lehrer in Gang setzen. Schließlich ist dort der „berufsbezogene" Aspekt der Studien weniger evident, da das Studium der alten Sprachen die Heranbildung von Menschen mit Geschmack für alle Stände der Gesellschaft zum Ziel hat, und da die Schüler die Studien auf allen Niveaus des *cursus* verlassen. Man versteht daher die Hindernisse, denen die Einsetzung eines enzyklopädischen Programms begegnet. Zwei Beispiele werden eine bessere Einschätzung der Lage erlauben, wo die Widerstände gegen jegliche Modifikation des traditionellen Plans zu verorten sind.

In Embrun möchte der Erzbischof Pierre-Louis de Leyssin aus dem Collège seiner Bischofsstadt eine Einrichtung mit gutem Ruf machen: 1775 läßt er durch das Verwaltungsbüro, dessen Vorsitz er innehat, gerichtlich die Entscheidung bestätigen, ein Pensionat zu bauen und für dessen Leitung einen ehemaligen Jesuiten zu benennen, den Père Rossignol, der gleichzeitig Mathematik unterrichten soll[73]. Letzterer hatte sich einen europäischen Ruf erworben – er war der Assistent des Père Boscovich in der Sternwarte der Universität von Vilna, bevor er zehn Jahre lang einen modernen Unterricht der Physik und der Mathematik am Collège der Adeligen von Milan in der österreichischen Lombardei festigte. Er kehrte in der Tat in sein Vaterland zurück und schlägt für den Schulbeginn 1776 einen enzyklopädischen Lehrplan vor. Trotz der Verzögerungen durch das Verwaltungsbüro läßt der Erzbischof offiziell sein Programm übernehmen. Wie in unzähligen anderen Projekten, die wir bereits untersucht haben, reduziert Rossignol den Lateinunterricht auf die Übersetzung von Autoren und extrem knappe Grammatikregeln, wobei die

---

[73] Das Wesentliche aus dem das Collège von Embrun betreffenden Dossier befindet sich in dem Aktenbündel F 779 der A. D. Hautes-Alpes.

Übersetzung vollkommen gestrichen wird. Dagegen werden wissenschaftliche und künstlerische Disziplinen gelehrt: zu Geschichte und Geographie kommen Architektur, Musik, Malerei, Diplomatie und zweifellos vieles mehr[74]. Für die Philosophieklasse zählt Père Rossignol nicht weniger als dreißig „zu behandelnde Themen" auf, in deren Zentrum die Experimentalphysik einen vorherrschenden Anteil einnimmt: sie allein umfaßt sechzehn Abhandlungen, mehr als die Hälfte also, wozu noch die der Astronomie, der Naturgeschichte und der Mathematik hinzuzufügen sind. Im Bewußtsein des Umfangs und der Schwierigkeit seines Planes schlägt der Autor vor, die zwei Philosophieklassen zu einer zusammenzufassen, um die Hindernisse, die sich einer Ausführung entgegenstellen, aus dem Weg zu räumen: ein Lehrer würde am Morgen, sein Kollege am Nachmittag unterrichten, denn diese Einsparung von Stunden würde es ihnen erlauben, die neuen Stoffe, die sie ihren Schülern darbieten sollen, besser vorzubereiten; der gesamte Philosophiekurs sollte sich über zwei Jahre erstrecken und in „vier unabhängige Teilbereiche oder solche" gruppiert sein, „mit denen man unterschiedslos beginnen könne, je nachdem, welchen man vorzöge". Eindeutig durch die Philosophie Condillacs beeinflußt – eines der beibehaltenen Themen behandelt die Theorie der Empfindungen und des Ursprungs menschlicher Kenntnisse –, plädiert Père Rossignol für eine aktive Pädagogik: Experimente, Versuche, Beobachtungen und Exkursionen sollen jeden Teil des Kurses begleiten. Bei schönem Wetter sollen die Schüler aufs Land ziehen und bei botanischen Exkursionen „gemäß der Methode von Tournefort" eine Pflanzensammlung anlegen; sie sollen Schmetterlings- und Insektensammlungen erstellen, die Körper- und Feldmeßkunst erlernen, sowie die Landvermessung und die Kunst, Karten anzufertigen. Die Versuche der Experimentalphysik sollen zahlreich und differenziert sein – von mechanischen Experimenten hin zu akustischen und optischen (Farbexperimente von Newton und von Buffon) und hin zu chemischen Versuchen (Experimenten über die Gase von Hales und von Prestley). Schließlich erinnert sich Père Rossignol, das System von Kopernikus am Hofe des Jesuitenkollegs von Marseille gelehrt zu haben – mitten im Winter, „der dafür geeignetesten Jahreszeit, aufgrund der Himmelsposition und der Länge der Nacht", und seine Schüler lernten mehr von der Astronomie „in einer vergnüglichen Nacht, als sie es im Zwangsunterricht von mehreren Tagen Länge getan hätten". Und der Autor beendet sein Programm mit einer gnadenlosen Verurteilung des stupiden Peripatetismus, dessen „elende Überbleibsel" er überraschenderweise bei seiner Ankunft in Embrun noch am Leben fand: die „peripatetische Sekte", die aus dem Herzen des Königreichs vertrieben worden war, hatte sich „über die Gipfel der Cottischen Alpen" geflüchtet. Er wird dennoch „das Monstrum in seinen letzten Verschanzungen" bezwingen.

Der Lehrplan des ehemaligen Jesuiten trifft allerdings in seiner Anwendung auf zweierlei Ablehnung: einerseits die der Lehrer und andererseits die eines Teils der

---

[74] Das Projekt Rossignols für die Klassen bis hin zur Rhetorikklasse ist uns leider nur durch die Proteste bekannt, die es in verschiedenen Denkschriften und Briefen hervorrief. Dagegen ist der Plan, der die Philosophie betrifft, gedruckt: ABBÉ ROSSIGNOL: Plan d'étude à l'usage des collèges, Embrun 1777, 18. S.

Büromitglieder und Notabeln der Stadt. Die Regierenden ertragen den Autoritätsanspruch Rossignols schlecht, der ihnen selbst Punkt für Punkt die zu lehrenden Inhalte diktieren und durch regelmäßige Inspektionen in den Klassen nachprüfen will, „wie sie ausführten, was er ihnen vorgeschrieben hatte". In ihren Augen steht bei diesen Visiten auf dem Spiel, „das ganze nötige Ansehen bei den Schülern" zu verlieren, „weil diese dadurch veranlaßt würden, sie selbst ebenfalls als Schüler zu betrachten"[75]. In einem Brief an den Erzbischof erklären die Philosophielehrer die Ausführung des Plans für unmöglich aufgrund der Vielfalt der Fragen, die er umfasse:

> „le nombre des questions égale au moins la moitié des jours de classe que nous avons dans l'année (nous avons tout au plus cent quatre-vingt jours de classe) [...] Nous ne pouvons alors donner que des abrégés et pour ainsi dire des canevas. D'où il résultera qu'ayant voulu apprendre un peu de tout à nos écoliers nous aurons la douleur de voir qu'ils ne savent rien."[76]

Ja, mehr noch, wesentliche Fragen der Metaphysik werden von Père Rossignol zugunsten unnützer Thematiken preisgegeben: „Es scheint uns weniger sinnvoll für unsere Schüler, auf dem Land herumzulaufen, hinter Schmetterlingen aller Arten, als genau den Unterschied kennenzulernen, der zwischen Substanz und Akzidenzien besteht." Die Logik beschränkt sich darauf, einige Argumentationsverfahren zu lernen: nun wendet sich aber die Mehrheit der Philosophieschüler dem Eintritt ins Priesterseminar oder dem Theologiestudium zu; die Logik verkürzen bedeutet daher, aus ihnen schlechte Denker zu machen „und es ist eine Tatsache, daß jeder schlechte Logiker auch ein schlechter Theologe ist". Bei aller Anerkennung der Tatsache, daß ihre alten Philosophiekurse „die Logik und einige Fragen der Ontologie zu ausführlich behandeln", fühlen sich die Philosophielehrer durch die von Père Rossignol gegen sie vorgebrachte Anklage verletzt: nein, sie waren nicht „behängt mit den veralteten Lumpen der alten Schule" und brachten ihre Zeit nicht damit zu, „über Arabesken und Subtilitäten zu streiten"[77]. Was den Vorschlag angeht, die Kinder auf eine Wanderung mitzunehmen, um draußen im Januar und Februar die Sternbilder zu studieren, so sei dieser einfach eine Träumerei eines Stubenhockers, der jeglichen Sinn für die Realität verloren habe: „Hält" Père Rossignol die Schüler, „nachdem er geschrieben hat, daß die Eisklumpen, von denen er ständig – selbst in der Hundstagshitze umgeben ist – ihm die Feder aus den Fingern gleiten ließ, für genügend gegen die harte Witterung unter freiem Himmel abgehärtet, um sie mitten im Schnee über Felsgestein wandern und in der kältesten Jahreszeit Sterne beobachten zu lassen?" Der Gedanke, regelmäßig die Veränderungen von Barometer und Thermometer registrieren zu lassen, rühre von derselben Utopie: „es kommt häufig an Sonn- und Feiertagen vor, daß wir uns im Beichtstuhl be-

---

[75] Urschrift des Briefes von Izoard, einem königlichen Staatsanwalt am Seneschallgericht von Embrun, an den Präsidenten von Sayves d'Ornacieux, Parlamentsabgeordneter von Grenoble, 28. Juli 1777, A.D. Hautes-Alpes, F. 779.
[76] Urschrift des Briefes der Philosophielehrer des Collège von Embrun an den Erzbischof von Embrun; nicht datiert, wahrscheinlich 1778; ebd.
[77] Es handelt sich hier um dieselben Termini, die der Père Rossignol in seinem Lehrplan gebrauchte.

finden, wenn es darum ginge nachzusehen, ob das Barometer sich um einen Strich verändert hat, und wegen peinlicher Genauigkeiten gehörte es sich nicht, den Beichtstuhl zu verlassen". In der Elektrizitätslehre weist Père Rossignol die Abhandlung des Abbé Nollet zurück und zieht die Beweise von Franklin vor: „Aber ist es hinreichend bewiesen, daß Herrn Franklins Verfahren das wahre ist, und daß alle anderen ... falsch sind?" Ein jeder hält seine Berechnungen und Beweise für richtig; „von daher schließen wir, daß man im Bereich der Physik sich oft überredet, das zu sehen, was man nicht sieht". Insgesamt wollen die Philosophielehrer nicht den Erzbischof umstimmen, „den armen Aristoteles unter seinen Schutz" zu stellen, aber sie fordern sehr zahlreiche Änderungen im Plan des Père Rossignol. Zu dem Widerstand von Lehrerseite gesellt sich der eines Teils der Verwaltungsbüromitglieder und der städtischen Notabeln. Im Büro wird der Widerstand vom königlichen Staatsanwalt Izoard angeführt, der im neuen Philosophiekurs eine Vielzahl von Gegenständen „von geringem Nutzen" anprangert und der die Wiederherstellung der traditionellen Gliederung in zwei Klassen – Logik und Physik – fordert sowie auf dem Studium der im Plan des Père Rossignol zu stark vernachlässigten Regeln der Argumentation beharrt. Bezüglich des Studiums der klassischen Sprachen hält er es für richtig, die Hin- und Rückübersetzung in allen Klassen wieder aufzunehmen, den Schülern wieder Grammatik- und Syntaxbücher in die Hand zu geben und alle vorgeschlagenen Nebenfächer wieder abzuschaffen, außer Geschichte und Geographie, die nebeneinander in chronologischer Abfolge, orientiert an der Klassenfolge, gelehrt werden sollen[78]. Die in den zwei Jahren des Plans des Père Rossignol gemachten Erfahrungen hätten hinreichend dessen Schädlichkeit bewiesen. Den Schülern des Collège, das vor Auftauchen des Ex-Jesuiten als eines der besten der Provinz angesehen wurde, fehlen

> „[les] règles même les plus simples de la latinité; et tous les connaisseurs assurent que la seule voie de la version surtout dans une classe nombreuse n'est pas suffisante pour acquérir les principes de la langue et que ce n'est que depuis cette nouvelle méthode que les enseignements ont souffert. Aussi nombre d'écoliers piémontais et autres se sont retirés pour aller dans d'autres collèges."[79]

Dieser Widerstand der Justizbeamten, die dem Büro angehören, findet ein günstiges Echo bei den städtischen Notabeln, denn ein Memorandum, das die Rückkehr zur alten Ordnung der Dinge fordert, trägt achtundfünfzig Unterschriften: unter diesen befinden sich neben dem königlichen Staatsanwalt und dem Leutnant am Seneschallgericht vier Advokaten, acht Staatsanwälte, drei Notare, zwei Bürger, vier Händler, ein Schlosser[80]. Der Plan scheint 1778 endgültig aufgegeben worden zu sein, und Père Rossignol wird sogar 1779 zu Allerheiligen zurückgeschickt. Dank der Protektion des Erzbischofs, der zweifellos in dessen Absetzung eine Beein-

---

[78] Denkschrift, nicht datiert [1778], geschrieben von der Hand Izoards, dem königlichen Staatsanwalt am Seneschallgericht von Embrun, ebd.
[79] Oppositionsakte von drei Mitgliedern des Verwaltungsbüros von Embrun gegen den Beschluß des Verwaltungsbüros vom 14. November 1778, in dem der Erzbischof Pierre-Louis de Leyssin vorschlug, die weltlichen Lehrer durch eine religiöse Kongregation zu ersetzen, 20. November 1778, ebd.
[80] Die bereits in Anmerkung 78 zitierte Denkschrift.

trächtigung seiner Autorität sah, wird er indes letztlich nicht entlassen und bleibt bis zur Revolution in seiner Stellung. Er redigiert weiterhin die Einführungsbücher des Instituts[81].

In Langres führt André Mathias, der den Lehrstuhl für Mathematik des Collège von Vendôme – und gleichzeitig die Kongregation des Oratoire, der er angehörte – verläßt, um die Leitung des Collège der champagner Region zu übernehmen, bei seiner Ankunft einen neuen Lehrplan ein[82]. Die eingeleitete Reform sieht zunächst eine Modifikation der Pädagogik der lateinischen Sprache vor: zu diesem Zweck bietet der Leiter sich an, eine Reihe grundlegender Lehrbücher herauszugeben, die für alle jene Klassen bestimmt sein sollen, in denen Auszüge aus verschiedenen Autoren als Studiengegenstand veröffentlicht werden sollen. Im Vorwort zum ersten Lehrbuch, das für die sechste Klasse erschien[83], legt er das Verfahren dar, das ihn bei seiner Herausgabe der Plinius-Auszüge leitet. Es geht darum, die Kinder sofort in die Lektüre und Übersetzung lateinischer Autoren einzuführen: erst nach dieser wiederholten Lektüre „ist man in der Lage, eine Grammatik gut zu verstehen, d. h. die bereits gemachten Beobachtungen über diese Sprache; denn man muß sich vor Augen führen, daß sich überall die Sprachen vor den Grammatiken gebildet haben. Indem man also die Methode verfolgt, von der wir sprechen, folgt man also dem Gang aller Völker, oder besser: dem Gang der Natur und der Vernunft." Ist es tatsächlich vernünftig zu fordern, „daß Kinder von sieben bis acht Jahren ein Buch über die subtilste und abstruseste Metaphysik verstehen? Sind aber nun nicht alle Grammatiken, die man ihnen gibt, voll davon? Enthalten sie nicht unter anderem ambivalente, unvollständige und sogar falsche Begriffe?"[84] Mathias erläutert die typographische Fassung seines Lehrbuches, indem er sich ausdrücklich auf die von Dumarsais und Condillac vorgeschlagene Pädagogik bezieht: auf der Rückseite jeder Seite der lateinische Text, auf der Vorderseite eine freie Übersetzung auf Französisch, unterhalb des Textes und der Übersetzung das Lateinische, das „konstruiert und durch eine Übersetzung ergänzt" ist, wobei jedem lateinischen Wort mehrere französische Wörter folgen, welche die verschiedenen Nuancen des Begriffs angeben. Die Kinder sollen zuerst dieses konstruierte Latein mit der Wort-für-Wort-Übersetzung lesen, anschließend sollen sie zunehmend in die Erklärung und Übersetzung ohne Hilfe der Muttersprache eingeführt werden: gleichzeitig soll ihr Lehrer ihnen die Zergliederung der Wörter gemäß ihrer ethymologischen Wurzel und die geringen Unterschiede, welche die Synonyme trennen, begreifbar machen. Erst wenn die Schüler einmal mit dieser ersten Übersetzungsübung vertraut sind, kann man ihnen Deklinationen und Konjugationen beibringen, aber „ohne Eile", und sie sollen sich dann dem Originaltext von Plinius zuwenden: sie werden nun den Unterschied feststellen,

---

[81] Besonders *Géographie élémentaire à l'usage du collège d'Embrun*, Embrun 1780; *Botanique élémentaire à l'usage du collège d'Embrun*, Embrun 1784.
[82] Beschluß des Verwaltungsbüros des Collège von Langres vom 10. Januar 1776, A. D. Haute-Marne, D. 25.
[83] [MATHIAS]: *De l'étude des langues en général et de la langue latine en particulier. Essai servant de préface à un extrait de Pline destiné aux commençants*, Langes 1777.
[84] Ebd. S. 51 f.

welcher die Konstruktion des lateinischen von der des französischen Satzes trennt. Der *Gebrauch*, der der *natürliche* Weg allen Lernens ist, wird sie alle besonderen Wendungen im Lateinischen begreifen lassen und wird sie sogar mit dem Geist der Sprache vertraut machen. Dieselbe Methode soll anschließend in den höheren Klassen auf andere Autoren angewandt werden.

In Wirklichkeit sind die hier definierten Prinzipien nicht neu, und Mathias zitiert sorgfältig und ausführlich am Anfang seines Vorwortes alle Autoritäten, die von Montaigne bis Condillac über Lancelot, Bernard Lamy und Locke in dieser Richtung argumentiert haben[85]. Pädagogische Werke, die nach diesem Modell konzipiert wurden, sind bereits erschienen, wie die von Dumarsais oder der *Cours de latinité* von Vanière, der 1759 veröffentlicht wurde. Aber die Anwendung dieser Methode scheint auf ernsthaften Widerstand gestoßen zu sein. Im übrigen erscheint dem Leiter das Verfahren noch hinreichend neu, um im Dezember 1778 eine außerordentliche Versammlung für die Mitglieder der Verwaltungsbüros einzuberufen, in deren Verlauf fünf Schüler die Auszüge von Plinius „gemäß der im Collège neu zugelassenen Übersetzungsmethode" erklären. Das Büro bringt dem Leiter seine Zufriedenheit zum Ausdruck, versichert ihm sein Einverständnis und lädt durch ein Rundschreiben die Lehrer, die entweder in Langres oder auf dem Lande die Kinder in den Grundlagen der lateinischen Sprache unterrichten, dazu ein, sich nach dieser Methode zu richten, „angesichts der Tatsache, daß es einen enormen Zeitverlust für die Kinder bedeuten würde, die sich am Collège vorstellen, nachdem sie mit anderen Verfahren unterwiesen worden sind"[86]. Die Verwalter sind sich also sehr wohl der von Mathias eingeleiteten pädagogischen Verschiebung sowie der Notwendigkeit der Methoden bewußt. Aber der reformerische Ehrgeiz des Leiters bleibt hier nicht stehen: mit Absicht läßt er auf jeden freien Lehrstuhl einen alten Ordensbruder der Oratorianer Kongregation berufen und stellt in Langres wieder eine weltliche Gemeinde her, die durch dasselbe pädagogische Ziel geeint ist[87]. Mit deren Hilfe hofft er, nach und nach den Plan einzuführen – was er auch teilweise realisierte –, den er in seinem 1776 erschienenen Werk *De l'enseignement public* darlegt[88]. Jenseits einer Erneuerung des Sprachunterrichts beschäftigt eine Hauptidee den Autor: man muß den Kindern eine Geschichte des Fortschritts des menschlichen Geistes vor Augen führen. Daher also die Gewichtung von Geschichte und Geographie, die gleichzeitig gelehrt werden und nach einer Entwicklungslinie von primitiver Wildheit bis hin zur Zivilisation geordnet sind:

---

[85] Die ersten 37 Seiten des Textes (von insgesamt 80 Seiten) bestehen nur aus Zitaten; für das XVI. Jahrhundert: Montaigne; für das XVII. Jahrhundert: Bernard Lamy, Locke, Boileau; für das XVIII. Jahrhundert Rollin, Dumarsais, Le Patteux, d'Alembert, La Chalotais, l'abbé Coyer und Condillac.
[86] Beschluß vom 10. Dezember 1778, A.D. Haute-Marne, D 25.
[87] Ebd.
[88] [MATHIAS], *De l'enseignement public*, Paris 1776. Im Vorwort (S. XII) kündigt Mathias an, daß die Sammlungen mit Auszügen lateinischer Autoren „fast fertiggestellt sind. Ich habe bei den Lehrern des Collège die Begabung und die notwendige Beflissenheit für die Durchführung dieser Arbeiten gefunden." Die von Mathias empfohlenen lateinischen Autoren entsprechen genau denen, die vom Verwaltungsbüro von Langres in seiner Sitzung vom 10. Dezember 1776 angenommen worden waren.

„Quel est donc l'ordre qu'il faudrait observer? Celui de la civilisation des peuples. De tous les sauvages dont l'histoire est venue jusqu'à nous les Américains me paraissent les plus près de la nature, ou les plus éloignés de la civilisation. Nous ne les connaissons d'ailleurs ou nous ne pouvons les connaître assez exactement. C'est donc par eux que doit commencer le cours d'histoire. Quel supplément aux annales primitives de toutes les nations que des mémoires sur les sauvages de l'Amérique faits par un observateur qui eût vécu assez longtemps parmi eux pour s'être familiarisé avec leurs langues, leurs manières, et dont la tête fût assez ferme pour apprécier impartialement les avantages des sauvages et des hommes entièrement civilisés! Quelque variée que soit la nature dans ses combinaisons, il me paraît cependant bien probable que l'histoire des Américains, des Scythes, des Germains, des Gaulois, des nations civilisées de l'Orient, des Grecs et des Romains formerait un tableau qui présenterait assez exactement la marche de l'espèce humaine dans la civilisation. Ce serait donc moins l'histoire des peuples que celle de l'homme."[89]

Die lateinischen Historiker sollen eine große Hilfe darstellen, um einen kompletten Kurs alter Geschichte auszuarbeiten. Für die moderne Geschichte empfiehlt der Leiter von Langres die *Observations sur l'histoire de France* von Mably und die Einleitung zur *Histoire du règne de Charles Quint* von William Robertson[90]. Damit ist die philosophische Ausrichtung dieser Disziplin hinlänglich benannt. Mathias läßt übrigens die gesamte Epoche von Konstantin bis zum 15. Jh. aus, da er das Schauspiel der entstehenden Monarchien „abscheulich" findet: hier gibt es nur „durch Barbareien gerächte Grausamkeiten, Revolutionen ohne hinreichende Gründe und oft ohne Motive, Könige auf wankenden Thronen, große Unterdrücker, das elende und erniedrigte Volk, und den Aberglauben, der den Völkern die Augen verschließt, sie unterdrückt mit einem Dolch in der Hand; mit einem Wort: Bilder von Schrecken und Blut". Die Theorie des Fortschritts des menschlichen Geistes sollte gleichzeitig im Kurs der schönen Literatur Anwendung finden: so soll der systematische Vergleich der Fabeln von Äsop, Phaedrus und La Fontaine es ermöglichen, eine Geschichte der Fabel zu entwickeln, die dem Gang des menschlichen Geistes in seinem Weiterschreiten zur Vollkommenheit folge[91]. In derselben Weise solle man für die Poetik und die Rhetorik verfahren, indem man regelmäßig Poesie, Theaterstücke und griechische, lateinische und französische Reden parallel setzt, wobei das Studium jedes literarischen Genres das Ziel hat, dessen schrittweise Entfaltung hervortreten zu lassen. In gleicher Weise soll die auf Französisch unterrichtete Philosophie von aller Scholastik entlastet werden, „deren monotoner und überlanger Gang nicht so gesichert ist, wie einige Leute glauben"; Logik, Metaphysik und allgemeine Grammatik sollen gleichzeitig ablaufen, denn „das eine wie das andere soll nur die Geschichte der Entwicklung des menschlichen Geistes sein": man soll sich daher auf Locke und Condillac (ebenso auf den *Traité des Sensations* wie den *Traité de l'Ori-*

---

[89] Ebd. S. 15f.
[90] Das Werk von W. Robertson ist 1769 erschienen. Die französische Übersetzung stammt von 1771. Am 26. Februar 1770 dankte Voltaire dem Autor für die Zusendung seines Werkes. Vgl. VOLTAIRE: Correspondance, defin. ed. by T. Besterman, Bd. 36, Banbury 1975, Nr. 16183. Die Einleitung ist ein „Tableau des progrès de la société en Europe depuis la chute de l'Empire romain jusqu'au commencement du XVIe siècle".
[91] MATHIAS: De l'enseignement public, S. 33–50.

gine des connaissances humaines)⁹² stützen. Großer Raum wird den Naturwissenschaften reserviert (Naturgeschichte, Chemie, Anatomie und Physiologie, Experimentalphysik, Mathematik); diese Öffnung hin zur zeitgenössischen Modernität (Mathias zitiert zum Beispiel nur Newton-Schüler für die Experimentalphysik) erscheint in demselben Licht wie die anderen Fächer:

„[il s'agit de] rétablir la suite d'idées par laquelle on est passé d'une expérience à celle qui la suit immédiatement. L'histoire de la marche des inventeurs est principalement nécessaire pour les inventions qui ont fait époque et qui dans la chaîne d'idées qui compose chaque science peuvent être regardées comme des anneaux principaux, de points de réunion desquels partent les chaînes secondaires."⁹³

Dieses enzyklopädische Programm geht einher mit der Erneuerung des pädagogischen Materials: neben den Einführungsbüchern, die er mit Unterstützung seiner Ordensbrüder redigiert, empfiehlt Mathias den Gebrauch von Graphiken aus der *Histoire naturelle* von Buffon, die Verwendung geophysischer, sowie politischer und historischer Karten (entweder in der Größe eines für jeden Schüler gedachten Atlanten oder von ausreichender Größe für die Betrachtung durch die ganze Klasse) dazu Weltkarten, das Anlegen eines botanischen Gartens und eines Labors für Experimentalphysik, die Einrichtung von Bibliotheken zum Gebrauch durch die Schüler, in denen sie die von ihren Lehrern empfohlenen Autoren finden würden⁹⁴. Eine freiwillige Zeichenklasse wird ab 1777 dem Collège hinzugefügt⁹⁵.

Trotz der offiziellen Unterstützung, die der Präsident Rolland dem Plan Mathias' entgegenbringt⁹⁶, wird das Experiment von Langres nach einigen Jahren abgebrochen. Es stößt in der Tat auf den vereinten Widerstand der städtischen Notabeln und des Bischofs. Im Mai 1782 verlangt eine von einhundertvierundfünfzig Einwohnern unterzeichnete Petition – wo die Justizbeamten und Mitglieder freier Berufe überwiegen – von der Stadtverwaltung, der neuen, vom Leiter eingeführten Methode ein Ende zu bereiten⁹⁷. Nach Aussagen dieser Protestierenden sind die Klassen des Collège völlig verlassen, da die Eltern gezwungen seien, ihre Kinder auf andere Collèges zu schicken, um dort Latein zu lernen. Die eingesetzte Methode ziele nur ab auf eine spezielle oder militärische Ausbildung: nur wenige Kinder würden sich freilich in Langres dem Waffendienst widmen. Das Studium der Religion ist vollkommen

---

⁹² Ebd. S. 69–71. Der Einfluß Condillacs zeigt sich ebenso in der Wahl des Texts aus der *Naturgeschichte* des Plinius, um die Kinder ins Lateinische einzuführen: in dem Alter, in dem sie ins Collège eintreten, sind diese mehr durch *physische* Gegenstände als durch *moralische* Geschichten angerührt. Es ist daher angebracht, sie Texte lesen zu lassen, in denen sie vertraute Eindrücke wiederfinden: daher auch der Vorrang, den den Tieren eingeräumt wird.
⁹³ Ebd. S. 61 f.
⁹⁴ Vgl. den Beschluß des Verwaltungsbüros des Collège, 3. Mai 1782, und das Inventar des Labors für Experimentalphysik vom 14. Januar 1793, A.D. Haute-Marne, D 25.
⁹⁵ Ebd., Beschluß vom 30. August 1777.
⁹⁶ ROLLAND: Recueil [s. Anm. 2], S. 144 f.
⁹⁷ Bibliothèque Nationale, Manuscrits, Collection Joly de Fleury, 1695, fo. 100–101. Die Petition ist nicht datiert, liegt aber wahrscheinlich früher als die erste Stadtversammlung betreffs des Collège vom 6. Juni 1782. Von 96 aufgeführten Berufen oder Ständen zählt man 39 Gerichtsbeamte, 16 Angehörige freier Berufe, 11 Knappen, 8 Bürger, aber lediglich 9 Kaufleute und vier Handwerker.

aufgegeben worden. Schließlich und vor allem ist der auf den Prinzipien von Mathias basierende Sprachunterricht ein völliger Fehlschlag:

„Une trop funeste expérience a fait voir que les élèves après avoir passé par toutes les classes ne pouvaient faire usage de la langue latine dans les différents états où elle leur était nécessaire. Et combien ne l'est-elle pas dans une ville qui est le siège d'un grand diocèse, où le plus grand nombre étant destinés à l'état ecclésiastique, presque tous les autres à la jurisprudence et à la médecine, on ne pouvait sacrifier cette langue sans un tort infini pour tous même en les remplaçant par d'autres détails qui n'ont été pratiqués que d'une manière aussi légère qu'imparfaite. A la faveur d'un système nouveau, avec des promesses de remplir mille objets variés on a présenté une méthode incapable de succès pour les classes parce qu'elle ne donnait qu'un aperçu de la langue latine et parce qu'elle est destinée de toute émulation, germe le plus précieux des études publiques."

Anläßlich der Stadtversammlung, die dieser Petition folgt, werden die städtischen Beamten beauftragt, Kontakt mit dem Bischof aufzunehmen, um die Rückkehr des Collège zur traditionellen Unterrichtsform zu versichern[98]. Dieser bietet sich umso lieber für dieses Vorhaben an, als er das Institut unter seine direkte Vormundschaft stellen möchte. Seit seiner Ankunft in Langres hält er Stadtversammlungen ab: die Beseitigung der Methode von Mathias wird dort beschlossen, ebenso die Rückgabe des Collège an weltliche Priester, die fünf Klassen Studium der alten Sprachen und zwei Klassen Philosophie unterrichten sollen. Drei Tage später läßt der Bischof im Verwaltungsbüro, dem er rechtmäßig vorsitzt, dieselben Entscheidungen übernehmen und erhält die Entlassung aller Lehrer[99]. Trotz eines langen Konfliktes mit den Kommissaren des Pariser Parlaments bezüglich der Berufung der Lehrer gelingt es dem Prälaten, seine Vertrauensleute an die Spitze des Collège zu setzen und die Philosophieklassen im Innern des städtischen Priesterseminars abzuhalten: damit ist der Unterricht unter seiner direkten Kontrolle und gibt Moral und Religion mehr Raum als der Experimentalphysik[100].

Die zwei Beispiele von Embrun und Langres sind hier dargelegt worden, weil sie klar vor Augen führen, welche Hemmnisse sich im sozialen Bereich einer wirklichen Umwandlung der Lehrinhalte entgegenstellen: in beiden Fällen stößt das enzyklopädische Programm auf die Ablehnung aus dem Milieu der Justizbeamten und freien Berufe, den Haupt-‚Kunden' der Einrichtung und Verteidigern der traditionellen Humanwissenschaften. Dazu kommt in Langres der Widerstand des Bischofs, der insgesamt ein recht guter Repräsentant des Kampfes ist, den dann der Klerus in seiner Gesamtheit führt, um die Kontrolle über die Erziehung zu übernehmen[101].

---

[98] Ebd. fo. 190f.
[99] Versammlung der Bewohner vom 20. August 1782, A.D. Haute-Marne, D 17, und Beschluß des Verwaltungsbüros vom 23. August 1782, ebd., D. 25. Der Leiter Mathias demissioniert erst im August 1783.
[100] Vgl. das Dossier E 504 der A.D. Marne bezüglich der verschiedenen Perioden dieses Konflikts.
[101] Vgl. zu diesem Kampf D. JULIA: Les professeurs, l'Eglise et l'Etat (1762–1789), in: Historical Reflections 1980.

V. Vorläufige Bilanz

Muß also die Schlußfolgerung lauten, daß alle in den Collèges vollzogenen Reformen ein globaler Fehlschlag waren? Rufen wir uns zunächst ins Gedächtnis, daß nicht alle Konflikte den Höhepunkt deren erreicht haben, die wir soeben dargelegt haben: die durchgesetzten Veränderungen waren vielleicht weniger radikal und die Aufnahme der neuen Ideen war sicher in den großen, regionalen Hauptstädten weniger reserviert als in Kleinstädten wie Langres oder Embrun. Bei dem gegenwärtigen Forschungsstand ist es unmöglich, quantitativ Neuerungen und Verzögerungen auf dem gesamten Territorium zu erfassen. Nur eine serielle Analyse anläßlich von Preisverteilungen veröffentlichter Programme wird eine weniger impressionistische Antwort auf diese wichtige Frage geben können[102]. Einige Schlüsse, die bereits vor längerer Zeit von Ferdinand Brunot[103] und Daniel Mornet[104] gezogen wurden, bleiben zu vervollkommnen. Wir begnügen uns hier damit, kurz auf sie zu verweisen.

Im Innern der Collèges haben drei Disziplinen das Stadtrecht im *cursus* der Humanwissenschaften erworben: das Französische[105], Geschichte und Geographie. Bestimmte Collèges wie die von Toulouse oder Dijon schaffen sogar spezifische Lehrstühle für Geschichte. Anzumerken ist allerdings, daß diese Einführung nicht immer eine Neuerung in bezug auf die Lehre der Jesuiten bedeutete: die Historiker dürfen sich nicht von der anti-jesuitischen Polemik der Aufklärung täuschen lassen, und die Schulübungen der Collèges der Gesellschaft Jesu bescheinigen das der Geschichte und der Geographie zugeschriebene Gewicht[106]. Eine laufende Untersuchung müßte präzisieren können, welcher Typ von Geschichte wirklich in den Collèges gelehrt wird. Selten dürften die Lehrer gewesen sein, die – wie der Abbé Audra in Toulouse – in dem von ihnen herausgegebenen Lehrbuch schlicht und einfach Auszüge aus *Essai sur les moeurs* von Voltaire[107] bringen.

Aber mit Sicherheit dringt unmittelbarste Aktualität ins Innere der Mauern der Schuleinrichtungen ein: davon geben die zahlreichen Schulübungen, die in den Jahren bis 1780 der Geographie von Amerika und dem Unabhängigkeitskrieg gewid-

---

[102] Wir versuchen zur Zeit, ein Korpus dieser Programme zusammenzustellen, die über die verschiedensten Archivdepots verstreut sind. Unser Unternehmen ist jedoch noch nicht beendet.

[103] F. BRUNOT: Histoire de la langue française des origines à nos jours, Bd. VII: La propagation du français en France jusqu'à la fin de l'Ancien Régime, Paris 1926.

[104] D. MORNET: Les origines intellectuelles de la Révolution Française, Paris 1933.

[105] Vgl. die Grundgedanken der Untersuchung aus dem Jahre IX, veröffentlicht von F. BRUNOT [s. Anm. 103], S. 106–109. Wenn auch unvollständig und teilweise suspekt, so bescheinigen diese Zeugnisse doch den Durchbruch des Französischunterrichts in den Collèges.

[106] Vgl. z. B. die *Exercices littéraires de Messieurs les pensionnaires du collège Royal Dauphin de la Compagnie de Jésus*, Grenoble 1760, Bibliothèque municipale de Grenoble V. 1697; oder den *Exercice littéraire* des Jesuiten-Collège von Avignon im Jahre 1753, veröffentlicht von M. CHOSSAT: Les jésuites et leurs oeuvres à Avignon 1553–1768, Avignon 1896, S. 352–356.

[107] Diese Episode wird erzählt von L. TRÉNARD: De l'Essai sur les Moeurs à un manuel condamné, in: *Pour une histoire qualitative. Etudes offertes à Sven Stelling Michaud*, Genève 1975, S. 161–178. Der Erzbischof Loménie de Brienne, der Audra beschützen sollte, sieht sich gezwungen, das Lehrbuch in einem Hirtenbrief zu verurteilen. Der plötzliche Tod des Autors setzt der Affäre ein Ende, die logischerweise auf eine Verurteilung durch das Parlament hinausgelaufen wäre.

met werden, den sicheren Beweis[108]. Im Philosophiezyklus hat sich die Experimentalphysik, die Mode ist, ebenfalls stark entwickelt. Hemmnisse gegen ihr Vordringen scheinen eher finanzieller denn ideologischer Art: Die Einrichtung eines modernen Physiklabors ist relativ teuer, und nicht alle Einrichtungen können wie das reiche Collège von Dijon 400 l. jährlich für dieses Objekt ausgeben[109]. Die aufgeklärten Bischöfe befürworten sogar die Einführung dieses Unterrichts, wie beispielsweise Jérôme-Marie Champion de Cicé in Rodez[110] oder Loménie de Brienne in Toulouse[111]. Dagegen entwickelt sich ein langer Konflikt zwischen dem Physiklehrer des Collège von Amiens, dem Leiter und dem Bischof[112]. Für letzteren sind die Philosophiestudenten vor allem künftige Geistliche: ist es daher also notwendig, daß sie Differential- und Integralrechnung, Optik, Chemie und Naturgeschichte erlernen? Während dieser Zeit vergessen sie die für ihren Beruf notwendige lateinische Sprache. Die gesamte Autorität des Präsidenten Rolland (der dem Bischof in seinem Palast in Amiens einen Besuch abstattet) ist erforderlich, um einen nur schwer akzeptierten Kompromiß zu erzielen: der Physiklehrer wird seinen Unterricht fortführen können, muß ihn aber während der Hälfte der Zeit in Latein abhalten; lediglich Mathematik und die Physikexperimente sollen in Französisch analysiert werden. Eine serielle Analyse der handgeschriebenen Philosophiekurse, die in den zahlreichen Bibliotheken zerstreut sind, ebenso wie die der Inventare der Experimentalphysiklabors würden faßbar machen, wo sich in diesem Bereich Umwandlungen vollzogen und in welchem Maße die französische Sprache nach und nach an die Stelle des Lateins getreten ist.

Tatsächlich muß man auf dieser Wanderung durch die französischen Collèges erkennen, daß sich die wissenschaftliche Modernität über äußere Institutionen ausgebreitet hat: Zeichenschulen (von denen es am Vorabend der Revolution siebenund-

---

[108] Hier sollen nur zwei Beispiele zitiert werden: die *Exercices publics* des Oratorianer-Collège von Tours im Jahre 1780 (Bibliothèque Nationale, 4° R 2375, Stück 11, S. 35 f.), in denen Amerika unter der dreifachen Fragestellung nach Geschichte, Geographie und Naturgeschichte untersucht wurde; daneben die *Exercices littéraires* des Collège von Aubenas im Jahre 1782 (Bibliothek der A. D. Ardèche, 1258).
[109] Vgl. das Register der Beschlüsse des Verwaltungsbüros von Dijon, A. D. Côte-d'Or, D 20.
[110] Beschlüsse des Verwaltungsbüros des Collège von Rodez, datiert vom 18. Juli 1775 und vom 5. Mai 1778, A. D. Aveyron, D 554 bis; der Physiklehrer Carnus sollte 1784 einen aerostatischen Aufstieg zustandebringen.
[111] Der Erzbischof von Toulouse, Vizepräsident der Ständeversammlung des Languedoc, läßt 1781 durch die Stände einen öffentlichen Lehrstuhl für Experimentalphysik einrichten; das königliche Collège versorgt das Klassenzimmer für den Unterricht, die Experimente, sowie den für die Maschinen bestimmten Raum, ernährt und logiert den Lehrer, den die Stände benennen und bezahlen (vgl. die Beschlüsse des Verwaltungsbüros des Collège von Toulouse vom 12. November 1781 und vom 1. Februar 1782). Die Stände liefern anfänglich 3000 Pfund für die Einrichtung des Labors und 1200 Pfund für den Unterhalt der Maschinen. 1784 wird ein Lehrstuhl für docimatische Chemie durch die Stände geschaffen und nach Bedingungen eingerichtet, die mit denen des königlichen Collège von 1786 identisch sind (Beschluß des Verwaltungsbüros mit Datum vom 11. August 1786, A. D. Haute-Garonne, 2 D 3). Sein Inhaber heißt Chaptal. Das 1786 erstellte Inventar des Physiklabors bestätigt die Modernität des gehaltenen Unterrichts (ebd. C 133).
[112] Das gesamte Dossier, das wir später untersuchen wollen, befindet sich in den A. D. Marne, E 507. Der Erlaß des Parlaments von Paris, der letztlich den Konflikt regelt, datiert vom 30. August 1785: der Physiklehrer soll vormittags in lateinischer, nachmittags in französischer Sprache lehren.

zwanzig gab, vor allem in den großen Städten verteilt)[113]; öffentliche Lehrstühle für Mathematik, Physik und Chemie, die durch die Generalstände geschaffen wurden (deren Antriebsrolle in kulturellen Angelegenheiten nicht unterschätzt werden darf) oder durch die Städte; enzyklopädische Programme von Gesellschaften akademischer Ausprägung wie die Musées oder die Lycées[114]; Privatpensionate wie die der Frères des Ecoles Chrétiennes, die den Söhnen von Kaufleuten eine technische Ausbildung geben (Architektur, Zeichnen, Hydrographie, Sonnenuhrkunde) sowie eine kaufmännische Ausbildung (Arithmetik, Buchhaltung, ausländische Währungen, Effektenhandel) mit Ausnahme des Lateinischen, aber ohne die Vergnügungskünste zu vernachlässigen[115]; bescheidenere Pensionate, von denen wir nur die außergewöhnliche Ausweitung gegen Ende des Ancien Régime aufgrund kleiner Zeitungsannoncen erfahren, wo sie ihrer potentiellen Klientel von staubiger Routine befreite Lehrpläne vorführen, indem sie hin und wieder das Programm der Militärschulen kopieren[116]. Der durch diese verschiedenen Erziehungsformen erzielte Erfolg kann zum Teil den Effektivitätsverlust der Collèges erklären, den man am Vorabend der Revolution konstatiert, und man kennt die von den Universitäten empfundene Irritation vor diesen gefährlichen Rivalen, welche die Kinder vom rechten Weg der Latinität abbringen. Diese neuen Erziehungsmethoden, die bereits gut bekannt und beschrieben sind, fanden keinen detaillierten Eingang in unseren Analysevorschlag. Es ist gewiß, daß der von mächtigen sozialen Kräften unterstützte Widerstand des traditionellen *cursus* diese Vermehrung von parallelen Erziehungsvarianten zur Folge hatte: die Collège-Form hat es nicht verstanden, sich auf neue Erziehungserwartungen (Forderungen nach technischer, kaufmännischer, militärischer Erziehung) einzustellen. In jedem Fall ist es symptomatisch, daß die wesentliche Errungenschaft der Französischen Revolution im Unterrichtswesen, die *Ecoles centrales*, mit den vormaligen Collèges reinen Tisch machten, um sie durch ein Programm enzyklopädischer Ausprägung zu ersetzen und tatsächlich die von d'Alembert vorgetragenen Wünsche zu realisieren. Aber in dem Maße, in dem die Einführung der Naturwissenschaften in den Unterricht einhergeht mit einem revolutionären Experiment, das im gesamten 19. Jh. ein wesentlicher Einsatz ideologischer und politischer Kämpfe ist, wird zugleich die rigideste Verteidigung des Lateinischen verstärkt.

---

[113] A. LÉON: La Révolution française et l'éducation technique, Paris 1968, S. 70; vgl. auch A. BIREMBAUT: Les écoles gratuites de dessin, in: *Enseignement et diffusion des sciences en France au XVIIIe siècle*, Paris 1964, S. 441–476.
[114] Vgl. C. DEJOB: De l'établissement connu sous le nom de Lycée ou d'Athénéee et de quelques établissents analogues, in: Revue internationale de l'enseignement 18 (1889), S. 4–38; D. ROCHE: Le siècle des lumières en province. Académies et académiciens provinciaux. 1680–1789, Bd. 1, Mouton 1978, S. 66 f.
[115] Vgl. A. PREVOT: L'enseignement technique chez les Frères des Ecoles Chrétiennes au XVIIIe et au XIXe siècle, Paris 1964.
[116] P. MARCHARND: Un modèle d'éducation à la veille de la Révolution: les maisons d'éducation particulière, in: RHMC 22 (1975), S. 549–576; M. GARDEN: Ecoles et maîtres au XVIIIe siècle, in: Cahiers d'histoire 21 (1976), S. 133–156.

Die Autoren

Hans Ulrich Gumbrecht
wurde 1948 geboren. Er studierte von 1969 bis 1971 in München, Regensburg und Salamanca Romanistik und Germanistik, von 1971 bis 1974 in Konstanz Philosophie und Soziologie. 1971 promovierte er in Konstanz (bei Hans Robert Jauß) mit einer mediävistisch-literaturwissenschaftlichen Arbeit, war 1971 bis 1972 ebendort als Redaktor des *Grundrisses der romanischen Literaturen des Mittelalters* wissenschaftlicher Mitarbeiter und von 1972 bis 1974 wissenschaftlicher Assistent. 1974 habilitierte er sich in Konstanz für die Fächerkombination ‚Allgemeine und romanische Literaturwissenschaft'. Seit 1975 ist er Professor für Romanische Philologie an der Ruhr-Universität Bochum. Als Gastprofessor lehrte er 1977 an der ‚Pontificia Universidade Catolica' von Rio de Janeiro, 1980 an der ‚University of California'/ Berkeley und 1981 an der ‚École des Hautes Études en Sciences Sociales' in Paris. Seine Hauptarbeitsgebiete sind die Entwicklung einer pragmatisch fundierten Texttheorie, die romanischen Literaturen des Mittelalters, die französische Literatur der späten Aufklärung und der Revolutionszeit und die spanische Literatur des 19. Jahrhunderts.
Wichtigste Veröffentlichungen: als theoretischer Beitrag sei hier nur genannt der Aufsatz „Für eine phänomenologische Fundierung der sozialhistorischen Begriffsgeschichte", in: *Historische Semantik und Begriffsgeschichte*, hg. von R. Koselleck, Stuttgart 1979, 75–101. Im Bereich der Mediävistik ist Gumbrecht einer der Hauptherausgeber des Werkes *Grundriß der romanischen Literaturen des Mittelalters* und hat u. a. veröffentlicht: *Funktionswandel und Rezeption. Studien zur Hyperbolik in literarischen Texten des romanischen Mittelalters*, München 1972; „Literarische Gegenwelten, Karnevalskultur und die Epochenschwelle vom Spätmittelalter zur Renaissance", in: *Literatur in der Gesellschaft des späten Mittelalters*, hg. von H. U. Gumbrecht, Heidelberg 1980, 95–149. Zur französischen Literatur liegt von ihm vor: *Funktionen parlamentarischer Rhetorik in der Französischen Revolution. Vorstudien zur Entwicklung einer historischen Textpragmatik*, München 1978; „Persuader ceux qui pensent comme vous: les fonctions du discours épidictique sur la mort de Marat", in: *Poétique* 10 (1979), 363–383; „Modern, Moderne, Modernismus", in: *Geschichtliche Grundbegriffe*, hg. von O. Brunner, W. Conze und R. Koselleck, Band 4, Stuttgart 1978, 93–131; *Zola im historischen Kontext. Für eine neue Lektüre des Rougon-Macquart Zyklus*, München 1978; „Skizze einer Literaturgeschichte der Französischen Revolution", in: *Neues Handbuch der Literaturwissenschaft*, Band 13, hg. von J. von Stackelberg, Wiesbaden 1980, 269–328; „Sinnbildung als Sicherung der Lebenswelt. Ein Beitrag zur funktionsgeschichtlichen Situierung der realistischen Literatur am Beispiel von Balzacs Erzählung ‚La Bourse'", in: *Honoré de Balzac*, hg. von H. U. Gumbrecht, K. Stierle und R. Warning, München 1980, 339–389 (zusammen mit J. E. Müller). Zum spanischen Bereich schließlich der Aufsatz „For a History of Spanish Literature ‚aginast the grain'", in: *New Literary History* 11 (1979/80), 277–302; hier bereitet Gumbrecht zur Zeit eine Sozialgeschichte der spanischen Literatur im 19. Jahrhundert vor.

Dominique Julia
wurde 1940 geboren. Von 1960 bis 1965 studierte er an der ‚École Normale Supérieure' von Saint-Cloud und an der Sorbonne. 1964 wurde er ‚Agrégé d'histoire'. Von 1965 bis 1971 arbeitete er als ‚Maître Assistant' an der Sorbonne, von 1971 bis 1978 als ‚Chargé de recherches' am ‚Centre de la Recherche Scientifique'. Seit 1978 ist er ‚Maître de Recherche' an derselben Institution und am Zentrum für historische Forschung an der ‚École des Hautes Études en Sciences Sociales'. Sein Forschungsgebiet ist die Kulturgeschichte des frühneuzeitlichen Frankreich. Im Bereich der Religions- und Kirchengeschichte hat er sich besonders mit der Soziologie der Geistlichkeit und mit dem Verhältnis zwischen dem Glauben der Priester und jenem der Gläubigen beschäftigt. Gegenwärtig arbeitet er auf dem Gebiet der Erziehungsgeschichte, besonders über die ‚Collèges' des Ancien Régime, mit deren vollständiger Erfassung

er begonnen hat. Seine Veröffentlichungen betreffen vor allem die Soziologie von Schülern und Studenten und die Entwicklung von Erziehungsmodellen.

Von seinen zahlreichen Aufsätzen seien genannt: „Le clergé paroissial dans le diocèse de Reims à la fin du XVIIIᵉ siècle", in: RHMC 13 (1966), 195–216; „L'enseignement primaire dans le diocèse de Reims à la fin de l'Ancien Régime", in: AHRF 42 (1970), 233–286; „La réforme post-tridentine en France d'après les procès-verbaux des visites pastorales: ordre et résistances", in: *La Società religiosa nell'età moderna. Atti del Convegno stui di storia sociale e religiosa* ..., Neapel 1973, 311–415; „Les sources de l'histoire de l'éducation et leur exploration", in: *Revue française de Pédagogie* 8 (1974), 22–42; „Le clergé paroissial dans le diocèse de Reims sous l'épiscopat de C. M. Le Tellier", in: *Le Curé Meslier et la vie intellectuelle, religieuse et sociale à la fin du 17ᵉ et au début du 18ᵉ siècle. Actes du Colloque international* ..., Reims 1980, 19–40 (zusammen mit D. McKee). – Daneben hat er folgende Bücher veröffentlicht: *École et société dans la France d'Ancien Régime*, Paris 1975 (zus. mit W. Frijhoff); *Une politique de la langue. La Révolution française et les patois: l'enquête de Grégoire*, Paris 1975 (zus. mit M. de Certeau und J. Revel); *L'Éducation en France du XVIᵉ au XVIIIᵉ siècle*, Paris 1976 (zus. mit R. Chartier und M.-M. Compère); *Les trois couleurs du tableau noir. Projets et débats sur l'éducation au temps de la Révolution française*, Paris 1981.

Hans-Jürgen Lüsebrink
wurde 1952 geboren und studierte von 1971 bis 1977 Romanistik, Geschichte, Germanistik und Vergleichende Literaturwissenschaft in Mainz und Tours. 1977 legte er in Mainz das Staatsexamen ab. Von 1977 bis 1979 besuchte er im Rahmen eines Postgraduiertenstudiums die ‚École des Hautes Études en Sciences Sociales' (Fachrichtung ‚Histoire des Mentalités, des Cultures et de l'Éducation'). Seit 1979 ist er Wissenschaftlicher Mitarbeiter am Lehrstuhl für Romanische Literaturwissenschaft und Komparatistik an der Universität Bayreuth und Redaktionsmitglied der *Komparatistischen Hefte*. Seine Dissertation über das Thema *Literatur und Kriminalität im Frankreich des 18. Jahrhunderts. Literarische Formen, sozialen Funktionen und epistemologische Konstituenten von Kriminalitätsdarstellung im Aufklärungszeitalter* steht kurz vor dem Abschluß.

Erste Veröffentlichungen: „Les crimes sexuels dans les ‚Causes célèbres' au XVIIIᵉ siècle", in: *Dix-huitième Siècle* 12 (1980), 153–162; „Images et représentations sociales de la criminalité au XVIIIᵉ siècle: l'exemple de Mandrin", in: RHMC 36 (1980), 345–364; „L'affaire Cléreaux, Rouen 1785", in: SVEC (1981).

Rolf Reichardt
wurde 1940 geboren und studierte 1961–1966 Geschichte, Romanistik und Politische Wissenschaft an den Universitäten Heidelberg, Dijon und Marburg. Zwei Jahre lang war er wissenschaftlicher Mitarbeiter am Heidelberger Historischen Seminar (Reinhart Koselleck). 1967 legte er das Staatsexamen ab und promovierte 1970 mit einer Arbeit über die späte Aufklärung in Frankreich (bei Rudolf von Albertini). Seit 1971 ist er Fachreferent für Sozialwissenschaften und Romanistik an der Universitätsbibliothek Mainz. 1979/80 war er als Autor am ‚Funkkolleg Geschichte' beteiligt. Sein Hauptarbeitsgebiet ist die Geschichte Frankreichs im Ancien Régime und zur Zeit der Französischen Revolution, wobei er darum bemüht ist, die traditionell einseitig an die Wirtschaftsgeschichte gebundene Sozialhistorie um ihre mentale und politische Dimension zu vervollständigen.

Wichtigste Veröffentlichungen: *Reform und Revolution bei Condorcet. Ein Beitrag zur späten Aufklärung in Frankreich*, Bonn 1973; zusammen mit Eberhard Schmitt eine kritische deutsche Ausgabe der *Politischen Schriften 1788–1790* von Sieyès, Neuwied 1975 (2. Aufl. München 1981); „Bevölkerung und Gesellschaft Frankreichs im 18. Jahrhundert", in: ZHF 4 (1977), 154–221; „Zu einer Sozialgeschichte der französischen Aufklärung", in *Francia* 5 (1977), 231–249; „Die revolutionäre Wirkung der Reform der Provinzialverwaltung in Frankreich 1787–1791", in: *Vom Ancien Régime zur Französischen Revolution. Forschungen und Perspektiven,* hg. von E. Hinrichs, E. Schmitt, R. Vierhaus, Göttingen 1978, 66–124; „Histoire des Mentalités. Eine neue Dimension der Sozialgeschichte am Beispiel des französischen Ancien Régime", in: JASL 3 (1978), 130–166; „Die Französische Revolution – Umbruch oder Kontinuität?", in: ZHF 7 (1980), 257–320 (zusammen mit E. Schmitt); gleichfalls gemeinsam mit Eberhard Schmitt gibt er heraus die Kongreßakten *Die Französische Revolution – Zufall oder notwendiges Ereignis?* (München 1982) und bereitet ein mehrbändiges *Historisches Lexikon der politisch-sozialen Grundbegriffe in Frankreich 1680–1820* vor, das von der Deutschen Forschungsgemeinschaft gefördert wird.

Daniel Roche
wurde 1935 geboren und studierte an der ‚École Normale Supérieure' von Saint-Cloud und an der Sorbonne. Auf den Stationen seiner akademischen Laufbahn war er ‚Professor agrégé' für Geschichtswissenschaft, ‚Assistant' und ‚Maître Assistant' für Neuere Geschichte in Saint-Cloud und ‚Chargé de recherches' am ‚Centre National de la Recherche Scientifique'. Seit einigen Jahren ist er Professor für Neuere Geschichte an der Universität Paris VII und an der Sorbonne (Universität Paris I) und Redakteur der *Revue d'Histoire Moderne et Contemporaine*. Sein Hauptarbeitsgebiet ist die Sozial-, Kultur- und Mentalitätsgeschichte.

Er hat über fünfzig wissenschaftliche Abhandlungen verfaßt, darunter folgende Aufsätze: „Bourgeois, rentiers, propriétaires. Éléments pour la définition d'une catégorie sociale à la fin du XVIIIe siècle", in: *Actes du Congrès national des sociétés savantes. Section d'histoire moderne et contemporaine* 84 (1960), 419–452 (zusammen mit M. Vovelle); „Un aspect de la noblesse parisienne au milieu du XVIIIe siècle: la noblesse du Marais", in: *Actes du Congrès national des sociétés savantes. Section d'histoire moderne et contemporaine* 86 (1961), 541–578; „La diffusion des lumières. Un exemple: l'Académie de Châlons-sur-Marne", in: AESC 19 (1964), 887–922; „Milieux académiques provinciaux et société des lumières. Trois Académies provinciales au 18e siècle: Bordeaux, Dijon, Châlons-sur-Marne", in: *Livre et société dans la France du XVIIIe siècle,* t. I, Paris 1965, 93–184; „Vers une analyse historique de la Correspondance de J.-J. Rousseau", in: RH 240 (1968), 339–360 (zus. mit M. Launay); „Les primitifs du rousseauisme: une analyse sociologique et quantitative de la Correspondance de J.-J. Rousseau", in: AESC 26 (1971), 151–172; „La Mémoire de la Mort: recherche sur la place des arts de mourir dans la Librairie et la lecture en France aux XVIIe et XVIIIe siècles", in: AESC 31 (1976), 76–119; „Personnel culturel et représentation politique de la fin de l'Ancien Régime aux premières années de la Révolution", in: *Vom Ancien Régime zur Französischen Revolution. Forschungen und Perspektiven,* hg. von E. Hinrichs, E. Schmitt, R. Vierhaus, Göttingen 1978, 496–515; „Négoce et culture dans la France du XVIIIe siècle", in: RHMC 25 (1978), 375–395; „Nouveaux Parisiens au XVIIIe siècle", in: *Cahiers d'histoire* 24 (1979), 3–20. – Roche hat auch herausgegeben die Kongreßbände *Histoire sociale: Sources et méthodes* (Paris 1967) und *Ordres et classes. Communications...* (Paris 1973). Außerdem hat er folgende Bücher veröffentlicht: *Le Siècle des Lumières en Province: Académies et académiciens provinciaux, 1680–1789,* 2 Bände, Paris/La Haye 1978; *Le Peuple de Paris. Essai sur la culture populaire au XVIIIe siècle,* Paris 1981.

Thomas Schleich
wurde 1951 geboren und studierte Geschichte, Romanistik, Philosophie und Politologie in Bochum, Freiburg, Paris und Tours. Er promovierte 1979 in Bochum mit einer Arbeit über die Rezeptionsgeschichte Mablys und ist seit 1978 Wissenschaftlicher Assistent am Fachbereich Geschichtswissenschaft der Freien Universität Berlin. Seine gegenwärtigen Forschungsbereiche sind die Sozialgeschichte der Antike, die Geschichte der Altertumswissenschaft und die Theorie der Geschichte.

Wichtigste Veröffentlichungen: *Aufklärung und Revolution – die Wirkungsgeschichte Gabriel Bonnot de Mablys in Frankreich 1740–1914,* Stuttgart 1981; „Literatur der Aufklärung und gesellschaftlicher Wandel. Ursachen, Erscheinungsformen und Nachwirkungen politischer Reflexion im 18. Jahrhundert", in: *Historisch-soziologische Studien zur französischen Literatur,* hg. von P. Brockmeier und H. Wenzel, 2 Bände, Stuttgart 1981; Herausgeber des Sammelwerkes *Antike-Rezeption und neuzeitliche Gesellschaft. Die Alte Geschichte in der beginnenden Moderne,* München 1982.

Register Teil I

Adel   12 f, 94 ff, 103 f, 135, 140
Akkulturation   58, 73
Alembert, Jean Le Rond d'   117 f, 137, 141
Alltagswelt   39
Alphabetisierung   7, 10
Appellstruktur   49, 67
Aufgeklärter Absolutismus   11, 115
Aufgeklärte Bürokratie   11, 57
Aufklärung
– als Epoche   48 ff
– als Bewußtseinsprozeß   4, 38 f
– Breitenwirkung der –   4–11, 55
– Träger/Trägerschichten der –   11–18, 55, 69
– Grundwerte der –   11, 110 f
– Institutionen der –   55, 62, 64
– Medien der –   18–25, 55, 64, 69
– Mittler der –   16 f, 57, 86
– Radikalität der –   9
– Sozialisation der –   23
– sbewegung   57

Barrère, Bertrand   112
Bayle, Pierre   4, 20
Beaumarchais, Pierre Augustin Caron   47
Bedeutungswandel   36
Bewußtsein
– sbildung   5, 17, 74
– skrise   7, 77
– stransformation   5, 17
Bildungselite   66
Bourgeoisie/Bürgertum   8, 10, 13 f, 21, 63, 95, 105, 135
– Klein –   8, 10, 21
– Renten –   64
– – d'Ancien Régime   14, 108
– bürgerliche Gesellschaft   27, 138
Bon curé   12, 57
Brissot de Warville, Jacques Pierre   62, 112
Bruzard de Mauvelin   60
Buffon, Georges-Louis-Leclerc, comte de   20, 150, 156

Calas, Jean   47, 67
Carnot, Lazare-Nicolas-Marguerite, comte   112
Cartouche, Louis-Dominique   73
Causes célèbres   69 f
Chaix, Dominique   57
Chamfort, Sébastien-Roch-Nicolas   62

Champion de Cicé, Jerôme Marie   159
Charlatanisme   58
Citoyen   85
Condillac, Etienne Bonnot de   119, 123, 150, 154
Condorcet, Antoine-Nicolas, marquis de   83
Crébillon fils, Claude-Prosper Jolyot de   63

Daunou, Pierre-Claude-François   112
Dechristianisierung/Dekatholisierung   7 A 14, 11, 15, 51, 57
Despotisme   68
Des Essarts, Nicolas Toussaint Le Moyne, dit   70
Dictionnaire   44
Diderot, Denis   140
Diskurs   11, 44, 67
Duclos, Charles Pinot   63, 94

Egalité   111
Eglise   157 A 101
Elite   11, 15, 19, 59, 93 ff
Encyclopédie/Encyclopédistes   9 f, 14, 20, 62, 81, 117, 133, 137, 140

Freihandel   11
Fréron, Elie   145 A 59
Froudière, Louis-François-Bernard   65–68

Gallikanismus   134
Gayot de Pitaval, François   69
Gegenreformation   7, 12, 55, 57
gens de lettres   77, 82 f, 90
Geschichte/Histoire   20, 158
– Gesellschafts-   31 f
– Struktur-   28 ff
– Wirtschafts-   27 f
– Mentalitäts-   34 ff
– – sérielle   5, 9, 30 A 128, 35, 47
Grundschichten   7 f, 18, 30, 36 f, 62
Guyton de Morveau, Louis-Bernard   125 ff

Handeln/Handlung   38 ff
– sbedingungen   30, 39, 43
– sformen   4, 13, 33
Helvétius, Claude-Adrien   119, 147
Historismus   27
Holbach, Paul Thiry, baron d'   4, 15, 21, 23

Homme de lettres 62
Honnêteté 47, 49, 81
Humanité 111

Identität 38
Ideologie 10, 59, 78, 100, 111
Idéologues 11
Intellektuelle 77, 105
Intellektuelles Proletariat 10, 21, 59, 113
Intelligenzija 16, 63

Jansenismus 8
Justizkritik/Justizreform 11, 67, 70

Kirche 9, 55, 133, 157 A 101
Klerus 11 f, 56 f, 93, 98, 101 f
Kollektive Einstellungen 8, 34 ff
Kolporteure 16 f, 59
Kommunikation/Kommunikationssituation 21, 55, 72
Kultur
– Eliten- 55, 59
– Oral – 19
– Schrift- 19
– Volks- 59
– Infrastruktur der – 56
– kulturelle Imitation 56, 58

La Chalotais, René-Louis-Caradeuc de 123–125, 136, 141
Laclos, Pierre-Antoine-François Choderlos de 112
Lacurne de Sainte Palaye 94
Lacroix, Sylvestre François 139
Lektüre/Lesen 8 f, 19 ff
– Lesefähigkeit 8, 55, 77
– Lesekabinette 24, 60, 84 f
– Lesepublikum 91
Lebenswelt 39
Linguet, Simon-Nicolas-Henri 68
Locke, John 154
Loménie de Brienne, Etienne Charles 159
Longue durée 30, 54

Mably, Gabriel Bonnot de 20, 155
Mandrin, Louis 73
Marat, Jean Paul 46, 68
Marmontel, Jean François 63, 83
Medikalisierung 58
Mentalität 3, 34 ff, 41, 73
Mercier, Louis Sébastien 16, 46, 57 A 15, 60, 62, 93

Mirabeau, Honoré-Gabriel Riqueti, comte de 20, 45
Mittelschicht 10, 18
Montesquieu, Charles de Secondat, baron de 4, 47

Necker, Jacques 20
Newton, Isaac 150
Notabeln 21, 77, 86, 109, 149, 151 f

Oberschichten 10, 68, 78
Öffentlichkeit 22, 59, 63, 69 ff, 74, 77
Outillage mental 34, 69
Opinion publique 23

Panckoucke, Charles-Joseph 13
Parlament/Parlamentsideologie 9, 70, 123
Parti des patriotes 15
Pensions privées 120
Philosophes 4, 8 ff, 14 ff, 22, 50, 77, 94, 112, 120, 125, 146
Philosophie 20, 117
Politische Repräsentation 11
Politpornographie 20, 24, 69, 71 f
Pré-révolution 57
Protestantenemanzipation 11
Progrès 9

Quantifizierung 30, 43

Raison 9
Reform 11, 55, 118
Rétif de la Brétonne, Nicolas Edme 62
République des lettres 18, 62, 77, 83, 92, 106, 112
Robespierre, Maximilien-François-Marie-Isidore Joseph de 112
Robertson, William 155
Rolland d'Erceville 125 ff
Rollin, Charles 125, 128
Rousseau, Jean-Jacques 21, 62, 112, 119

Sabatier de Castres, Antoine 147
Säkularisierung 10
Saint-Pierre, Bernardin de 62
Sec, Joseph 15, 59
Sinngebung 34, 38 ff
Soziabilität 23, 56, 59, 63, 78, 89, 106, 108, 110, 114
Sozialfürsorge 11
Sociétés de pensée 14, 24 f, 59, 77 ff
Soziologie 32 A 142, 35, 38 ff

Theorie 3, 25ff, 37ff
Théveneau de Morande 68, 71
Tiers Etat 12, 101
Tolérance 9, 24

Volksliteratur 18f, 60, 69
Voltaire, François-Marie Arouet 16, 21, 62, 123, 143, 158

Wissen
– -sangleichung 88
– -svermittlung 58, 69
– -sbestände 45ff
– -stransformation 38, 50
– soziales – 8, 39f

Zeiterfahrung 37, 46
Zensur 18